全国交通局长培训系列教材

交通运输关键词

JIAOTONG YUNSHU GUANJIANCI

主　编◎毕艳红　　副主编◎李　凤

人民交通出版社股份有限公司
China Communications Press Co.,Ltd.

内 容 提 要

本书围绕2014年交通运输工作会议布置的主要任务，涵盖了发展改革、战略政策、基础设施、运输服务、科技创新、绿色低碳、安全应急、依法行政、对外交流和思想文化十个方面的内容，展现了国家、交通运输部和地方交通运输系统的发展思路和方向。

本书可作为交通运输行业开展干部教育培训的辅助教材。

图书在版编目(CIP)数据

交通运输关键词/毕艳红主编.—北京：人民交通出版社股份有限公司，2014.5

ISBN 978-7-114-11787-9

Ⅰ.①交…　Ⅱ.①毕…　Ⅲ.①交通运输经济－名词术语－中国　Ⅳ.①F512－61

中国版本图书馆CIP数据核字(2014)第240299号

书　　名： 交通运输关键词
著 作 者： 毕艳红
责任编辑： 陈力维
出版发行： 人民交通出版社股份有限公司
地　　址： (100011) 北京市朝阳区安定门外外馆斜街3号
网　　址： http://www.ccpress.com.cn
销售电话： (010) 59757973
总 经 销： 人民交通出版社股份有限公司发行部
经　　销： 各地新华书店
印　　刷： 北京市密东印刷有限公司
开　　本： 787×1092　1/16
印　　张： 13.25
字　　数： 286千
版　　次： 2014年5月　第1版
印　　次： 2015年12月　第2次印刷
书　　号： ISBN 978-7-114-11787-9
定　　价： 50.00元

编 委 会

主　编：毕艳红　交通运输部管理干部学院

副主编：李　凤　交通运输部管理干部学院

编　委：单丽辉　交通运输部管理干部学院

顾　湘　交通运输部管理干部学院

李继学　交通运输部管理干部学院

李丽丽　交通运输部管理干部学院

李莲莲　交通运输部管理干部学院

刘　娟　交通运输部管理干部学院

王战权　交通运输部管理干部学院

冯翠平　北京社会管理职业学院

前　言

2013年12月27日召开的2014年全国交通运输工作会议提出，要全面贯彻落实党的“十八大”和十八届二中、三中全会以及中央经济工作会议、中央农村工作会议精神，坚持稳中求进的工作总基调，把改革创新贯穿于加快综合交通、智慧交通、绿色交通、平安交通“四个交通”发展的各个领域各个环节，始终坚持安全第一，加快转方式调结构，着力提质增效升级，着力提升运输服务质量，着力推进综合交通运输体系发展，着力服务民生改善，实现交通运输持续健康发展。因此，如何围绕2014年交通运输工作会议布置的主要任务，开展“四个交通”建设，就是本书希望探讨的主要内容。

本书分为十篇，围绕发展改革、战略政策、基础设施、运输服务、科技创新、绿色低碳、安全应急、依法行政、对外交流和思想文化十个方面展现国家、交通运输部和地方交通运输系统在交通发展过程中制定的相关政策、发展的指导意见和基层的具体措施，探讨交通运输行业的关键工作和重点方向。

这本简易理论读物涉及交通运输行业方方面面，对有关问题作了深入浅出的解读。全书通俗易懂、图文并茂、可读性强，是进行会议理论学习、普及交通运输行业知识和开展交通运输干部教育培训的辅助教材。

由于编者水平有限，书中疏漏与不当之处在所难免，恳请广大读者批评指正。

编者

2014年1月

目 录

第一篇
发展改革篇

一、交通运输大部门制改革

（一）最新进展

根据2013年3月10日公布的《国务院机构改革和职能转变方案》（以下简称《方案》），我国将实行铁路政企分开，国务院将组建国家铁路局和中国铁路总公司。《方案》提出，将铁道部拟订铁路发展规划和政策的行政职责划入交通运输部。交通运输部统筹规划铁路、公路、水路、民航发展，加快推进综合交通运输体系建设。组建国家铁路局，由交通运输部管理，承担铁道部的其他行政职责，负责拟订铁路技术标准，监督管理铁路安全生产、运输服务质量和铁路工程质量等。组建中国铁路总公司，承担铁道部的企业职责，负责铁路运输统一调度指挥，经营铁路客货运输业务，承担专运、特运任务，负责铁路建设，承担铁路安全生产主体责任等。不再保留铁道部。

国务院
机构改革
方案摘要

根据第十二届全国人民代表大会第一次会议审议的《国务院机构改革和职能转变方案》的议案

- 实行铁路政企分开
- 组建国家卫生和计划生育委员会
- 组建国家食品药品监督管理总局
- 组建国家新闻出版广播电影电视总局
- 重新组建国家海洋局
- 重新组建国家能源局

改革后国务院组成部门

1. 中华人民共和国外交部
2. 中华人民共和国国防部
3. 中华人民共和国国家发展和改革委员会
4. 中华人民共和国教育部
5. 中华人民共和国科学技术部
6. 中华人民共和国工业和信息化部
7. 中华人民共和国国家民族事务委员会
8. 中华人民共和国公安部
9. 中华人民共和国国家安全部
10. 中华人民共和国监察部
11. 中华人民共和国民政部
12. 中华人民共和国司法部
13. 中华人民共和国财政部
14. 中华人民共和国人力资源和社会保障部
15. 中华人民共和国国土资源部
16. 中华人民共和国环境保护部
17. 中华人民共和国住房和城乡建设部
18. 中华人民共和国交通运输部
19. 中华人民共和国水利部
20. 中华人民共和国农业部
21. 中华人民共和国商务部
22. 中华人民共和国文化部
23. 中华人民共和国国家卫生和计划生育委员会
24. 中国人民银行
25. 中华人民共和国审计署

2013年3月21日，交通运输部党组成员、新闻发言人何建中在例行新闻发布会上答记者问

新一轮改革的核心是转变政府职能，关键是简政放权，目的是提升服务；注重向市场和社会放权，突出市场配置资源的基础性作用，充分发挥各种运输方式的比较优势，大力促进铁路、公路、水路、民航、邮政协调发展，加快推进综合运输体系建设。交通运输部将积极配合中央编办等部门抓紧研究制定“三定”规定，合理界定和调整职能，处理好政府和市场、政府和社会、管理和服务的关系，做到权责一致、分工合理、决策科学、执行顺畅、监督有力，为交通运输科学发展创造更加有利的条件。

我国改革已经进入攻坚阶段，交通运输部将更加自觉坚定地深化交通运输领域的改革

开放，有行动、有作为、重实效，增强交通运输改革的系统性、整体性、协同性，破除妨碍交通运输科学发展的体制机制障碍，以改革的"最大红利"抓住发展的"最大机遇"，建立完善适应社会主义市场经济体制要求和交通运输生产力发展水平的制度环境。

交通运输部将认真推进落实几个方面的改革任务，包括深化交通运输行政管理体制改革，深化交通运输行政审批事项改革，深化交通运输行政执法模式改革，深化公路管理体制改革，深化交通领域特许经营制度改革等。

（二）地方借鉴

深圳市"一城一交"大交通管理体制

2009年9月，深圳市成立了负责全市综合交通管理的市交通运输委员会，基本实现了大交通管理体制改革目标。具体改革措施有：

（1）全面整合全市综合交通管理职能。将市交通局、市公路局、市城市交通综合治理领导小组办公室（轨道交通建设指挥部办公室）的职责，市规划局、市城市管理局（城市管理行政执法局）、市公安局交通警察局的有关职责，以及区交通局与公路局的职能整合划入交通运输委员会。由市交通运输委员会统一负责市政道路（公路）的规划设计、建设、管养、执法以及交通运输管理等工作，并实行市以下垂直管理体制。

（2）科学设置综合交通管理机构。深圳市交通运输委员会按照决策、执行相互分离、相互制约的模式，设立了13个负责决策的机关处和18个负责执行的直属单位和派驻机构。其中，决策层的机关处室，按照综合统筹、运输管理、规划建设3个板块设置。综合统筹板块，设置秘书、人事、财务审计、综合法规、安全管理5个综合处室；运输管理板块设置公共交通、智能交通、物流发展、港航管理、空港5个专业处室；规划建设板块设置规划设计、发展计划、建设管理3个业务处室。执行层的直属单位采用"垂直链条型模式"，设置市交通运输行政执法支队、市交通公用设施管理处、轨道交通建设办公室、客运交通管理局、港航和货运交通管理局、应急指挥中心6个垂直链条型管理机构；对综合性、日常性、服务性的事务，引入"交通公共服务社区"理念，采用"平面网格型模式"，设置6个辖区交通运输局作为平面网格型管理机构。另外，市交通运输委员会还下设了市交通公用设施建设中心、市交通工程质量监督站、市智能交通中心、市交通信息咨询服务中心、市交通运输规费征收总站、深圳港引航站6个专业性的事业单位。

（3）积极构建部门间沟通协调机制。深圳市交通运输委员会分别与市规划国土委员会、市公安交警局、市城市管理局完成相关职责交接，并建立了良好的沟通协调机制。交通部门会同交警部门设置"城市交通系统指挥办公室"，特别是市公安交警局局长兼任市交通运输委员会党组成员、副主任。交通和规划部门之间成立"深圳市交通规划联合工作小组"，负责城市规划与交通规划的协调，实行双组长支持议事协调制度，形成"交通专项规划和城市规划"、"交通功能和空间安排"的双统筹、双审查的联动推进机制。交通和城市管理部门之间建立业务协调小组制度，实现道路养护、道路灯光照明、绿化、户外广告管理的无缝衔接。交通和各区政府之间通过派驻辖区管理局这一执行平台，规范辖区道路建设、管养，了解辖区公共交通需求，改善辖区公共交通服务。

深圳市综合城市交通管理体制，第一次设立了真正意义上的城市交通管理主体，但是保障交通行政管理体制改革成果的制度法规需要进一步健全。如目前深圳虽整合了公路、城市道路两套路网体系，理顺了道路规划建设管理体制，但在国家层面城市道路与公路仍然是两套不同的建设标准、技术规范和管理要求。其次，深化大交通管理体制改革，需要从高端、顶层的角度进一步深化保障一体化大交通管理体系的政策和法规。在区域一体化和城市转型发展的新形势下，在城市道路交通状况日益严峻的巨大挑战下，需要将保障城市交通各项政策与措施充分落实的法规制度，上升到战略、宏观、前瞻的高度。因此，建议充分运用特区立法权，推动《深圳市道路交通安全管理条例》和《深圳经济特区交通管理条例》的编制工作。

二、铁路管理体制改革

（一）改革内容

实行铁路政企分开，将铁道部拟订铁路发展规划和政策的行政职责划入交通运输部；组建国家铁路局，由交通运输部管理，承担铁道部的其他行政职责；组建中国铁路总公司，承担铁道部的企业职责。

（1）中国铁路总公司成为市场主体，可以落实经营自主权，促进企业内部改革，转换运营机制，提高发展内生动力，全面提高铁路企业经营化水平，推动铁路建设和运营健康可持续发展。

（2）通过明确和强化中国铁路总公司的安全生产主体责任和国家铁路局的安全监管责任，有利于从体制上保障铁路运营秩序和安全。

（3）交通运输部统筹规划铁路、公路、水路、民航发展，可以加快推进综合交通运输体系建设，优化结构布局，实现各种交通运输方式统一规划、协调发展和“无缝”连接，形成真正意义上的大交通格局。

（二）最新进展

国务院关于组建中国铁路总公司有关问题的批复（摘要）

（国函〔2013〕47号）

原铁道部关于报请审批中国铁路总公司组建方案和公司章程的请示收悉。现就组建中国铁路总公司有关问题批复如下：

三、中国铁路总公司以铁路客货运输服务为主业，实行多元化经营。负责铁路运输统一调度指挥，负责国家铁路客货运输经营管理，承担国家规定的公益性运输，保证关系国计民生的重点运输和特运、专运、抢险救灾运输等任务。负责拟订铁路投资建设计划，提出国家铁路网建设和筹资方案建议。负责建设项目前期工作，管理建设项目。负责国家铁路运输安全，承担铁路安全生产主体责任。

七、同意将原铁道部相关资产、负债和人员划入中国铁路总公司，将原铁道部对所属18个铁路局（含广州铁路集团公司、青藏铁路公司）、3个专业运输公司及其他企业的权益作为中国铁路总公司的国有资本。中国铁路总公司的国有资产收益，应按照国家有关法律法规和有关规定执行，历史债务问题没有解决前，国家对公司暂不征收国有资产收益。在保证有关企业合法权益和自身发展需要的前提下，公司可集中部分国有资产收益，由公司用于再投入和结构调整。

八、建立铁路公益性运输补贴机制。对于铁路承担的学生、伤残军人、涉农物资等公益性运输任务，以及青藏线、南疆线等有关公益性铁路的经营亏损，研究建立铁路公益性运输补贴机制，研究采取财政补贴等方式，对铁路公益性运输亏损给予适当补偿。

九、中国铁路总公司组建后，继续享有国家对原铁道部的税收优惠政策，国务院及有关部门、地方政府对铁路实行的原有优惠政策继续执行，继续明确铁路建设债券为政府支持债券。对企业设立和重组改制过程中涉及的各项税费政策，按国家规定执行，不增加铁路改革成本。

十、中国铁路总公司承继原以铁道部名义签订的债权债务等经济合同、民事合同、协议等权利和义务；承继原铁道部及国家铁路系统拥有的无形资产、知识产权、品牌、商标等权益，统一管理使用。妥善解决原铁道部及下属企业负债，国家原有的相关支持政策不变，在中央政府统筹协调下，综合采取各项措施加以妥善处理，由财政部会同国家有关部门研究提出具体处理方式。

2014年1月6日召开国家铁路局第一次工作会议

局党组书记、局长陆东福回顾总结了建局履职的主要经历：从2013年7月机关干部基本到位，努力边组建、边履职，到2014年1月6日，建成并面向社会开通政府网站，国家铁路局机关组建工作已顺利完成。7个地区铁路监督管理局主要负责同志和处以上骨干人员初步确定。经中央编办批复，改革重组的局属7个事业单位已展开组建工作。经过各方面努力，铁路体制改革平稳推进，干部队伍稳定，工作有序衔接。

一是坚决贯彻中央对铁路改革的重大决定，落实国务院“三定”规定，围绕铁路安全、质量、市场监管和规划、标准、法规、政策研究等行业行政管理职责，结合实际把握好国家铁路局履职的战略定位和总体工作思路，不断凝聚共识，形成推进改革的共同思想基础。二是转变职能，大幅减少铁路行政审批事项，进一步落实政企分开要求。2013年在原铁道部19项审批项目的基础上，经过清理审核，共取消11项，保留8项，取消项目占到57.9%。三是以宣传贯彻《铁路安全管理条例》为抓手，强化监管法治建设。四是深入开展安全大检查，切实加强安全质量监管。五是努力服务大局，积极推进铁路标准体系建设和规划研究，积极参与铁路投融资体制改革方案研究。六是积极参与国际交流合作，全力推动与周边国家铁路互联互通建设，努力服务于铁路“走出去”。

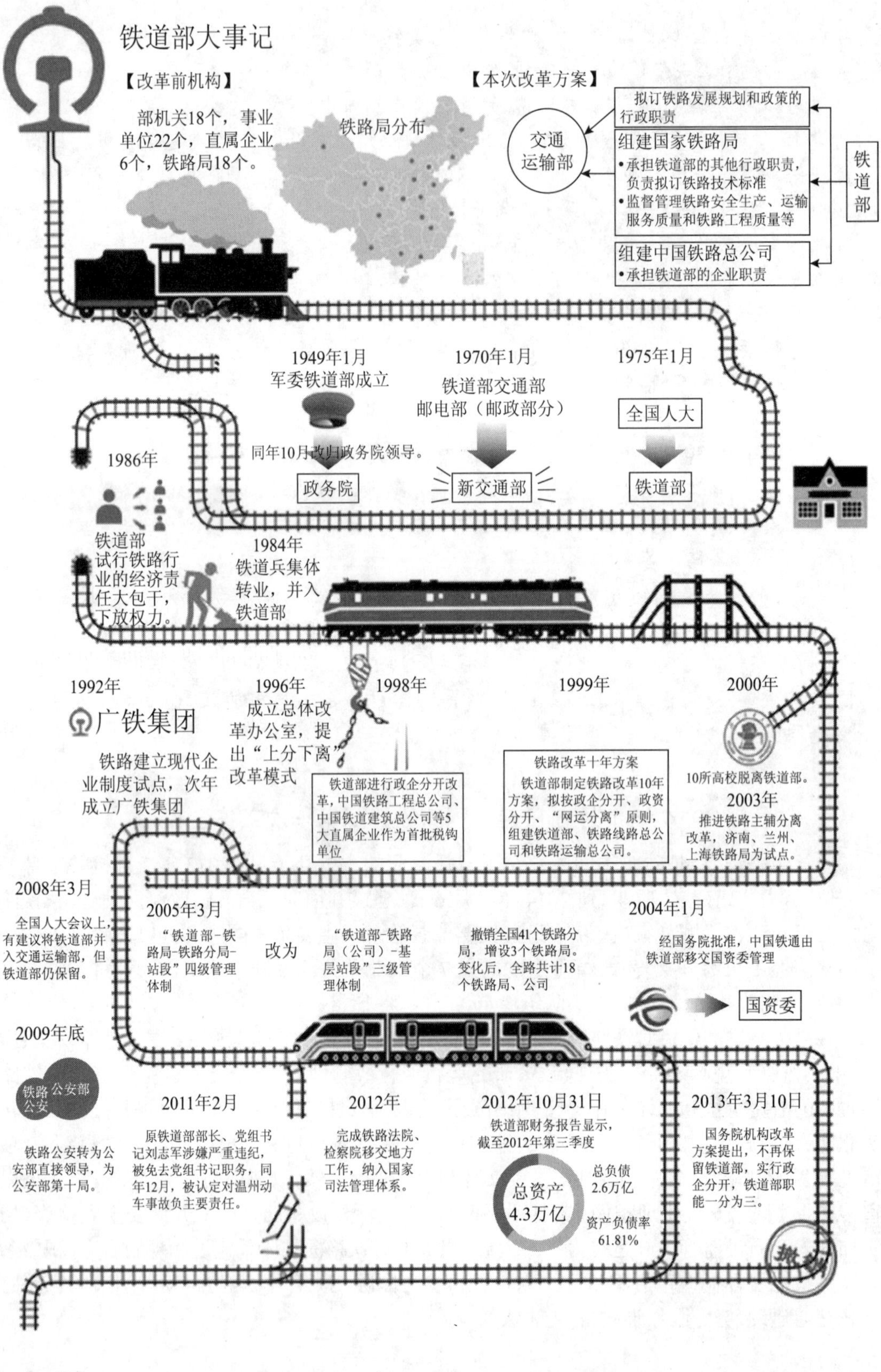
铁道部大事记
【改革前机构】
部机关18个，事业单位22个，直属企业6个，铁路局18个。
铁路局分布
【本次改革方案】
交通运输部
拟订铁路发展规划和政策的行政职责
组建国家铁路局
•承担铁道部的其他行政职责，负责拟订铁路技术标准
•监督管理铁路安全生产、运输服务质量和铁路工程质量等
组建中国铁路总公司
•承担铁道部的企业职责
铁道部
1949年1月
军委铁道部成立
同年10月改归政务院领导。
政务院
1970年1月
铁道部交通部
邮电部（邮政部分）
新交通部
1975年1月
全国人大
铁道部
1986年
铁道部试行铁路行业的经济责任大包干，下放权力。
1984年
铁道兵集体转业，并入铁道部
1992年
广铁集团
铁路建立现代企业制度试点，次年成立广铁集团
1996年
成立总体改革办公室，提出“上分下离”改革模式
1998年
铁道部进行政企分开改革，中国铁路工程总公司、中国铁道建筑总公司等5大直属企业作为首批税钩单位
1999年
铁路改革十年方案
铁道部制定铁路改革10年方案，拟按政企分开、政资分开、“网运分离”原则，组建铁道部、铁路线路总公司和铁路运输总公司。
2000年
10所高校脱离铁道部。
2003年
推进铁路主辅分离改革，济南、兰州、上海铁路局为试点。
2008年3月
全国人大会议上，有建议将铁道部并入交通运输部，但铁道部仍保留。
2005年3月
“铁道部-铁路局-铁路分局-站段”四级管理体制
改为
“铁道部-铁路局（公司）-基层站段”三级管理体制
撤销全国41个铁路分局，增设3个铁路局。变化后，全路共计18个铁路局、公司
2004年1月
经国务院批准，中国铁通由铁道部移交国资委管理
国资委
2009年底
铁路公安
公安部
铁路公安转为公安部直接领导，为公安部第十局。
2011年2月
原铁道部部长、党组书记刘志军涉嫌严重违纪，被免去党组书记职务，同年12月，被认定对温州动车事故负主要责任。
2012年
完成铁路法院、检察院移交地方工作，纳入国家司法管理体系。
2012年10月31日
铁道部财务报告显示，截至2012年第三季度
总资产
4.3万亿
总负债
2.6万亿
资产负债率
61.81%
2013年3月10日
国务院机构改革方案提出，不再保留铁道部，实行政企分开，铁道部职能一分为三。
撤销

三、交通运输部有关职责和机构编制调整方案

交通运输部动员部署有关职责和机构编制调整工作

1月24日,交通运输部召开部机关落实中央对交通运输部有关职责和机构编制调整动员大会。部党组副书记、副部长翁孟勇宣读了《中央编办关于交通运输部有关职责和机构编制调整的通知》(以下简称《通知》),部党组成员、副部长高宏峰宣读了《交通运输部有关职责和机构编制调整实施方案》和《交通运输部内设机构主要职责》。部党组成员、驻部纪检组组长李建波出席会议。

根据《通知》,交通运输部管理国家铁路局、中国民航局、国家邮政局,负责推进综合交通运输体系建设,统筹规划铁路、公路、水路、民航以及邮政行业发展;负责组织拟订综合交通运输发展战略和政策,组织编制综合交通运输体系规划,拟订铁路、公路、水路发展战略、政策和规划,统筹衔接平衡铁路、公路、水路、民航等规划,指导综合交通运输枢纽规划和管理;负责组织起草综合交通运输法律法规草案,统筹铁路、公路、水路、民航、邮政相关法律法规草案的起草工作;负责拟订综合交通运输标准,协调衔接各种交通运输方式标准。

《通知》同时明确调整交通运输部部分内设机构设置。设置政策研究室,将道路运输司(出租汽车行业指导办公室)调整为运输司,将安全监督司(应急办公室)调整为安全与质量监督管理司(应急办公室),将政策法规司、财务司、人事劳动司分别更名为法制司、财务审计司和人事教育司。

杨传堂指出,这次有关职责和机构编制调整突出了综合交通运输体系建设的职责,突出了公共服务与社会管理的职责,理顺了交通运输部与国家发展改革委等有关部门单位的职责分工,合理调整了机构和编制,这是贯彻落实《国务院机构改革和职能转变方案》的重要内容,也是深化交通运输大部门制改革的具体举措。(2014年1月;来源:中华人民共和国交通运输部)

交通运输部主要职责内设机构和人员编制规定

(国办发〔2009〕18号)

根据第十一届全国人民代表大会第一次会议批准的国务院机构改革方案和《国务院关于机构设置的通知》(国发〔2008〕11号),设立交通运输部,为国务院组成部门。职责调整方案如下:

(一)将原交通部的职责,原中国民用航空总局的拟订民航行业规划、政策和标准职责,原建设部的指导城市客运职责,整合划入交通运输部。

(二)取消已由国务院公布取消的行政审批事项。

(三)取消公路养路费、航道养护费、公路运输管理费、公路客货运附加费、水路运输管理费、水运客货运附加费等六项交通规费的管理职责。

(四)将组织推广公路水路行业设备新技术、协调闲置设备调剂等职责交给事业单位,将港口企业与国际港口组织联络等工作交给有关行业协会。

(五)加强综合运输体系的规划协调职责,优化交通运输布局,促进各种运输方

式相互衔接，加快形成便捷、通畅、高效、安全的综合运输体系。

（六）加强统筹区域和城乡交通运输协调发展职责，优先发展公共交通，大力发展农村交通，加快推进区域和城乡交通运输一体化。

（七）继续探索和完善职能有机统一的交通运输大部门体制建设，进一步优化组织结构，完善综合运输行政运行机制。

四、铁路投融资

国务院关于改革铁路投融资体制加快推进铁路建设的意见（摘要）

（国发〔2013〕33号）

面对铁路发展的新形势新要求，综合考虑铁路建设项目储备、前期工作和施工力量等条件，应加快"十二五"铁路建设，争取超额完成2013年投资计划，切实做好明后两年建设安排。优先建设中西部和贫困地区铁路及相关设施，大力推动扶贫攻坚，促进区域协调发展，积极稳妥推进城镇化，顺应群众改善生产生活条件、增加收入的迫切期盼。为确保在建项目顺利推进，投产项目如期完工，新开项目抓紧实施，全面实现"十二五"铁路规划发展目标，现提出以下意见：

1. 多方式多渠道筹集建设资金。按照"统筹规划、多元投资、市场运作、政策配套"的基本思路，完善铁路发展规划，全面开放铁路建设市场，对新建铁路实行分类投资建设。向地方政府和社会资本放开城际铁路、市域（郊）铁路、资源开发性铁路和支线铁路的所有权、经营权，鼓励社会资本投资建设铁路。研究设立铁路发展基金，以中央财政性资金为引导，吸引社会法人投入。铁路发展基金主要投资国家规定的项目，社会法人不直接参与铁路建设、经营，但保证其获取稳定合理回报。"十二五"后三年，继续发行政府支持的铁路建设债券，并创新铁路债券发行品种和方式。（发展改革委、财政部、交通运输部、人民银行、银监会、工商总局、铁路局、中国铁路总公司负责）

3. 建立铁路公益性、政策性运输补贴的制度安排。对于铁路承担的学生、伤残军人、涉农物资和紧急救援等公益性运输任务，以及青藏线、南疆线等有关公益性铁路的经营亏损，要建立健全核算制度，形成合理的补贴机制。在理顺铁路运价、建立公益性运输核算制度之前，为解决中国铁路总公司建设项目资本金不足、利息负担重等问题，考虑到铁路运输公益性因素，中央财政将在2013年和明后两年对中国铁路总公司实行过渡性补贴。（财政部、铁路局、中国铁路总公司负责）。

5. 强化企业经营管理，努力提高资产收益水平。中国铁路总公司要坚持企业化、市场化运作，推进现代企业制度建设，改善经营、增收节支，依托干线铁路陆续开通、运力大幅增长等有利条件，千方百计扩大市场份额，依托运输主业开展物流等增值服务，力争客运年均增长10%以上、货运实现稳步增长。建立完善成本核算体系、绩效考核体系，有效控制建设和运营成本，提高经营效益。要在抓紧清理资产的基础上，全面开展资产评估工作，摸清底数，盘活存量，优化增量，增强企业自我发展能力。要抓紧实现建设项目投产运行，做好站点设施和运营设备的配套，充分发挥铁路网络整体效益，提高增量资产收益。（中国铁路总公司、财政部、铁路局负责）。

6. 加快项目工作，形成铁路建设合力。中国铁路总公司、地方政府等项目业主要加强组织领导，密切协调配合，加大工作力度，切实做好建设方案、资金筹措和社会稳定风险分析等前期工作。中国铁路总公司要会同有关部门加强施工监管和运营管理，确保工程质量和运行安全。发展改革、国土资源、环境保护等部门要加强沟通协调，建立联动机制，加快项目审核，加快中西部地区和贫困地区铁路建设，确保“十二五”规划确定的铁路重点项目及时开工，按合理工期推进。银行等金融机构要根据自身承受能力继续积极支持铁路重点项目建设。中国铁路总公司继续享有国家对原铁道部的税收优惠政策，国务院及有关部门、地方政府对铁路实行的原有优惠政策继续执行。（中国铁路总公司、发展改革委、财政部、国土资源部、环境保护部、交通运输部、人民银行、税务总局、银监会负责）。

五、民航改革

中共中央政治局委员、国务院副总理马凯对民航工作作重要批示

2013年12月20日，中共中央政治局委员、国务院副总理马凯对民航工作作重要批示，充分肯定了民航2013年的工作成绩，并对新一年民航工作提出要求。

马凯指出，2013年，民航全行业认真贯彻落实中央的路线、方针、政策，改革创新、扎实工作，安全形势持续平稳，发展基础不断增强，服务质量得到提升，运输生产稳步增长，队伍建设继续加强，为促进经济社会平稳发展和提高人民群众生活质量做出了积极贡献。

马凯强调，成绩来之不易，希望在新的一年里，民航全行业深入贯彻党的十八大和十八届二中、三中全会和中央经济工作会议精神，以全面深化改革为动力，坚持稳中求进，坚持安全第一，着力完善民航市场体系，着力推进行业转型升级，着力提高服务质量和水平特别是在形成合力、提高正点率上下功夫，着力健全行业管理体系，着力加强队伍建设，努力推动民航业持续健康发展，为我国改革开放和现代化建设事业做出新的更大贡献。

国务院关于促进民航业发展的若干意见

（国发〔2012〕24号）

2012年7月12日发布了《国务院关于促进民航业发展的若干意见》（以下简称《意见》），明确了促进民航业发展的总体要求、主要任务、政策措施，这是国务院发布的第一部指导民航业发展的重要文件。

根据《意见》，到2020年，我国民航服务领域明显扩大，服务质量明显提高，国际

竞争力和影响力明显提升，可持续发展能力明显增强，初步形成安全、便捷、高效、绿色的现代化民用航空体系：航空运输规模不断扩大，年运输总周转量达到1700亿吨公里，年均增长12.2％，全国人均乘机次数达到0.5次；航空运输服务质量稳步提高，安全水平稳居世界前列，航班正常率提高到80%以上；通用航空实现规模化发展，飞行总量达200万小时，年均增长19%；经济社会效益更加显著，航空服务覆盖全国89%的人口。

《意见》提出，促进民航业发展的总体要求是，以转变发展方式为主线，以改革创新为动力，遵循航空经济发展规律，坚持率先发展、安全发展和可持续发展，提升发展质量，增强国际竞争力，努力满足经济社会发展和人民群众出行需要。基本原则是，以人为本、安全第一。树立和落实持续安全理念，为社会提供安全优质的航空服务；统筹兼顾、协调发展。统筹民航与军航、民航与其他运输方式、民航业与关联产业，以及各区域间协调发展；主动适应、适度超前。加强基础设施建设，提高装备水平和服务保障能力；解放思想、改革创新。破除体制机制障碍，最大限度解放和发展民航生产力；调整结构、扩容增效。合理利用空域等资源，增加飞行容量，推进技术进步和节能减排。

2014年全国民航工作会议明确全面深化民航改革的思路和重点

贯彻落实党的十八届三中全会的重大部署，全国民航工作会议从五个方面明确了全面深化民航改革的思路和重点。这五个方面分别是：充分发挥市场的决定性作用，完善民航市场体系；更好地发挥政府作用，健全民航行业管理体系；着力推进空管体制改革，有效释放空域资源；继续深化企事业单位改革，增强行业发展活力；大力拓展国际合作，提高对外开放水平。

2014年民航安全工作的主要任务是：一要推进实施安全发展战略，强化安全责任落实；二要完善安全规章标准体系，严处违规违章行为；三要加强安全监管能力建设，通过创新安全管理机制、加强安全管理合作、提升安全监管能力、改进监管方式和手段发挥系统安全效能；四要扎实开展运行环境治理，通过提升系统抗干扰能力、改善安全运行品质、确保专业人员的数量和资质、保证运行设备的配备和质量，提升安全保障能力；五要夯实行业安全生产基础，加大重点领域管控，加强高原机场运行安全管理；六要切实加大安全投入力度，推广新技术的应用；七要继续强化正确舆论引导，通过培育行业诚信安全文化和强化行业严格遵章守纪意识，推进安全文化建设。

关于完善民航国内航空旅客运输价格政策有关问题的通知

根据中国民航局、发展改革委联合下发的《关于完善民航国内航空旅客运输价格政策有关问题的通知》，取消民航国内航空旅客票价下浮限制，适当扩大实行市场调节价航线范围。其中，包括取消票价下浮限制，允许航空公司以基准价为基础，在上浮不超过25%、下浮不限的范围内自主确定票价水平。

中国民航局发展计划司副司长何锦日表示，交通运输价格必须是政府指导价格，所以航空公司价格放开，必须平衡航空公司、机场、空管的关系。中国民航局通过推进国内航空运输价格改革举措，利于引导航空公司推出更多折扣票价。目前多数公司已经取消票价下限，逐步推出更多折扣票价。利于通过竞争，优化资源配置，促进民航与其他运输方式协调发展。新增实行市场调节价航线中，与高铁竞争航线25条，与动车竞争航线4条，与公路竞争航线2条。

六、行政管理体制改革

（一）内涵核心

行政管理体制改革是政治体制改革的重要内容，是上层建筑适应经济基础客观规律的必然要求，贯穿我国改革开放和社会主义现代化建设的全过程。加快行政管理体制改革的主要任务是，着力转变职能、理顺关系、优化结构、提高效能，形成权责一致、分工合理、决策科学、执行顺畅、监督有力的行政管理体制，建设服务型政府。通过改革，提供优质公共服务、维护社会公平正义的根本转变，实现政府组织机构及人员编制向科学化、规范化、法制化的根本转变，实现行政运行机制和政府管理方式向规范有序、公开透明、便民高效的根本转变，建设人民满意的政府。深化行政管理体制改革的总体目标是，到2020年建立起比较完善的中国特色社会主义行政管理体制。（2011年7月19日；来源：中央编办）

（二）最新进展

关于2013年深化经济体制改革重点工作的意见

2013年改革重点工作是，深入推进行政体制改革，加快推进财税、金融、投资、价格等领域改革，积极推动民生保障、城镇化和统筹城乡相关改革。

对已经部署并正在推进的各项改革，有关部门按职能分工，切实抓好落实，力求年内取得新的进展。包括继续推进国有企业改革，继续深化开放型经济体制改革，加快教育、文化、医药卫生等社会事业各项改革，加快完善科技创新体制机制及深化收入分配制度改革。（2013年5月24日；来源：发展改革委）

国务院召开机构职能转变动员电视电话会议

2013年5月13日，国务院召开了机构职能转变动员电视电话会议。李克强强调，行政审批制度改革是转变政府职能的突破口，是释放改革红利、打造中国经济升级版的重要一招，今年要开好头。一要以简政放权稳增长。市场主体是社会财富的创造者，是经济发展内生动力的源泉。要发挥市场配置资源的基础性作用，进一步打开转变政府职能这扇大门，激发市场主体发展活力和创造力，这是不花钱能办事、少花钱多办事的“良方”。要最大限度减少对生产经营活动、一般投资项目和资质资格等的许可、审批，切实防止审批事项边减边增、明减暗增。二要以简政放权推转型。把稳当前和增后劲结合起来，加快体制机制创新，使企业和产业在公平的市场竞争中优化升级，为转型提供“源头活水”。三要以简政放权促就业。稳增长、促发展从根本上讲是为了扩大就业。要加快企业工商登记等制度改革,大力发展中小微企业和服务业,提供更广就业门路、更多就业机会。同时,要调动中央和地方两个积极性,发挥地方政府贴近基层的优势,把由地方实施更有效的审批事项,坚决下放给地方。(2013年5月13日;来源:中央政府门户网站)

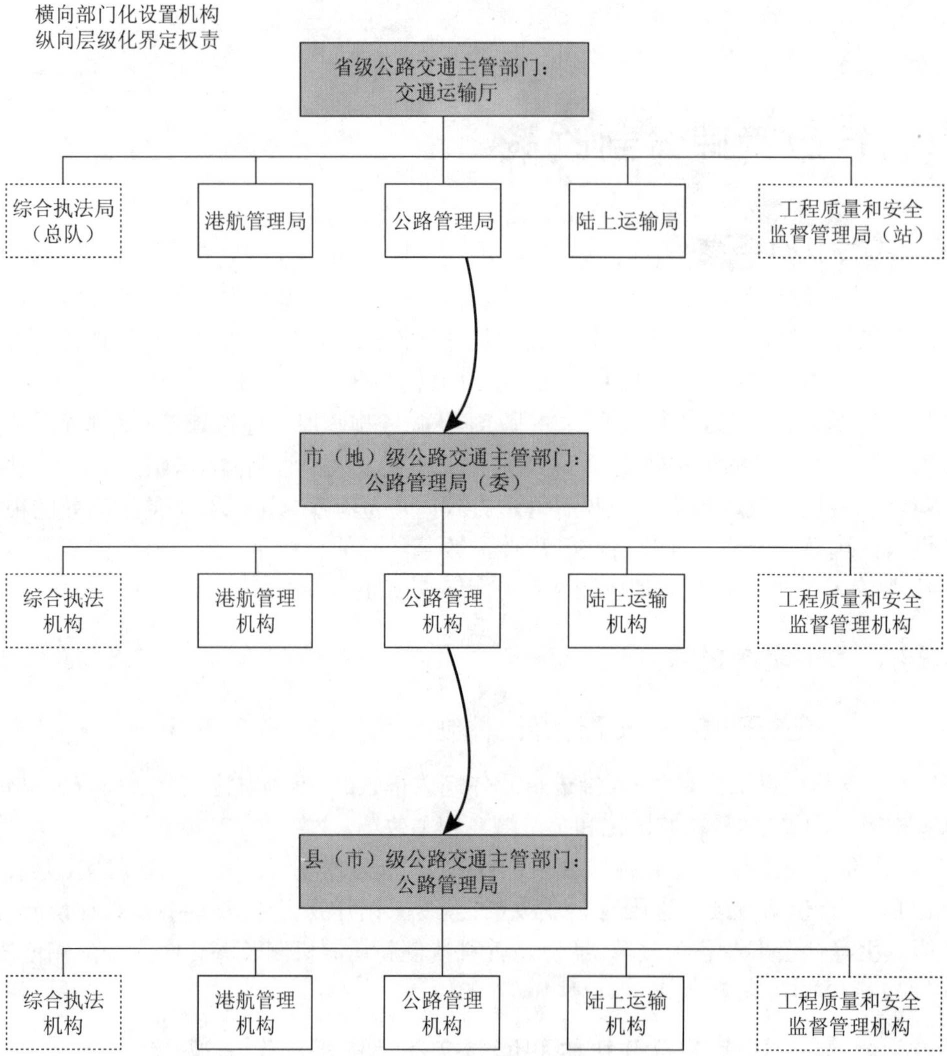

(三)战略部署

未来几年,是基本建成现代交通运输网络的关键时期,也是构建综合运输体系的重要时期。这一时期,全面深化改革必须坚持问题导向,要在深化大部门制改革、行政执法体制改革、投融资体制改革、安全管理体制改革、科技创新体制改革、综合运输体系建设等方面加强顶层设计和突破创新,破除体制机制障碍,进一步增强改革的内生动力。同时,随着改革创新的推进和深化,长期积累的矛盾和潜在的风险会显现暴露,我们要清醒认识改革的复杂性、敏感性、艰巨性。

深化行政管理体制改革，要破除思想障碍和打破利益格局，进一步简政放权，继续取消和下放一批行政审批事项，加快推动政府职能向加强市场监管、创造良好发展环境、提供优质公共服务、维护社会公平正义转变。到2015年前，部层面拟减少行政审批项目37项，各地交通运输部门也要抓紧取消或下放行政审批项目，切实解决好"最后一公里"问题。要根据交通运输部有关职责调整的规定要求，围绕加快推进综合运输体系建设，在完善法制战略、政策、规划、法律法规、制度体制机制等方面加大改革创新，力争有新作为、有新突破。稳步推进交通行政综合执法改革，提高行政执法效能。（来源：杨传堂同志在2014年全国交通运输工作会议上的讲话）

七、交通投融资体制改革

（一）最新进展

关于2013年深化经济体制改革重点工作的意见（摘要）

12. 改革铁路投融资体制。建立公益性运输补偿制度、经营性铁路合理定价机制，为社会资本进入铁路领域创造条件。支线铁路、城际铁路、资源开发性铁路所有权、经营权率先向社会资本开放，通过股权置换等形式引导社会资本投资既有干线铁路。（发展改革委、财政部、交通运输部、铁路局等负责）（2013年5月24日；来源：发展改革委）

我国2004—2009年城市交通投资构成（单位：亿元）

年份	2006年	2007年	2008年	2009年	2006～2009年	比例
投资总额	799.2	1015	1401.1	2197.9	5413.2	100%
国家预算内资金	28.9	59.4	100.4	140.5	329.2	6.1%
国内贷款	361.7	538	716.7	1027.7	2644.1	48.8%
使用外资	11.6	1.1	3.7	13.6	30	0.6%
自筹	359.9	383.1	531.9	685	1959.9	36.2%
其他	37.1	33.3	48.4	331.1	449.9	8.3%

注：数据来自中国统计年鉴。

（二）战略部署

杨传堂同志在2014年全国交通运输工作会议上的讲话

深化交通投融资体制改革。要按照事权与支出责任相匹配的原则，围绕理顺中央与地方事权，深化交通运输行业财税体制配套改革，包括专项资金使用、港建费征管、公路水路可持续发展的资金筹措、债务风险防控等。着力加快普通公路投融资建养管的投融资体制。研究建立交通基础设施特许经营制度，利用多种方式吸引社会资本参与交通基础设施建设。（2013 年 12 月 27 日；来源：交通运输部）

交通运输部：发挥规划引领作用推动交通运输转型发展

要深入开展投融资体制研究，积极应对财税体制改革。特别要从政策环境上创造有利条件，鼓励民间资本进入交通运输领域。要深入研究车购税、港建费等适应财税体制改革的政策，提出改革预案，把握好改革节奏。（2014 年 1 月 10 日；来源：交通运输部网站）

（三）专家观点

我国高速公路投融资风险防范与体制改革思考

经过了 20 多年的投资体制改革，我国高速公路已基本形成了“国家投资、地方筹资、社会融资、利用外资”的投融资体制特点，投融资模式也在不断创新和完善。但制约投融资体制改革的体制障碍依然存在，新的投资调控体系尚未完全建立，行政力量干预投资的现象仍然存在，与之相配套的政策法规尚未完善，与投资相关的各个管理部门职能划分模糊不清，投资领域尚缺乏严格的责任约束等，由此引发了当前我国高速公路建设较高的投融资风险。

改革高速公路投融资体制防范投融资风险的政策建议中，可以建立公路建设专项资金，多种融资方式并存，形成稳定的高速公路建设资金来源。

（1）可以适当的扩大公路建设专项基金的来源。一是借鉴国外公路税种设计，适当降低购置环节的税费，完善保有和使用环节的税种，如车胎税、重车使用税、行驶里程税等，从而构建起多税种的公路税收体系，增强政府对高速公路的投资能力。二是可将一些和公路发展联系紧密的税种如汽车配件销售税、土地增值税等也纳入到专项基金中，为公路建设提供稳定的资金收入。三是开辟新能源的税种来弥补资金缺口。

（2）充分利用发行公路债券融资方式。当前一是要保持一定比例国债资金的投入，提高公路项目的融资能力及带动社会资金向公路建设的集中。二是为保证地方配套资金及时足额到位，地方政府在当年财力不足的情况下，可以适度发行公路建设债券，募集的资金用途只能是国家财政投资地方项目的配套工程，实现地方财政与中央投资项目的同步配套。

（3）推进收费公路资产证券化。通过资产证券化可吸引中小投资者和国外资金进入高速公路行业。国家应该加快资产证券化融资的立法工作，规范各主体的行为，使资产证券化操作有法可依、有章可循，为资产证券化融资提供法律保障。

（4）建立公路产业投资基金。公路产业基金应由政府设立的特定部门作为国有资产的代表进行控股，同时广泛吸纳包括保险基金在内的机构投资者和社会资金投资于公路建设。因其具有专家理财的特点，可以避免项目投资的盲目性和重复性。并且使用公路产业投资基金在项目建设中不必集中偿还大量本息，有利于降低项目的负债率，达到降低项目融资成本的目的。（作者：长沙理工大学王治、刘苾兰；2013 年 5 月；来源：长沙理工大学学报（社会科学版））

八、公路水路管理体制改革

（一）战略部署

杨传堂同志在 2014 年全国交通运输工作会议上的讲话

深化公路管理体制改革，加快建立事权与财力相匹配、建管养相协调的公路管理体制机制，加快推进以普通公路为主的非收费公路系统和以高速公路为主的收费公路体系建设。强化公路安全管理体制机制建设，完善安全管理和应急机制，落实监管责任。要深化水运管理、海事管理、救助打捞、交通公安管理体制改革，进一步理顺关系，为水上运输市场与安全发展创造良好的体制机制环境。要深化水上安全监管体制改革，进一步理清中央与地方事权和职责。要深化航道管理体制改革，健全建管养相协调的管理体制。要研究完善引航体制机制，不断提高引航公共服务水平。

研究项目法人责任制、招标投标制、合同管理制和工程监理制四位一体的公路建设管理体制、制度、建设项目管理方式的改革路径和工作方案。深化公路养护管理体制改革，推动出台关于加强公路养护管理工作的若干意见。完善收费公路管理政策，研究收费公路特许经营制度相关实施办法。深化内河管理体制改革，加强界河和长江航道管理体制改革研究，进一步理顺三峡船闸管理体制。

（二）进展成效

公路局长会推动地方公路管理体制改革

2013 年 1 月 5 日至 6 日，第 26 次全国公路局长座谈会在海南海口召开。会议向与会代表征求对《地方公路管理体制改革指导意见（征求意见稿）》的意见。

《地方公路管理体制改革指导意见（征求意见稿）》的核心是转变政府职能，理顺公路管理事权，优化组织机构设置，落实公路建养管责任，对公路管理职责进行归位、机构进行合并，规范公路管理机构设置，进一步明确国家高速公路、国道和省道管理事权以及农村公路事权，提出了养护机制改革和养护市场改革的方向。

会议还提出，推进养护作业市场化和机械化；加强路政治超执法管理和监督；加强路网运行监测，提升出行信息服务水平；全面提升公路交通应急处置与保障能力。

交通运输部办公厅关于推进地方公路管理体制改革的指导意见

——决策、监督与执行相分离。

按照国家行政管理体制改革的总体要求，省级交通运输主管部门是公路管理决策和监督机构，具体负责制定公路管理法规、行业政策、标准规范、发展规划等行政职能；省级公路管理机构具体负责公路养护（绿化）、路政管理、收费公路监管、涉路行政审批、公共服务、应急处置、公路相关数据统计等具体行政行为。市一级公路管理职责照此进行划分。

——规范公路管理机构名称和标识。

原则上，省、市(地)、县三级公路管理机构应统称为“××省(自治区、直辖市)公路管理局、高速公路管理局，××市(地区、州、盟)公路管理局，××县(旗)公路管理局”。采取垂直管理体制的省份，其他市级公路管理机构可称为“××省(自治区、直辖市)公路管理局××市(地区、州、盟)公路管理分局。”

——可设立“公路养护与应急保障中心”。

根据公路管理的专业特点，因应急抢险、战备保障等需要，各级公路管理机构可设立“公路养护与应急保障中心”，继续保留在事业单位序列，承担统一的调度、专业指导、技术保障等公益管理职能。

——切实落实政企分开、政事分开。

由高速公路经营管理单位或收费公路管理机构实际行使的路政管理等行政职能，应全部回归政府交通运输主管部门和公路管理机构。

——明确国道、省道管理事权。

国家高速公路管理事权属于中央人民政府事权，委托省级交通运输主管部门管理；一般国道采用中央和地方共建模式，以地方管理为主，中央人民政府给予资助；地方性法规中把国道管理权限下放的，要启动立法修改程序，相应修订地方性法规。今后不得将国道管理权限下放到市县一级。

——落实农村公路管理事权。

省级人民政府主要负责筹集农村公路养护资金，省级交通运输主管部门负责编制下达农村公路养护计划，统筹安排和监管农村公路养护资金；县级人民政府是农村公路管理养护工作的责任主体，其交通主管部门具体负责管理养护工作，县级交通主管部门所属公路管理机构具体承担农村公路的日常管理和养护工作。(2013年1月22日；来源：交通运输部)

九、交通公共服务改革

(一)战略部署

杨传堂同志在2014年全国交通运输工作会议上的讲话

围绕提升交通运输服务质量和水平，加强相关法制战略、规划、政策、标准的研究制定，强化政府部门提供交通公共服务的职责，制定实施一些重大改革举措，加强公共交通、邮政普遍服务等基本公共服务提供，让群众得到实实在在的好处。要推进交通公共服务管理改革，推动建立科学规范的政府购买交通公共服务制度。要围绕促进城乡交通基本公共服务均等化，加快推进农村交通基础设施建养管体制改革，加快推进城乡公共交通一体化。

（二）基层落实

临沂市交通运输局积极发展农村客运促进城乡客运服务均等化

一是完善农村客运基础设施建设。做好农村公路基础设施规划与建设，通过完善路网布局，加大县乡道路新建、改建和扩建工作力度，提升农村公路网络化水平，为农村客运发展提供良好的基础。

二是加强农村客运运力保障。创新农村客运运行模式，通过延线、调线、冷热线搭配、长短线结合、干支线互补的原则，开通早晚班、隔日班、周末班、赶集班、学生班等灵活多样的农村客运运行模式。

三是加大农村客运市场监管力度。

四是提高驾乘服务水平。开展“道路旅客运输文明驾驶员”和“道路旅客运输文明标兵车”评选活动，挖掘典型，以点带面，促进客运行业服务水平整体提升。

五是保障运营安全。加强农村客运企业安全生产主体责任落实，加大对客运车辆安全监管，严格执行车辆例检制度，严格落实“三不进站、五不出站”制度，严禁“三品”上车，保证客运车辆安全有序运行。（2012 年 12 月 28 日；来源：山东省交通运输厅）

辽阳县开通唐马寨“镇村公交”

按照国务院关于优先发展公共交通的文件精神，在唐马寨镇广大干部群众的强烈要求和热切期盼中，辽阳市交通局经过认真研究、反复论证，克服重重困难，辽阳县唐马寨镇内公交得以成功开通。该线路由辽阳县运管所审批，按公交运营模式经营。辽阳县奥隆公汽公司积极承担社会责任，为政府和群众分忧解难，筹集资金购置 10 台新车，在沿线各村屯设置了站牌，配备有经验、懂管理的线路队长和有资质的优秀驾驶员。

辽阳县唐马寨“镇村公交”开通试运营，是辽阳市实现城乡居民服务均等化，推进城乡客运一体化，实施乡镇客运站“六位一体”改造的重要举措，将为改善唐马寨镇内各村屯居民出行条件，提升生活质量和幸福指数，做出积极贡献。（2013 年 12 月 6 日；来源：《辽宁交通》）

十、市场监管体制改革

（一）战略部署

杨传堂同志在 2014 年全国交通运输工作会议上的讲话

围绕发挥市场在资源配置中的决定性作用，深化交通运输市场化改革，加快建设统一开放、竞争有序的交通运输市场体系。要积极参与和促进家庭运输价格改革，完善交通运输价格形成机制，清除制约影响交通运输公平竞争的各种体制机制障碍。要深化道路货运管理改革，突出对经营者诚信及遵守安全有关规章能力的考核。要加强工程质量监管，创新监管思路，强化市场监管，从源头上加强监管体系建设。要完善统一市场准入制度，善于运用负面清单管理模式，改革市场监管体系，建立健全交通运输社会征信体系。

交通运输部关于改进提升交通运输服务的若干指导意见（摘要）

（交运发〔2013〕514号）

二、重点任务和工作抓手

（四）加强市场监管，提升交通运输服务安全化水平。

18. 完善安全监管防控体系。树立以人为本、安全发展的理念，严格落实企业安全生产主体责任和行业管理部门监管责任，完善安全生产管理体制机制，健全交通运输安全生产法规制度和标准体系，深入开展“平安交通”创建活动，推进企业安全生产标准化达标考评和达标等级应用工作。

19. 加强安全保障和应急处置能力建设。提升安全监管装备水平，加强公路安保、城市轨道交通运营安保、危桥改造、渡改桥等工程建设，开展码头结构加固改造和港口设施维护工作，推进国家和省级公路水路交通应急装备物资储备与救援中心建设。

20. 建立产品质量监管体系。以监督抽查、产品认证、符合性审查、配件追溯等方式，加强对重点交通运输产品监管，发布交通运输行业重点监管产品目录，建立健全重点产品质量监督抽查工作机制，建立推广汽车维修配件追溯体系，切实提高汽车维修服务质量。

广东省市场监管体系建设规划（2012—2016年）

近日，广东省政府发布《广东省市场监管体系建设规划（2012—2016年）》（以下简称《规划》）。《规划》围绕《广东省建设市场监管体系工作方案》确定的10个子体系，细化了各子体系建设的主要工作任务，提出通过5年努力，基本建立与广东经济发展相适应的市场监管体系。

民资或可进入垄断性行业。根据《规划》，广东将继续降低市场准入门槛。在民间投资方面，按照“非禁即入”原则，拓宽民间投资领域和范围，包括：制订推进垄断行业改革指导意见，为民间资本进入垄断行业创造条件；加快出台公共资源特许经营管理办法；鼓励引导非公有制企业通过并购和控股、参股等多种形式参与国有和集体企业改组改制；改革企业投资管理，建立新型企业投资管理服务体制。此外，《规划》提出，在总结评估商事登记改革试点工作经验基础上，今年底前在全省范围铺开，明年全面推进商事登记改革，2016年基本建立“宽进严管”的商事登记制度。

建立企业法人“黑名单”制度。《规划》要求完善企业信用分类监管制度，建立市场主体信用信息公示平台。根据《规划》，广东将建立企业法定代表人“黑名单”制度，实现与银行信用评级体系、检察机关行贿犯罪档案查询等系统的有效衔接。2014年实现“黑名单”数据在相关部门间共享；2015年综合运用“黑名单”信息，建立信用惩戒制度，以促进市场主体依法诚信经营。（2013年11月4日；来源：广州办事处）

(二)基层落实

惠州市交通运输市场监管体系建设工作要点

(1)调整市场准入方式,引入竞争机制。2013年,调整优化市场准入方式,修订完善县际县内包车运力竞争性投放流程,并将竞争性投放运力机制扩展到公交等重点民生行业,鼓励强优企业优先发展。

(2)落实安全监管要求,加强标准化建设。推进三级以上客运站进出站安全信息化监管和联网售票工作,继续开展危险货物运输企业安全生产监督检查考核工作,实施优胜劣汰,规范危险货物运输企业安全管理行为。

(3)推动水运企业规范化建设工作。深入研究现行法律法规和行业规范,研究制定水运企业规范化建设工作方案。(2013年4月16日;来源:惠州市交通运输局)

第二篇
战略政策篇

一、综合交通

（一）内涵核心

要义是坚持适度超前、改革创新，做到量力而行、尽力而为，与区域协调发展和新型城镇化要求相适应，合理布局不同区域、不同层次、不同方式的运输网络，合理配置和优化整合交通运输资源，发挥各种运输方式技术经济优势和交通网络整体效能。

核心是从基本国情和国家战略出发，顺应新型工业化、信息化、城镇化、农业现代化同步发展的新需求，统筹规划铁路、公路、水路、民航以及邮政行业发展，建立完善与综合交通相适应的制度体制机制，提升服务水平、物流效率和整体效益。

关键是通过综合交通战略规划、政策法规、标准规范促进各种运输方式深度融合，优化交通运输主要通道和主要枢纽节点布局，统筹各种运输方式在区域间、城市间、城乡间、城市内的协调发展，发挥组合效率和整体优势，实现各种运输方式从分散、独立发展转向一体化、集约化发展，加快构建网络设施配套衔接、技术装备先进适用、运输服务安全高效的综合交通系统。

（二）发展目标

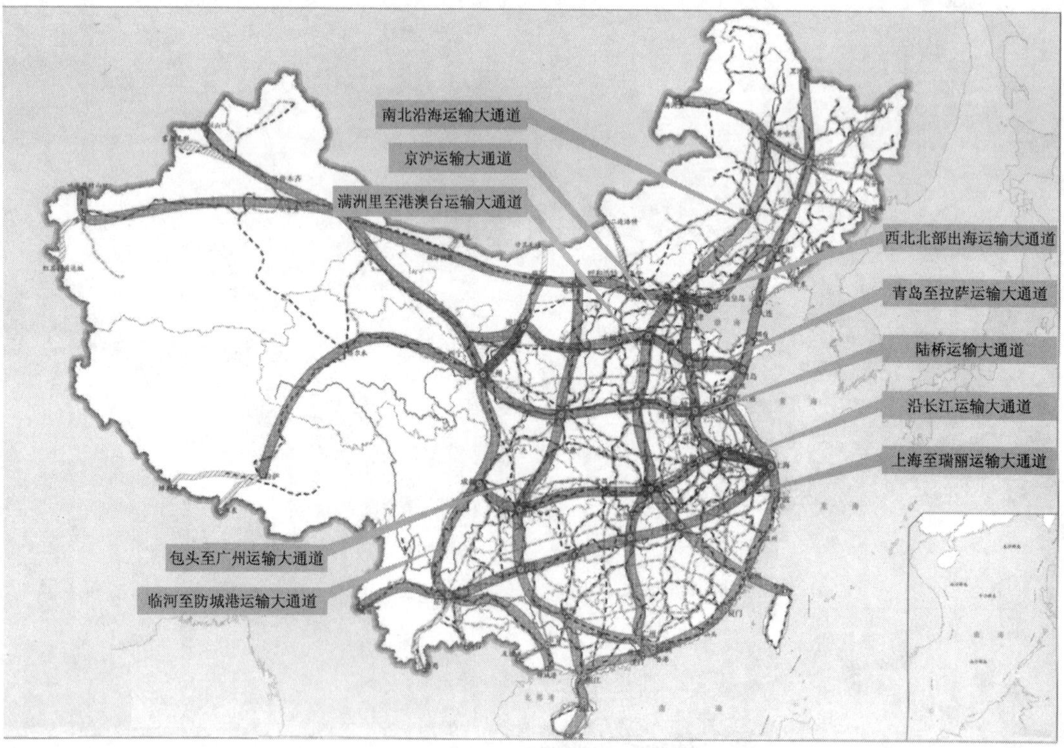

综合运输大通道

国务院关于印发"十二五"综合交通运输体系规划的通知

（国发〔2012〕18号）

"十二五"时期，综合交通运输体系发展的主要目标是：初步形成以"五纵五横"为主骨架的综合交通运输网络，总里程达490万公里。基本建成国家快速铁路网、国家高速公路。完善煤炭、进口油气和铁矿石、集装箱、粮食运输系统，扩大和优化民用航空网络，形成跨区域、与周边国家和地区紧密相连的原油、成品油和天然气运输网络。强化城市公共交通网络，基本建成42个全国性综合交通枢纽，增强邮政普遍服务能力。

国家发展改革委关于印发促进综合交通枢纽发展的指导意见的通知

（发改基础〔2013〕475号）

为完成《国务院关于印发"十二五"综合交通运输体系规划的通知》（国发〔2012〕18号）提出的"基本建成42个全国性综合交通枢纽"的发展目标和"按照零距离换乘和无缝化衔接的要求，全面推进综合交通枢纽建设"的主要任务。为此提出四大发展任务：（一）加强以客运为主的枢纽一体化衔接。（二）完善以货运为主的枢纽集疏运功能。（三）提升客货运输服务质量。（四）统筹枢纽建设经营。明确了42个全国性综合交通枢纽。

42个全国性综合交通枢纽（城市）
北京、天津、哈尔滨、长春、沈阳、大连、石家庄、秦皇岛、唐山、青岛、济南、上海、南京、连云港、徐州、合肥、杭州、宁波、福州、厦门、广州、深圳、湛江、海口、太原、大同、郑州、武汉、长沙、南昌、重庆、成都、昆明、贵阳、南宁、西安、兰州、乌鲁木齐、呼和浩特、银川、西宁、拉萨

（三）战略部署

交通运输部将加快推进综合运输体系建设

2013年6月6日，交通运输部新闻发言人、政策法规司司长梁晓安在例行新闻发布会上表示，交通运输部将按照国务院赋予的新职责，发挥规划引领作用，优化交通基础设施建设布局，调整交通运输结构，统筹协调好各种运输方式的发展，加快推进综合运输体系建设。一是加强交通基础设施建设衔接。二是加强运输服务衔接。三是加强综合运输管理衔接。（2013年6月6日；来源：交通运输部）

二、智慧交通

（一）内涵核心

要义是坚持面向发展、开放协同，重点突破、全面提升，以信息化智能化为牵引，推动现代信息技术与交通运输管理和服务全面融合，实现交通运输设施装备、运输组织的智能化和运营效率、服务质量的提升。

核心是以重大科技突破牵引交通运输转型升级，围绕支撑重大工程建设、提高存量资产使用效能和提升运输服务品质，抓好重大科技研发，协调推进原始创新、集成创新和引进消化吸收再创新，推动基础性、前瞻性和共性关键技术和工程化产业化发最，加快建设市场导向、企业主体、产学研结合的行业技术创新体系，促进科技成果转化为交通运输生产力。

关键是完善全行业开放协同创新机制，注重以信息化智能化引领提升交通运输管理效能，促进现代信息技术在行业监管、运行管理和服务领域的深度应用、全面提升交通运输供给能力、运行效率、安全性能和服务质量，实现交通运输持续创新发展。

（二）战略部署

关于科技创新推动交通运输转型升级的指导意见

（交科技发〔2013〕540 号）

按照全面建成小康社会的总体要求，到 2020 年，形成开放协调、充满活力的创新发展体制机制，行业创新能力得到新提高，行业创新发展取得新成效。努力在工程建养、运输服务、安全应急、绿色循环低碳交通和信息化等领域共性关键技术研究取得一批国际领先、实用性强的自主创新成果，推动交通运输转型升级，行业科技进步贡献率达到 60%。交通运输部提出了以下十大重点任务：

（一）深化体制机制改革，提升科技创新能力。（二）科技创新推动综合交通运输体系发展。（三）支撑交通基础设施建设与养护管理。（四）提升公众出行服务能力与水平。（五）提高现代物流业发展水平。（六）支撑交通运输安全发展。（七）促进绿色循环低碳交通运输发展。（八）大力推动信息化智能化发展。（九）大力提高标准化水平。（十）促进新兴关联产业发展。

《交通运输行业智能交通发展战略（2012—2020 年）》解读

2012 年交通运输部发布了《2012—2020 年交通运输业智能交通发展战略》（以下简称《战略》），也是中国第一部以政府文件形式发布的智能交通战略，标志着智能交通已经上升到了国家战略。交通部启动的新一代智能交通系统发展战略和应用物联网技术推进现代交通运输策略研究两个重大研究项目，为未来 5~10 年的发展进行了谋划。此外，目前传统的统一化智能交通监控已经越来越难以满足在不同特点道路的工作需要，因此专业化和定制化将成为未来智能交通管理设备的重要发展方向。分析人士预计，到 2015 年，中国国内车联网的市场规模将达到 2000 亿元人民币，相关利润至少有 200 亿元。

《战略》提出，到 2020 年，中国智能交通发展的总体目标是：基本形成适应现代交通运输业发展要求的智能交通体系，实现跨区域、大规模的智能交通集成应用和协同运行，提供便利的出行服务和高效的物流服务，为在 21 世纪中叶实现交通运输现代化打下坚实基础。

具体目标为，全面提升城市交通管理和服务水平；有效提高公路交通安全和出行可靠性；着力增强水路运输效率和监管应急能力；显著促进多种运输方式有效衔接；显著提高技术创新能力；推动形成智能交通产业。

为实现上述目标，将重点支持交通数据实时获取、交通信息交互、交通数据处理、智能化交通安全智能化组织管控等技术的集成创新。还将加快智能交通基础性关键标准、应用服务标准的制定，推动标准贯彻执行和国际合作，鼓励企业参与主导标准研究制定工作。

尤其在鼓励产业发展方面，《战略》明确将创新模式，着力推进智能交通产业化，积极营造智能交通产业发展环境，加强与电信运营、广播电视、金融、气象等行业或部门的合作，支持和引导带动性强、集中度高的大企业以及有技术专长的中小企业的发展，在交通运输信息服务、运营管理和电子支付领域实现产业突破。

（三）行业声音

“智能交通行业巨额投资引关注，前景看好”

CMIC 统计数据显示，截至 2012 年 8 月 10 日，我国共有 19 个省市公布了智能交通投资计划，涉及投资金额高达 78.05 亿元。其中，投资额度最大的是河北省，计划投入 24 亿元建设“道路动态科技防空工程、交通运输综合协调指挥与服务工程”。投资额度最小的厦门市，也计划 1400 万建设“仙岳高架桥智能交通管理系统”。智能交通建设是智慧城市建设的主要分支，其中的安防应用同样得到巨大发展。

智能交通巨额投资引关注。受到市场关注的智能交通项目还有：北京市投入 10 亿 ~15 亿元建设“1700 处综合信号控制系统建设项目”、呼和浩特市投入 2.6 亿元建设“智能交通管理与视频监控系统”、嘉兴市计划 6.15 亿元进行“智能交通总体建设”、石狮市计划投入 11 亿元“提升城市交通质量”等。CMIC 专家预计受益于公安部《道路交通安全“十二五”规划》、《道路交通科技发展十二五规划》等多项政策扶持，未来 10 年国内智能交通投入将在 1820 亿元之巨。（2013 年 12 月 2 日；来源：天津市市政公路管理局）

浙江交通、电信携手共创“智慧交通”

2013 年 7 月，浙江省交通运输厅与中国电信浙江公司在杭州签订战略合作协议。双方将在基础通信、行业应用、安全应急等领域开展全面深入合作，提升交通运输信息化水平，共同打造智慧交通。

根据协议，此次浙江交通与浙江电信的合作，将主要围绕基础通信服务、交通信息化规划、交通运输电子政务、交通物流、大交通信息共享服务平台与应用、行业管理、公众出行服务、安全应急保障信息化、营运车辆联网联控平台建设，以及城市智能交通、城市治堵等方面全面深入合作，共同打造智慧交通。（2013 年 7 月 11 日；来源：交通运输部）

三、绿色交通

（一）内涵核心

要义是坚持政府主导、法规约束，示范引领、制度创新，把绿色循环低碳发展理念贯穿落实到交通运输发展的各个领域和各个环节，在发展中保护、在保护中发展，加快建设资源节约型、环境友好型交通运输行业，实现经济效益、社会效益和环境效益的有机统一。

核心是以资源环境承载力为基础，以节约资源、提高能效、控制排放、保护环境为目标，加快推进绿色循环低碳交通基础设施建设、节能环保运输装备应用、集约高效运输组织体系建设，推动交通运输转入集约内涵式的发展轨道。

关键是在规划、建设、运营、养护等各个环节集约节约利用资源、保护生态环节，更加注重交通基础设施结构、运输装备结构、运输组织结构和能源消费结构，更加注重提升行业监管能力和企业组织管理水平，充分挖掘结构性和管理性绿色循环低碳发展潜力，提高交通运输设施装备节能环保水平，提高土地、岸线等资源利用效率，建成以低消耗、低排放、低污染、高效能、高效率、高效益为主要特征的绿色交通系统。

交通运输节能减排“十二五”规划显示：到2015年，与2005年相比

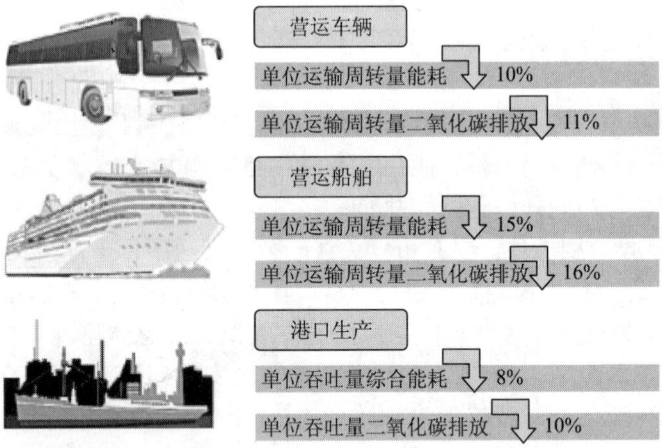

（二）战略部署

关于印发《加快推进绿色循环低碳交通运输发展指导意见》的通知

（交政法发〔2013〕323号）

1. 发展目标

到2020年，在保障实现国务院确定的单位GDP碳排放目标的前提下，全行业绿色循环低碳发展意识明显增强，节能减排体制机制更加完善，科技创新驱动能力明显提高，监管水平明显提升，行业能源和资源利用效率明显提高，控制温室气体排放取得明显成效，适应气候变化能力明显增强，生态保护得到全面落实，环境污染得到有效控制，基本建成绿色循环低碳交通运输体系。

——基本完善交通运输行业绿色循环低碳发展的法规政策和标准。

——基本建成行业能源消耗监测考核体系。

——基本达到战略规划中确定的各种运输方式能源单耗和碳排放强度指标。

——基本实现各种运输方式的生态环境保护和污染治理的主要指标。

2. 主要任务

(1)强化交通基础设施建设的绿色循环低碳要求，实现交通基础设施畅通成网、无缝衔接。加强能源节约利用；加强土地和岸线资源集约利用；加强资源循环利用；加强生态环境保护。

(2)加快节能环保交通运输装备应用，优化交通运输装备结构，加快推广节能与清洁能源装备，加强交通运输装备排放控制。

(3)加快集约高效交通运输组织体系建设。优化运输结构；优化客运组织。加快发展绿色货运和现代物流；优化城市交通组织，引导公众绿色出行。

(4)加快交通运输科技创新与信息化发展。加强绿色循环低碳交通运输科研基础能力建设；加强绿色循环低碳交通运输技术研发；加强绿色循环低碳交通运输技术和产品推广；推进交通运输信息化和智能化建设。

(5)加快绿色循环低碳交通运输管理能力建设。完善绿色循环低碳交通运输战略规划；完善绿色循环低碳交通运输法规标准；完善绿色循环低碳交通运输统计监测考核体系，推进绿色循环低碳交通运输市场机制运用。积极探索参与碳排放交易机制。

绿色循环低碳交通运输体系建设试点示范推进会

2013年6月18日至19日，交通运输部在江苏省无锡市召开绿色循环低碳交通运输体系建设试点示范推进会。会议提出，加快推进绿色循环低碳交通运输发展，就是要贯彻落实科学发展观，推进基础设施畅通成网、配套衔接，运输装备先进适用、节能环保，运输组织集约高效、经济便捷，运输服务快捷便民、公平优质，实现“三低三高”（低消耗、低排放、低污染，高效能、高效率、高效益）、永续发展。

交通运输部副部长何建中出席会议并讲话。何建中要求，各级交通运输部门要紧密结合综合运输发展，紧密结合运输装备结构升级，紧密结合运输组织优化，紧密结合城市公交优先发展，加快推进绿色循环低碳交通运输体系建设。当前要重点做好以下六方面工作：

一是强化顶层设计。全面落实《加快推进绿色循环低碳交通运输发展指导意见》，完善绿色循环低碳交通规划实施体系，健全监督管理体制，加强绿色循环低碳政策研究储备。

二是完善工作机制。加快推进部省合作机制，完善资金保障机制，充分利用市场机制，健全宣传交流机制。

三是深化试点示范。深入开展绿色循环低碳试点工作，着力打造绿色循环低碳示范工程，加强推广示范成果和先进经验。

四是深化“车、船、路、港”千家企业低碳交通运输专项行动。企业要制定完善行动方案，主管部门加强统计监测、动态监管。深入开展甩挂运输示范工程。

五是实施科技专项行动。制定并实施交通运输绿色循环低碳科技专项行动工作方案，加大交通运输绿色循环低碳科技研发与推广力度，加快智能交通与信息化建设。

六是强化能力建设。健全绿色循环低碳交通运输法规制度体系，完善绿色循环低碳交通运输标准规范体系，完善交通运输能耗统计监测考核体系，加强人才队伍建设。

（三）地方借鉴

山东省人民政府与交通运输部共同推进绿色交通运输体系建设

2013 年 1 月 20 日，山东省政府与交通运输部举行会谈，双方一致同意共同推进绿色交通运输体系建设。山东建设绿色交通运输体系目标是：到 2020 年，山东交通基础设施网络更趋完善，运输服务功能和质量显著提升，科技进步和信息化水平不断提高，资源能源集约节约高效利用，污染排放有效控制，综合运输体系基本建成，交通运输可持续发展能力进一步提升，为经济文化强省建设提供有力支撑和保障。其中，新能源公共汽车使用比例达到 20%，高效低耗车辆如重型车及大吨位柴油车、专用车和集装箱货车等所占比重达到 35% 以上；与 2005 年相比，到 2015 年，营运车辆单位运输周转量能耗下降 10%，营运船舶单位运输周转量能耗下降 16%，港口生产单位吞吐量综合能耗下降 9%。主要措施：一是着力完善交通发展规划。二是着力建设高效绿色低碳环保的基础设施体系。三是着力优化运力结构。四是着力提升现代物流发展水平。五是着力构建一体化的城乡客运体系。六是着力构建智能交通。七是着力推进节能减排。八是着力强化支撑保障。（2013 年 1 月 24 日；来源：交通运输部网站）

宜春公交打造绿色交通　取得新成效

交通运输部日前表彰决定，授予宜春市公共交通公司“2011—2012 年度全国交通运输行业节能减排先进企业”荣誉称号。该公司抢抓发展机遇，积极响应政府号召，通过“节、升、改”三举措施行节能减排。一是通过强化车辆维护、完善企业内部管理规章制度、开展“节能降耗”活动和建设加油站等活动，积极开展内部挖潜降耗节能活动。二是优化车辆配置，加速车辆升级换代。近年来该公司加快了对车况差、污染大、车型旧等公交车的淘汰力度，加速了车辆升级换代步伐，一批油耗低、设施优、污染小、性能佳的公交车相继投放服务乘客，大力推广使用天然气公交车。三是积极推进实施“油改气”工程。通过“油改气”试点工作，将线路上营运车辆由柴油车改装成油气混合双燃料车，主要使用天然气这一清洁能源。同时，与深燃公司协商，签订了可实现双赢的合作协议，为“油改气”工程的实施奠定了坚定的基础。与柴油车相比，天然气公交车尾气排放比改造前有明显改善，并且大大降低了营运成本。（2013 年 7 月 3 日；来源：《江西交通》）

巴南绿色交通　构建人车路和谐统一

近几年，重庆市巴南区交委以满足群众出行条件为前提，逐步推进从传统道路运输向现代道路运输的跨越发展，引用先进科学技术，营造绿色健康的交通环境，构建人、车、路的和谐统一。一是转变服务观念。鼓励干部职工尽量以绿色低碳方式出行，通过“重庆第七个路政宣传月”活动，让群众树立自觉爱路护路的意识。二是提升公交质量。稳步推进全区 188 辆长安车退市工作，把好新购车辆审批准入关，提倡使用天然气等清洁燃料，目前我区已更换老旧公交车 100 余辆，均使用节能环保的电气混合车，创造了节能环保的交通运输环境。三是打造生态公路。在“三山两泉”景区道路共计 140 公里的路边播撒五彩鲜花种子，筑牢鲜花绿草工程。配备了一批低碳环保的先进设备，改善沥青路面养护施工中沥青加热技术落后的问题。（2013 年 7 月 22 日；来源：重庆市交通委员会）

四、平安交通

（一）内涵核心

要义是把安全发展理念贯穿于各领域、全过程，特别是基层和一线，坚持底线思维和红线思维并不断拧紧螺丝扣，把保障人民群众出行安全放在首位，坚决守住安全是底线、安全是红线的思想防线和责任防线，强化安全治理体系和治理能力建设，提高交通运输安全发展的防、管、控能力。

核心是坚持管行业必须管安全、管业务必须管安全，重心下移、工作下沉，健全完善科学规范、运行有效的安全生产责任体系，焊牢企业主体和行业安全监管的责任链，加强督促检查、严格考核奖惩，对有章不循、有章不依的问题不放过、严查处，切实把安全责任落实到一线、落实到岗位、落实到人头。

关键是坚持常、长二字，夯实基础，补强短板，推进安全生产长效机制建设，建立隐患排查治理体系和安全预防控制体系；强化重点时段、重点地区、重点领域、重点环节的安全监管，不留死角、不留盲区、不打折扣、不走过场，确保安全监管全覆盖，安全隐患零容忍，有效防范和坚决遏制重特大事故的发生，实现交通运输持续安全发展。

（二）战略部署

交通运输部关于进一步加强安全生产工作的意见

为认真贯彻党的十八大精神，深入落实国务院关于安全发展的要求，切实加强交通运输安全生产工作，为经济社会持续健康发展、人民群众安全便捷出行创造良好环境，提出以下意见：

一、全面把握安全发展的总体要求：

（一）深刻认识交通运输安全工作的长期性、艰巨性和复杂性。

（二）切实把交通运输安全生产工作摆在更加突出的位置。

二、深化“平安交通”创建活动：

（三）深入开展“平安交通”创建活动。

（四）加强“平安交通”创建活动的组织实施。

三、坚决遏制安全生产重特大事故：

（五）严格安全生产准入条件。

（六）开展隐患排查和专项整治。

（七）强化道路运输安全管理。

（八）强化水路运输安全监管。

（九）强化危险化学品运输安全管理。

（十）强化工程建设施工安全管理。

四、加强安全生产科技创新和教育培训：

（十一）加强安全生产科研和应用。

（十二）加快安全生产管理信息化建设。

（十三）加强从业人员安全教育培训。
五、推进安全生产法规制度和标准化建设：
（十四）推进安全生产法规规范和标准建设。
（十五）加快推进企业安全生产标准化。
（十六）强化安全生产标准化达标等级应用。
六、完善和严格落实安全生产责任体系：
（十七）严格落实企业安全生产主体责任。
（十八）严格落实安全生产监管责任。
（十九）完善安全生产管理体制机制。
七、强化安全和应急保障能力：
（二十）加大安全生产投入。
（二十一）加强安全生产基础设施建设。
（二十二）提高安全监管装备水平。
（二十三）加强应急救援装备设施建设。
八、加强安全生产考核和监督：
（二十四）推进安全生产绩效考核。
（二十五）加大安全生产责任追究力度。

（2013 年 1 月 5 日；来源：交通运输部安监司）

杨传堂部长在部安全生产专题会议上的讲话和今冬明春安全生产重点工作安排建议

（内部情况通报〔2013〕第 74 期）

1. 工作力度前所未有。

（1）加强顶层设计。今年第一次以行政 1 号文件印发了《交通运输部关于进一步加强交通运输安全生产工作的意见》，部署开展了为期 5 年的"平安交通"创建活动。

（2）加强了制度建设，出台了《交通运输安全生产挂牌督办办法》、《交通运输安全生产重点监管名单管理规定》、《港口危险货物重大危险源监督管理办法（试行）》、《重点跟踪船舶监督管理规定》、《关于进一步加强隧道工程质量和安全监管工作的若干意见》、《城市轨道交通运营管理规范》等规章制度，做到了有法可依，严格执法。

（3）加大了安全生产基础设施建设和先进技术的应用，大力开展了"道路客运安全年"、"打非治违"、"百日安全大检查"、隐患排查治理等专项活动，强化安全生产突出问题和薄弱环节的治理，积极推进交通运输企业安全生产标准化建设，多措并举，有效遏制了重大事故发生。四是加大了安全宣传和教育力度，安全生产隐患排查治理、督察督办成为了常态。今年抓安全生产工作的力度是前所未有的。

2. 今冬明春重点安全生产工作安排建议。

（1）坚决贯彻落实好近期中央领导同志重要批示和国务院关于安全生产工作的部署。

（2）加强交通运输安全生产制度建设。

（3）组织开展“平安交通”创建活动调研。

（4）扎实推进交通运输企业安全生产标准化建设工作。

（5）做好对已检查出的安全生产隐患整改的跟踪和督办，确保按要求整改到位。

（6）做好冬季季节性安全生产工作。

（7）做好重点时段交通运输安全保障工作。

（8）做好年底各项安全生产工作。

（三）地方借鉴

四川省交通运输系统“平安交通”创建活动实施方案

突出重点，开展五个方面的安全专项整治。

（1）水上交通安全专项整治：一是大力开展“平安渡口”创建活动。二是大力开展“平安船舶”创建活动。

（2）公路交通安全专项整治：大力开展“平安公路”创建活动。以G108线示范工程为重点，深入开展“养护管理示范公路”创建活动。

（3）道路运输源头安全专项整治：一是大力开展“平安车辆”创建活动。二是大力开展“平安车站”创建活动。

（4）营运高速公路安全保通专项整治：一是进一步落实高速公路营运公司安全生产主体责任。二是进一步规范高速公路涉路施工监管。三是建立高管局、高速交警、地方政府营运公司联勤联动机制。四是进一步加强对高速公路客货运输的监督检查。

（5）在建重点公路水运建设项目安全专项整治：大力开展“平安工地”创建活动。规范安全生产事故报送程序，推行桥梁隧道施工安全风险评估制度、项目安全生产条件达标考核机制和“平安工地”考核评价制度。

交通安全应急信息技术国家工程实验室揭牌

2013年8月8日，揭牌暨启动仪式在北京国际移动卫星地面站举行，交通运输部副部长何建中出席仪式，并对实验室的定位和发展提出了具体要求。一是打造技术创新基地，攻克交通安全应急信息核心技术。二是打造成果转化基地，形成应用型产品。三是打造人才培养基地。四是打造合作交流基地，促进多学科交叉研究与对外合作交流，凝聚安全应急信息技术各方力量。

五、顶层设计

（一）内涵核心

“顶层设计”被引入改革领域，从中央文件看，首见于“十二五”规划，后来在中央经济工作会议文件中进一步被强调。其核心理念是，加快转变经济发展方式是一场深刻的变革，必须进行整体谋划，除了深化价格、财税、金融等领域的改革，收入分配制度改革，完善产权保护制度等改革以外，还应该特别注意界定政府和市场的分工，完善干部政绩考核制度以及深化政府自身的改革等。所谓改革的“顶层设计”,实际就是对未来改革的整体谋划,也是从人民的最高利益出发,站在国家的层面,对制约我国未来改革发展的全局性、关键性问题进行顶层判断,提出解决的整体思路和框架,以此作为规范各类具体改革的标杆,作为制定具体改革政策的依据,从而最大限度地化解改革的阻力,降低改革的风险,确保改革的顺利推进。

在大部门制框架下,交通运输部配合完成了铁路管理体制改革,组建了国家铁路局,中国铁路总公司挂牌成立;抓紧贯彻落实国务院批准的“三定”调整方案;加大简政放权力度,下放或取消了一批行政审批事项。北京、天津、江苏、重庆、深圳、宁波等省市交通运输大部门制改革也取得新进展。

围绕贯彻党的十八大精神和国务院领导同志的指示要求,交通运输部进一步梳理思路、聚焦重点、实化抓手,逐步把工作重心放在战略规划、政策法规和制度设计上来。今年以来,交通运输部研究提出了全面建成小康社会交通运输发展目标和指标体系,编制并报国务院批准了《国家公路网规划(2013~2030年)》,成立了综合运输法规体系建设专题小组,提出了综合运输标准体系建设目标。

(二)战略部署

2013年2月19日,交通运输部党组中心组第二次集体学习暨交通大课堂集体学习在京进行。部党组书记、部长杨传堂主持学习并强调,要切实加强交通运输改革的宏观思考和顶层设计。要从国家层面和长远发展着眼,加强对交通运输深化改革和转型发展的宏观思考和战略思维,特别要做好顶层设计,不断把交通运输改革开放引向深入。要更加注重改革的系统性、整体性、协同性,整体推进,重点突破。要准确研判新情况新问题,加强政策储备,抓紧研究提出今后八到十年交通运输行业体制改革的总体方案、路线图和时间表。

交通运输部将从八大方面加强航运业顶层设计

2013年9月初,交通运输部颁布了《关于促进航运业转型升级健康发展的若干意见》。交通运输部水运局局长宋德星2013年11月28日在上海召开的“2013航运交易论坛”上表示,交通运输部未来要从八个方面加强航运业的顶层设计。

(1)明确航运的发展动力在市场,但政府的作用不可或缺。未来的重点是国内运力调控、国际国内市场监管、减少审批、减轻企业负担等。

(2)发展航运顶层设计处于关键时期,发展目标是兴内河、优港口、强海运。

(3)改善供求关系,优化运力结构。淘汰老旧运输船舶,调节运力存量,优化船队结构。提高新建船舶技术水平,加强国内部分领域新增运力管控。

(4)加强市场监管,维护市场秩序是政府的根本任务。鼓励航运企业的抱团取暖,建立价格监管制度,对越范围经营、未经批准擅自经营等行为将查处。

(5)中国航运市场将进一步提高开发水平。放宽外商投资国际船舶运输的股本限制;试点开展中资方便旗船在国内开放港口与上海港之间捎带外贸进出口集装箱。经特别批准,允许外国国际邮轮航线沿海多点挂靠。

(6)航运管理将进一步放权,政府服务功能将进一步强化。取消和下放一批审批事项;加深航运市场动态监测和水运经济运行分析,定期发布运力等市场信息。倡导航运企业和货主企业合作理念，开展长期合作或合资、合营。

（7）鼓励航运业转型升级，培育新的经济增长点。鼓励金融业以多种形式投资航运业，发展邮轮经济和滚装运输经济，推进海峡两岸航运共同发展。

（8）参照国际惯例，积极为企业减负。取消和规范一批收费，进一步规范港口收费，减少船舶交易收费。

（三）专家观点

同济大学城市规划系　潘海啸：中国城市交通政策的顶层设计

1. 车辆拥有控制的有效性

上海的牌照拍卖制度的作用正在失效。与新加坡的牌照控制相比，我们在政策设计上我们缺少对牌照使用年限的控制，使得人们对牌照价格的预期不断上升。

郊区的发展也将会导致郊区和城市中心区联系加强，对中心区地面道路的交通产生影响。对小汽车的使用政策应该从原来确定的区域差别化，转向区域差别化和整体一致性相结合的策略。

北京的摇号政策力图体现公平性，但也缺少了从牌照拍卖获得额外财政收入支持城市绿色交通建设的途径。

2. 轨道交通的"细尾化"现象

随着延伸到郊区地铁长线的建设，轨道网络规模迅速扩展，但在轨道交通线路上客流分布呈现"细尾"化的现象也日益明显。也就是说轨道交通网络的过度扩展，会出现单位轨道交通里程承担客流下降的边际效用递减的规律。一味扩大轨道网络的规模必将会带来严重的财政负担。我们应该建立一种投资少、覆盖面广、运行成本低，人们使用更加便捷的多模式交通体系。

3. "双快"交通战略的质疑

住在轨道文通站点周边地区的居民选择轨道交通通勤的比例受小汽车拥有的影响十分明显，通过上海九亭的调查发现，在小汽车文通非常方便的情况下即便有非常方便的轨道交通系统，人们依然选择小汽车而不是城市公共交通。

4. TOD 与 P+R 的相克性

在轨道交通建设中我们要遵循 TOD 概念，强调轨道交通站点地区高强度及混合开发，另一方面也鼓励停车换乘（P+R）规划。但从本质来看，TOD 与 P+R 具有相克的特点。Brrain Richards 先生在《未来的城市交通》一书指出大规模的停车换乘，会对站点周边地区所造成的负面影响，建议应该鼓励人们使用自行车或地区公共文通的换乘。瑞士更采取严格的措施控制居住在轨道交通站点 3 公里范围内的居民采取开车到站点停车换乘的方式。

六、小康社会交通运输发展目标和指标体系

所谓全面的小康社会，不仅仅是解决温饱问题，而是要从政治、经济、文化等各方面满足城乡发展需要。十六大报告中，从经济、政治、文化、可持续发展的四个方面界定了全面建设

小康社会的具体内容。特别将可持续性发展能力的要求包含在其中。具体就是六个“更加”：经济更加发展、民主更加健全、科教更加进步、文化更加繁荣、社会更加和谐、人民生活更加殷实。党的十八大报告根据我国经济社会发展实际和新的阶段性特征，在党的十六大、十七大确立的全面建设小康社会目标的基础上，提出了一些更具明确政策导向、更加针对发展难题、更好顺应人民意愿的新要求，以确保到2020年全面建成的小康社会，是发展改革成果真正惠及十几亿人口的小康社会，是经济、政治、文化、社会、生态文明全面发展的小康社会，是为实现社会主义现代化建设宏伟目标和中华民族伟大复兴奠定了坚实基础的小康社会(表2-1)。

交通运输部部长杨传堂在2013年农村公路现场会上强调，今年全国交通运输工作会议围绕为全面建成小康社会做好服务保障，提出了“五个坚持”的战略任务，强调要紧紧围绕全面建成小康社会目标的新要求，结合实际，全面对标，深入研究，科学论证，提出做好交通运输服务保障的发展目标和指标体系。这项工作是部里牵头并组织全系统参与的重大课题，目前已经取得阶段性成果。

三次党代会建设小康社会目标对比　　表2-1

	党的十六大	党的十七大	党的十八大
总任务	全面建设小康社会	全面建设小康社会，确保到2020年实现全面建成小康社会的奋斗目标	确保到2020年实现全面建成小康社会宏伟目标
分目标	——在优化结构和提高效益的基础上，国内生产总值到2020年力争比2000年翻两番，综合国力和国际竞争力明显增强。 ——社会主义民主更加完善，社会主义法制更加完备，依法治国基本方略得到全面落实，人民的政治、经济和文化权益得到切实尊重和保障。 ——全民族的思想道德素质、科学文化素质和健康素质明显提高，形成比较完善的现代国民教育体系、科技和文化创新体系、全民健身和医疗卫生体系。 ——可持续发展能力不断增强，生态环境得到改善，资源利用效率显著提高，促进人与自然的和谐，推动整个社会走上生产发展、生活富裕、生态良好的文明发展道路。	——增强发展协调性，努力实现经济又好又快发展。转变发展方式取得重大进展，在优化结构、提高效益、降低消耗、保护环境的基础上，实现人均国内生产总值到2020年比2000年翻两番。社会主义市场经济体制更加完善。自主创新能力显著提高，科技进步对经济增长的贡献率大幅上升，进入创新型国家行列。居民消费率稳步提高，形成消费、投资、出口协调拉动的增长格局。城乡、区域协调互动发展机制和主体功能区布局基本形成。社会主义新农村建设取得重大进展。城镇人口比重明显增加。 ——扩大社会主义民主，更好保障人民权益和社会公平正义。公民政治参与有序扩大。依法治国基本方略深入落实，全社会法制观念进一步增强，法治政府建设取得新成效。基层民主制度更加完善。政府提供基本公共服务能力显著增强。 ——加强文化建设，明显提高全民族文明素质。社会主义核心价值体系深入人心，良好思想道德风尚进一步弘扬。覆盖全社会的公共文化服务体系基本建立，文化产业占国民经济比重明显提高、国际竞争力显著增强，适应人民需要的文化产品更加丰富。 ——加快发展社会事业，全面改善人民生活。现代国民教育体系更加完善，终身教育体系基本形成，全民受教育程度和创新人才培养水平明显提高。社会就业更加充分。覆盖城乡居民的社会保障体系基本建立，人人享有基本生活保障。合理有序的收入分配格局基本形成，中等收入者占多数，绝对贫困现象基本消除。人人享有基本医疗卫生服务。社会管理体系更加健全。 ——建设生态文明，基本形成节约能源资源和保护生态环境的产业结构、增长方式、消费模式。循环经济形成较大规模，可再生能源比重显著上升。主要污染物排放得到有效控制，生态环境质量明显改善。生态文明观念在全社会牢固树立。	——经济持续健康发展。转变经济发展方式取得重大进展，在发展平衡性、协调性、可持续性明显增强的基础上，实现国内生产总值和城乡居民人均收入比2010年翻一番。 ——人民民主不断扩大。民主制度更加完善，民主形式更加丰富，依法治国基本方略全面落实，法治政府基本建成，司法公信力不断提高，人权得到切实尊重和保障。 ——文化软实力显著增强。社会主义核心价值体系深入人心，文化产业成为国民经济支柱性产业，社会主义文化强国建设基础更加坚实。 ——人民生活水平全面提高。基本公共服务均等化总体实现，全民受教育程度和创新人才培养水平明显提高，就业更加充分，收入分配差距缩小，社会保障全民覆盖。 ——资源节约型、环境友好型社会建设取得重大进展。

注：根据党的十六大、十七大、十八大报告整理。

初步考虑：在服务经济持续健康发展、服务人民生活水平全面提高、服务生态文明建设等方面切入，确保到2020年前，建成国家快速铁路网和国家高速公路网、高等级航道网，进一步扩大和优化民用航空网络，现代邮政普遍服务均等化基本实现，布局合理、优势互补、功能完善的综合交通运输网络更加健全；技术装备水平实现跨越发展，科技创新取得重大突破，铁路、公路、水路、民航和邮政信息化、智能化水平明显提升；运输服务水平显著提高，各种运输方式覆盖范围持续扩大，组合效率和整体优势得到有效发挥；安全发展能力进一步增强，铁路、公路、水路、民航安全性、可靠性和应急保障能力全面提升；绿色交通运输体系基本建成，单位运输量的能源消耗和二氧化碳排放量下降，土地、岸线、空域等资源利用效率进一步提高，可持续发展能力持续增强；基本建成交通运输法治政府部门，综合运输法规体系更加科学完善，依法行政监管水平明显提高。交通运输较好地满足经济社会发展和公众出行的需求，为全面建成小康社会发挥重要支撑和先导作用，为建设交通运输强国夯实基础。

交通运输服务保障的发展目标和指标体系是行业指导性的，希望大家坚持从实际出发，不盲目攀比，不层层加码，用科学的态度统筹当前和长远，以转型升级、提高发展的质量和效益为导向，集中精力研究解决发展中的突出矛盾和问题，增强可持续发展的能力。（来源：中国公路网）

七、交通运输基本公共服务均等化

（一）最新进展

《国家基本公共服务体系"十二五"规划》
（第十二章"促进城乡、区域基本公共服务均等化"）

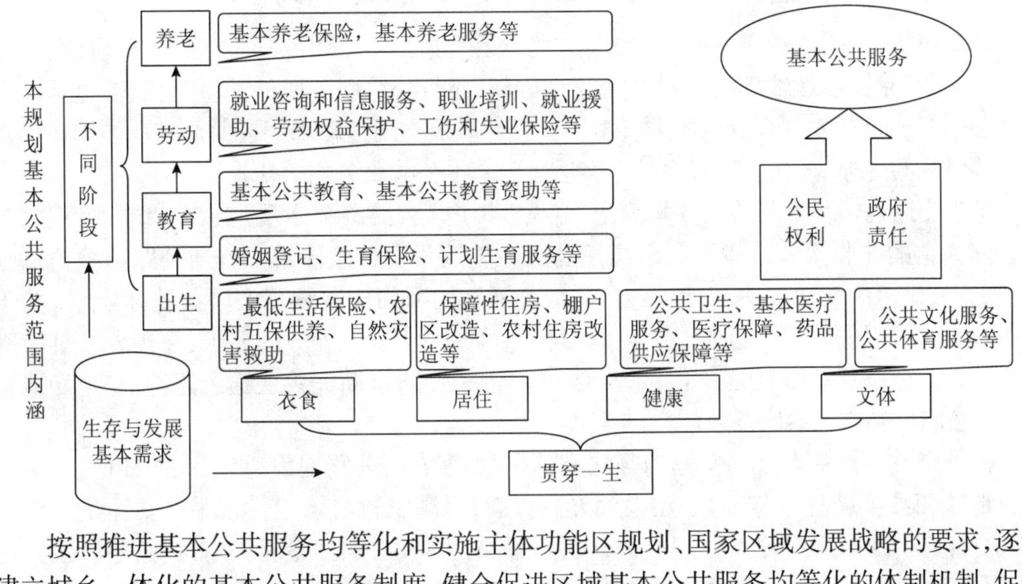

按照推进基本公共服务均等化和实施主体功能区规划、国家区域发展战略的要求，逐步建立城乡一体化的基本公共服务制度，健全促进区域基本公共服务均等化的体制机制，促进

公共服务资源在城乡、区域之间均衡配置，缩小基本公共服务水平差距。

（1）促进城乡基本公共服务均等化。加强城乡基本公共服务规划一体化、推进城乡基本公共服务制度衔接、加大农村基本公共服务支持力度、以输入地政府管理为主，加快建立农民工等流动人口基本公共服务制度，逐步实现基本公共服务由户籍人口向常住人口扩展。

（2）促进区域基本公共服务均等化。推进落实主体功能区基本公共服务政策、加大困难地区基本公共服务支持力度和建立健全区域基本公共服务均等化协调机制。

回良玉：努力推进交通运输基本公共服务均等化

2012年7月16日电 据交通运输部网站消息，日前，中共中央政治局委员、国务院副总理、国务院扶贫开发领导小组组长回良玉就交通扶贫开发工作作出批示，强调了交通扶贫开发工作的重要性，肯定了交通扶贫开发工作的主攻方向，明确提出了新阶段交通扶贫开发工作的要求。

回良玉指出，交通运输是扶贫开发的重要内容，是集中连片特困地区脱贫致富的基础性和先导性条件。交通运输部高度重视扶贫开发工作，以解决制约贫困地区经济社会发展的交通运输这个重大瓶颈问题为主攻方向，努力推进交通运输基本公共服务均等化，统筹规划、突出重点、讲求实效，强化交通基础设施建设，提升交通运输服务能力和水平，提高交通运输抗灾和应急保障能力，工作指向清晰，举措具体可行，走在了扶贫开发工作的前列。

回良玉希望交通运输部认真总结交通扶贫开发工作的宝贵经验，准确把握交通发展与区域发展全局的关系，正确处理交通运输保障条件与增强片区自我发展能力的关系，有效协调交通建设与生态保护和安全畅通的关系，努力工作，再接再厉，为贫困地区脱贫致富、全面建设小康社会作出新贡献。

（二）战略部署

注重公平　推进交通运输基本公共服务均等化

部党组提出，坚持注重公平，有序推进交通运输基本公共服务均等化，关系到社会管理的群众基础，是交通运输部门推进社会管理创新、履行公共服务职能的重要内容，也是落实交通运输“十二五”发展规划的重要任务。要强化政府交通运输部门公共服务职能和提供基本公共服务的主导地位，逐步有序推进交通运输基本公共服务均等化。

推进交通运输基本公共服务均等化，要积极推进“公路两个体系”建设。统筹发展以普通公路为主的非收费公路体系和以高速公路为主的收费公路体系。普通公路是覆盖范围广、服务人口多的交通运输基础设施。各级交通运输部门要继续落实国务院办公厅《关于进一步完善投融资政策促进普通公路持续健康发展的若干意见》的要求，在预算安排中逐步增加普通公路建设投资，切实保障普通公路养护资金，不断完善普通公路网络，更好地发挥普通公路的基本公共服务效能。

推进交通运输基本公共服务均等化，要继续加强农村公路建设，重点向西部地区、边远穷困地区和县乡道改造、连通路建设等方面倾斜，提高农村公路建设水平。要注重源头管理，优化前期工作；提高建设管理能力，改善工程质量状况；加强薄弱环节，提高整体服务能力。（2012年1月11日；来源：《中国交通报》）

浙江省提升渡运及陆岛交通公共服务均等化实施方案

总体目标：遵循“大岛建、小岛迁”及“能撤则撤，宜渡则渡”总原则，计划通过5年时间（2013~2017），实施陆岛交通建设项目89个，完善沿海岛屿交通网络，改善陆岛交通条件；对现有535道渡口全面实施渡埠升级改造、渡船更新及建路建桥撤渡项目，让群众“坐上舒心船、过上平安渡”，全力提升我省渡运和陆岛交通公共服务均等化建设，建立健全以县乡人民政府为责任主体的渡运安全监管体系。

工作任务：

（1）建设岛屿交通网络，改善岛屿与陆上交通条件。

（2）加快库区交通码头建设。

（3）内河渡口改造实行建桥建路撤渡和升级改造两手抓。

（4）加大渡船更新改造力度，全面推进新一轮渡船更新改造，进一步改善我省渡船安全技术状况，打造标准化渡船。（2013年6月18日；来源：浙江省交通运输厅网站）

八、创新驱动战略

（一）战略部署

杨传堂部长在全国交通运输科技创新大会上的讲话

坚持“三个面向”，准确把握交通运输行业科技创新的主攻方向。坚持面向需求，促进产学研相结合，开展重大科技研发和创新，争取在一系列关键技术上取得重大突破。坚持面向世界，瞄准世界交通运输新发展，及时引进消化吸收先进适用的科技成果，推广我国的成熟技术和标准规范。坚持面向未来，紧紧抓住和用好新一轮科技革命和产业变革机遇寻求突破、形成优势，加快研究提出交通运输科技发展战略规划。

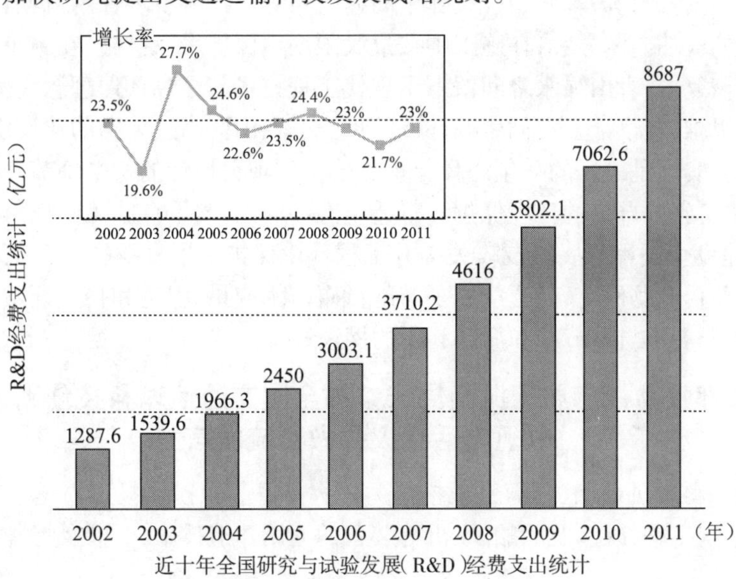

近十年全国研究与试验发展（R&D）经费支出统计

要强化“四个引领”,准确把握行业科技创新的实施路径。以重大科技突破引领交通运输行业转型发展,大力发展综合交通、智慧交通、绿色交通、平安交通。以信息化智能化引领交通运输现代化发展,促进现代信息技术在行业监管、运行管理和运输服务领域的深度应用。以标准化引领交通运输行业服务升级,完善标准与科技创新紧密结合的机制和政策。以创新人才引领交通运输能力建设,注重创新型领军人才培养,强化创新型优秀团队建设,进一步加强职业教育与技术培训。

要坚持深化改革,不断增强行业科技创新的内在动力。要继续优化环境,积极营造行业科技创新的良好氛围。(2013 年 10 月 15 日;来源:交通运输部)

杨传堂同志在 2014 年全国交通运输工作会议上的讲话

推进科技创新,加快交通运输结构调整和转型升级。以科技创新推动转方式调结构,进一步提高交通运输发展的质量和效益。一是加大行业科技创新力度,进一步发挥科技研发和创新对行业的引领作用。继续抓好行业重点实验室、研发中心的管理工作,抓好国家级平台的建设和管理。加强科技项目管理,促进科技资源优化配置。进一步深化推动科研成果公开,加强工程和产业化示范,推动科技成果推广应用。二是加强交通运输信息化智能化建设,大力推进“十二五”行业信息化重大工程和重点领域试点示范工程建设,实施道路运输管理、执法综合管理等信息化工程。开展基于北斗的海上搜救信息系统示范工程建设。完成全国高速公路光纤联网工作,推动建立交通运输军地信息资源共享机制。三是进一步完善标准体系。动态管理交通基础设施建设、养护管理技术标准和规范体系,加强“四个交通”及服务标准体系建设,推动中国标准走出去。(2013 年 10 月 15 日;来源:交通运输部)

(二)推动进展

湖北省交通运输厅尤习贵厅长在全国交通运输科技创新电视电话会上作交流发言

近年来,湖北省依托沪蓉西、宜巴、郧十高速公路等一批科技环保示范项目,坚持在设计中按最小程度的破坏制定方案,在施工中按最大限度地保护采取措施,在施工影响后按最完美的程度全面恢复,在青山绿水之间留下了现代工程技术与绿色环保理念完美结合的杰作。一是突破传统思维,在设计上遵循生态环保的理念。在山区高速公路的建设实践中,坚持把“自然是最美的、实用是最好的”生态环保理念落实到项目设计的每个细节。二是创新体制机制,在施工中实施最严格的环境保护。打造生态环保工程,重在施工中抓落实。三是创新技术手段,在建设全过程开展科技攻关提升工程环境保护水平。我省结合工程特点有针对性地开展科技项目专题研究,广泛应用了节能低碳技术成果;引进和自主开发了一批世界领先的环保技术;开展了材料节约和循环利用的探索试验。

部救助打捞局王振亮局长参加全国交通运输科技创新电视电话会议并做交流发言

近年来通过科技创新,我国海上救捞能力极大提升。救捞科技工作是一项具有鲜明特点的、复杂的系统工程,既涉及船舶、飞机等装备的通用建造技术,又涉及特种技术在救捞装备方面的嫁接应用;既涉及海洋工程的通用工法,又涉及打捞、深水应急、海上危险品处置等特殊工法。在下一步工作中,救捞部门将重点推进搜救信息传递与处理技术、快速搜寻定位技术、500米饱和潜水成套技术、高海况人命救助和抢险打捞、航空器夜间搜救、大吨位大深度沉船打捞、海上应急清污、危险品快速处置等关键技术的研发和应用,加快推进科技研发进程,多途径提升救捞技术水平。

(三)基层落实

贵州省获得首个交通运输部科技创新平台

2013年8月23日,由贵州省交通规划勘察设计研究院股份有限公司组建的"山地交通安全与应急保障技术交通运输行业研发中心"被交通运输部认定为部级行业研发中心,这是贵州省获得的首个部级科技创新平台,标志着贵州省交通运输行业在科技创新平台建设方面取得重大突破。该研发中心将面向全国,围山区交通建设与安全运营管理的重大需求,针对公路安全性评价及安全一致性设计与一体化系统集成技术、交通安全实时自动监测与综合安全防治技术、公路交通安全与应急保障技术,建立交通安全综合保障技术、先进交通安全产品与装备核心技术等系统,开展山地交通安全与应急保障技术关键技术、装备及相关标准的研究、开发、系统集成及工程化试验验证,实现成果的产业化,在创造显著经济效益的同时,为行业提供工程化的试验、验证环境及技术成果,培养高层次工程技术开发人才和复合型经营管理人才。(2013年9月13日;来源:贵州省交通运输厅)

恩施州公路局科技创新推进节约型公路建设

近年来,恩施州公路局积极开展普通公路隧道节约型照明关键技术研究,以按需照明为突破口,用可动态调光的LED节能光源和远程智能控制系统取代传统的多回路高压钠灯照明系统,节省建设成本50%以上,节约隧道照明电能60%。至今,该州公路局已在209国道东门关隧道、省道南鹤线大垭隧道、省道白奉线石乳关隧道等6座隧道共计6300米,安装智能控制LED节能照明系统,每年节约电能折合500吨标准煤以上。

摈弃加铺基层不断抬高路面的传统做法,将原有路面基层破碎压实达标后,直接加铺大粒径热拌沥青碎石柔性基层和沥青混凝土面层。2012年11月,恩施州公路局主持的科研课题《柔性基层在山区公路路面大修中的应用》通过省交通运输厅组织的专家鉴定,并被认定达到国际先进水平。据测算,在路面大修中运用该项技术,每公里可节约碎石、砂石约1000立方米,节约成本约16万元。目前,恩施州在逾300公里国省干线路面大修中应用该项技术,共节约石料30万立方米,有效保护了公路沿线的生态环境。(2013年6月28日;来源:恩施州公路管理局)

九、长江经济支撑带航运

(一)国家战略

长江经济带上弦 中国经济新支撑带走进规划

习近平总书记2013年7月21日考察湖北时指出,"长江流域要加强合作,发挥内河航运作用，把全流域打造成黄金水道”。

李克强总理9月21日在国家发改委呈报件上批示：“沿海、沿江先行开发，再向内陆地区梯度推进，这是区域经济发展的重要规律。请有关方面抓紧落实，深入调研形成指导意见，依托长江这条横贯东西的黄金水道，带动中上游腹地发展，促进中西部地区有序承接沿海产业转移，打造中国经济新的支撑带。”

9月23日，国家发改委会同交通运输部在京启动《依托长江建设中国经济新支撑带指导意见》（以下简称《指导意见》）研究起草工作。国家发改委主任徐绍史表示，此举意在支撑转型升级的长江经济带。

徐绍史披露了长江经济带的战略定位，一是依托长三角城市群、长江中游城市群、成渝城市群；二是做大上海、武汉、重庆三大航运中心；三是推进长江中上游腹地开发；四是促进“两头”开发开放，即上海及中巴（巴基斯坦）、中印缅经济走廊。依托这4个定位，最终拓展我国经济发展空间，形成转型升级新的支撑带。

据调研组在各地召开的座谈会信息称，《指导意见》将从综合交通、产业转型、新型城镇化、对外开放、生态廊道和机制体制创新等六个方面，升级、再造长江经济带。（2013年10月24日；来源：《时代周报》）

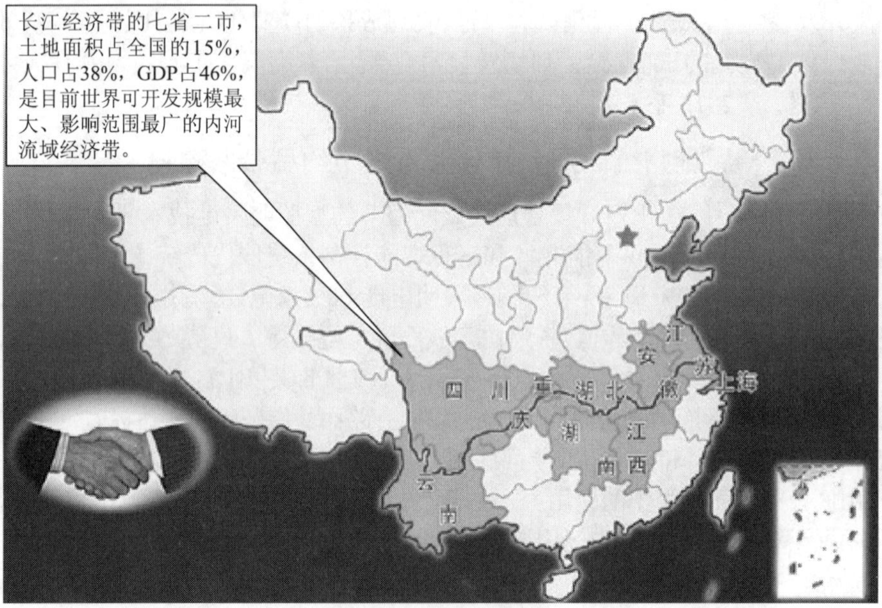

长江经济带合作七省二市

（二）战略部署

长江航运“力挺”中国经济新支撑带建设

2014年1月12日，记者从“长江航务管理局2014年工作会”暨党风廉政工作会上获悉，2013年，长江干线年货运量达19.2亿吨，同比增长6.7%，连续第7年刷新世界内河航运纪录，而依托长江航运的沿线七省二市也早已全部跻身GDP“万亿俱乐部”，地区生产总值已经几乎占到了全国国内生产总值的40%。

在这一利好下，长江航务管理局将全面实施国家战略，加快建设"四个交通"，全面推进"一条主线四个长江"发展战略，着力建设以长江干线航道为主干通道，以沿江重要港口为主要枢纽，以现代服务、综合物流和信息化为基本支撑，与沿江综合运输体系相协调的畅通、高效、平安、绿色的现代长江航运体系，全力服务中国经济新支撑带建设。

长江航务管理局局长唐冠军表示，当前，全面深化改革、长江经济带地位提升、"四个交通"建设等方面都为长江航运带来了宝贵的发展机遇，长江航运正处于"钻石机遇期"，"用发展的眼光来看，今后的重点是要将视角从长江干线拓展到整个流域、从长江航运拓展到综合运输，将触角从长江干线延伸到整个水系、从综合运输延伸到现代物流。"

据了解，2013年，长江航务管理局立足依托长江建设中国经济升级版新支撑带的总要求，深入研究建设"四个交通"的新形势，向国家提出了加快长江干线航道、港口、信息化和现代物流服务建设的总体思路、重大政策和重大项目的意见和建议，突出总体规划、通过能力、安全监管、港航企业、绿色发展、科技创新、政府管理、民生改善，着力打造长江航运"升级版"。（2014年1月14日；来源：《中国水运报》）

（三）媒体观点

中国欲依托长江打造新经济支撑带

北京大学中国区域研究中心主任杨开忠认为，长江流域是中国自然条件最为优越、环境承载力最为突出的地带，可持续发展的潜力非常大。所谓依托长江建设中国经济的新支撑带，就是要依托打造长江高收入经济带，使之成为中国经济第二级的新的支撑带，以跨越中等收入陷阱。

"许多国家特别是发达国家走的路基本上都是从沿海开始，然后沿着内河溯流而上，在内河周边发展起来。黄河现在不能航运了，是地上河，我国最大的航运通道就是长江了。打造长江经济支撑带是必然的选择，上升到国战略也是必然的选择。"上海社科院研究员杨建文说。

位于长江上游地区的重庆工商大学教授廖元和认为，长江经济带横跨中国的东中西三大部分，中国农业发展条件最好的区域，打造长江经济支撑带有利于缩小中国地区差距、城乡差距，促进共同富裕，也是解决中国粮食安全最可靠的保障。

目前，依托长江黄金水道，中国在沿江部署了六大区域发展战略：长江三角洲地区区域规划、皖江城市带承接产业转移示范区、江西鄱阳湖生态经济区、武汉城市圈、长株潭城市两型社会、成都重庆城乡统筹综合配套改革试验区。前不久，又设立了含金量十足的中国（上海）自由贸易试验区。

专家认为，这表明中国经济发展的重心已经在向长江流域转移，本轮长江经济带开放开发，重在一体化发展、特色发展、绿色发展和转型发展，强调跨江融合、江海联动和创新驱动。

"打造长江经济支撑带，对长江流域地区是一个历史性的发展机遇，并将直接影响中国经济格局和下一轮经济发展的效率。"长江技术经济学会副理事长刘友凡说。（2013年11月13日；来源：《云南经济日报》）

十、泛环渤海湾大交通网络

（一）战略部署

环渤海区域构建大交通网

从环渤海市长联席会第十六次会议上获悉，环渤海区域间将优化公路、铁路、海港等交通规划布局，构筑现代化的大交通网络，通过多种运输能力的协作分工，逐步建设一体化的综合运输体系。

构筑现代化交通网络，是促进区域合作发展的基础。环渤海地区是我国交通网络最为密集的区域之一，特别是以北京和天津为中心，初步形成了相互衔接、四通八达的立体交通网络。陆路交通有京沪、京广、京九、京沈等10多条铁路干线和包括京津塘、沈大、济青等在内的20多条高速公路，空中有以北京为中心的10个机场，开通国内外航线100多条，港口、铁路航空等在兴起。此次会议上，环渤海区域间建立以北京和天津为中心的立体化交通网络以促进区域合作交流发展的观点已成共识，各地在采取具体措施，“交通先行”融入环渤海大家庭中。

京津冀地区共同打造“环渤海1小时交通圈”，加快建设津秦客运专线和津保、邯黄、张唐铁路，打通唐山港曹妃甸港区和京唐港区背后铁路通道，谋划承秦、石黄铁路和沧州至黄骅新城城际铁路。环渤海各地将构筑陆路交通网络，加快城际快速轨道建设和区域内高速铁路干线建设，加快区域内高速公路建设，推进省市陆路交通网络的有效衔接。

目前，天津与大连、东营与大连之间已成功开通客货运滚装船航线；同时，通过积极推动内陆及腹地城市对接沿海城市，联合兴建内陆无水港的方式，搭建外贸进出口的便捷“大通道”。安阳市、淄博市与天津港签订合作协议，开展陆路港口“无水港”业务；邯郸市与河北港口集团在合力打造总投资200亿元的邯郸国际陆港项目；德州海关与天津海关之间启动“陆港”便捷通关业务；满洲里市开通了天津、大连经由满洲里口岸直达莫斯科的集装箱班列；唐山市依托锡林郭勒盟丰富的煤炭资源和自身的港口优势，共同规划了多伦经丰宁至曹妃甸港运输通道。（2013年7月29日；来源：华夏经纬网）

（二）基层落实

七省（区、市）交通运输部门在烟台共同签署环渤海湾甩挂运输联盟协议

2012年4月27日，山东、辽宁、吉林、黑龙江、河北、内蒙古、天津七省（区、市）交通运输部门在烟台共同签署《环渤海湾甩挂运输联盟协议》（以下简称《协议》），共同推进环渤海湾区域甩挂运输有效开展。这是全国首例甩挂运输省级区域建立的全面战略合作，在全国甩挂运输试点工作中具有重要的示范引领作用。《协议》明确了共同发展目标，依托环渤海湾地缘和广大腹地优势，优化各种运输方式的有效衔接，大力发展多式联运，努力构建网络畅通、场站布局合理环渤海湾甩挂运输区域性运营网络；建立七省（区、市）统一的甩挂运输运营管理政策和规范，提高甩挂运输的运行质量和整体效益；引导企业逐步改善和提高运输设施和装备，提升信息化应用水平，探索建立区域内甩挂运输信息系统。《协议》要求建

立联席会议制度、联络员制度和七省（区、市）甩挂运输联盟等合作机制，由各省运输管理处为联络部门负责日常工作联系，每年举行1~2次联席会议，研究重大事宜、共同推进重点工作任务，由甩挂运输联盟制定联盟章程和合作协议，积极拓展合作领域，扩大业务范围。《协议》要求，要力争用3~5年的时间，建设区域内网络畅通、场站布局合理的甩挂运输网络；探索建设基于统一标准和框架下的甩挂运输公共信息平台；组织开展调研，建立甩挂运输组织管理模式和规范；拟定甩挂运输联盟章程，成立联盟组织机构，统一联盟会员车辆标识，对联盟企业的甩挂运输车辆进行认定；推进制定统一的管理和优惠政策；引导区域内甩挂运输企业间开展合作。（2012年4月28日；来源：山东交通运输厅）

十一、丝绸之路经济带

（一）内涵核心

丝绸之路经济带，是中国与西亚各国之间形成的一个在经济合作区域，大致在古丝绸之路范围之上。包括西北陕西、甘肃、青海、宁夏、新疆等五省区，西南重庆、四川、云南、广西等四省市区。2013年由中国国家主席习近平在哈萨克斯坦纳扎尔巴耶夫大学演讲时提出。（2013年9月7日；来源：人民网）

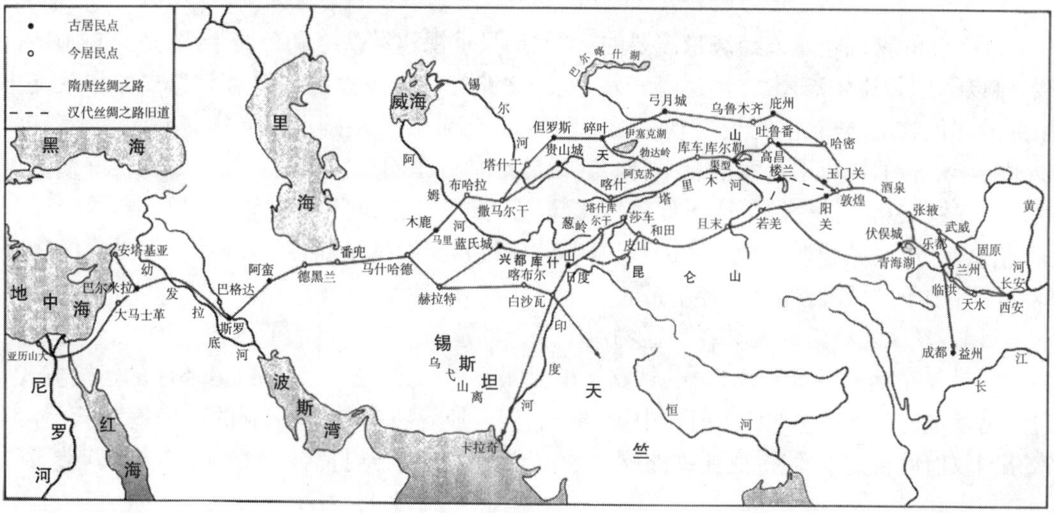

丝绸之路

加快推进互联互通建设是丝绸之路经济带有关国家的共识。上合组织在其中期发展战略中明确提出了大力发展金融、能源、通信、农业四大领域的经济合作。当前，中国正在积极推动与中亚国家间建成铁路、公路、航空、电信、电网、能源管道的互联互通网络，发展与中亚国家的资金流、物流、人流和信息流等方面的合作，激活新的经济增长点。

在中国政府优惠贷款和援助支持下，中国企业在中亚地区承揽了公路、电信、电力等基础设施建设项目。中吉乌公路、塔乌公路、塔境内输变电线等一批经济合作项目已经成功启动并在积极落实之中。随着区域内基础设施的不断完善，连接本地区的能源、交通、电信等网络已初显轮廓。

2012年,中国政府在上合组织峰会上承诺,向中亚提供100亿美元贷款,主要用于中亚地区铁路、公路、光缆、石油天然气管道等基础设施建设。中国资金的注入,将加快中亚各国经济建设的步伐。上合组织正着手建立开发银行等金融合作机制,为合作项目提供融资平台,这将给丝绸之路经济带各国间的经贸合作增加动力,为未来各领域合作发展提供广阔空间和持久动力。

知名物流专家、现代物流报常务副主编杨达卿指出,古丝绸之路的本质就是服务于亚欧之间的商贸和物流通道。要把丝绸之路从线形的“商贸路”变成产业和人口集聚的“经济带”,首先要有现代交通和物流的基础保障,这样才能吸引企业入驻,才能形成产业生态链。要实现互联互通,如果只重视铁路和公路干线,就只是画平行线,难以形成生态圈。丝绸之路需要信息化支撑和系统化服务的现代物流。首先,要在现有的交通枢纽和工业区基础上,建设适合的物流园区和信息平台,建设园区平台是圈点。其次,要规划和嫁接好贯穿东西的泛亚铁路和泛亚公路等物流主干线。嫁接物流干线是连线。再则,要完善运输干线与仓储分拣、信息服务和区域配送相结合的物流网络。建设物流网络是铺片。“点线片”结合的交通物流体系,才有利于区域融合,有利于建立经济带。

(二)媒体关注

物流业热议丝绸之路经济带 泛亚铁路将成主动脉

什么样的物流才是该经济带需要的?“如果只重视建设铁路和公路干线,还只是画平行线,难以形成物流生态圈。”杨达卿表示,丝绸之路经济带建设更需要有信息支撑和系统化服务的现代物流。首先,需要在现有的交通枢纽、工业区等基础上发展物流园区,为商品提供集结和中转的物流平台和信息平台。建设园区平台是圈点;其次,要规划并嫁接好横贯东西的泛亚铁路和泛亚公路等主干线。嫁接物流干线是连线;再则,要完善运输干线与仓储分拣、信息服务、区域配送等相结合的物流网络,建设物流网络是铺片。“点线片”结合的物流体系才有助于区域融合,建立经济带。

目前,丝绸之路沿线区域在交通物流干线上的建设上仍不足。业内人士指出,丝绸之路面对的是复杂地貌的远距离运输,铁路运输是最高效、最安全、最经济、最环保的运输方式,应该是首选。2006年11月10日,中国、韩国、俄罗斯等亚洲18个国家的代表签署了《亚洲铁路网政府间协定》,使得泛亚铁路网计划得到正式落实,给打通丝绸之路经济带营造了国际合作空间。

在泛亚铁路上,始发于江苏连云港的“新亚欧大陆桥”铁路线,早在1992年开始运营,途经江苏、安徽、河南、陕西、甘肃、青海、新疆7个省、区,过境哈萨克斯坦→俄罗斯→波兰→德国→荷兰。这比绕道马六甲海峡—苏伊士运河道德海运通道缩短了1万公里。2012年,始于重庆的渝新欧铁路线开始运营,该线路经达州→安康→西安→兰州→乌鲁木齐→阿拉山口,进入哈萨克斯坦→俄罗斯→白俄罗斯→波兰→德国→比利时。

渝新欧铁路也是一条纵贯我国南北的欧亚铁路,已成为新丝绸之路的大动脉。重庆民生物流总经济师蒋啸冰说,渝新欧铁路在战略上开启了丝绸之路沿线欧亚各国之间经济、政治与文化互动交流的崭新时代,在战术上开创了欧亚大陆桥南北线交通动脉并行的崭新局

面。它还承载着我国西部地区大开发与内陆地区开放高地建设的使命。(2013 年 9 月 10 日;来源:中国新闻网)

十二、海上丝绸之路

(一)发展战略

交通运输部部长主持第 12 次中国—东盟交通部长会议

2013 年 12 月 19 日,第 12 次中国—东盟交通部长会议在老挝巴色召开。老挝总理通邢出席会议并致辞,中国交通运输部部长杨传堂和老挝公共工程和运输部部长宋玛共同主持会议。东盟十国交通部部长、副部长和东盟秘书处代表出席会议。

杨传堂在开幕式致辞中指出,2013 年是中国—东盟交通部长会议机制进入第二个十年的开局之年。11 年来,得益于双方开放包容、合作共赢的理念,中国与东盟各国联合自强,合作取得累累硕果,得到双方领导人的高度认可。在文莱斯里巴加湾市召开的第 16 次中国—东盟领导人会议上,中国领导人明确表示,要用好中国—东盟交通部长会议机制,发挥好中国与东盟的各种合作基金的作用,支持开展以下合作:一是澜沧江—湄公河流域合作、泛北部湾经济合作、文莱—印尼—马来西亚—菲律宾东盟东部增长区在内的次区域合作;二是加快互联互通基础设施建设,包括尽快启动泛亚铁路“旗舰项目”建设;三是共同建设 21 世纪“海上丝绸之路”,利用中国—东盟海上合作基金实施五大交通运输合作项目,分别是澜沧江—湄公河航道二期整治项目、建立中国—东盟海上紧急救助热线、中国—东盟海上联合搜救沙盘推演及实船演练、中国—东盟港口城市合作网络以及在明年东亚峰会期间举行多边多任务的海上联合演练。

在审议会议各项议程环节,杨传堂根据双方当前合作项目的实施情况,结合今年 9 月 2 日在广西南宁召开的中国—东盟互联互通交通部长特别会议关于优先支持东盟互联互通的倡议,提出了明年和今后双方的合作思路。

一是优先支持东盟互联互通建设。全球互联互通是时代的潮流,也是历史的潮流。优先发展东盟的互联互通是全球互联互通的必然,我们将加快合作,实现共赢,造福于中国和东盟地区的人民。

二是奋力开拓 21 世纪“海上丝绸之路”。中国关于构建 21 世纪“海上丝绸之路”的倡议得到了东盟、南亚、中亚、中东欧等地区各国的积极响应。亚洲是“海上丝绸之路”的起点,我们将以更广阔的视野、更开放的胸襟,在建设新的“海上丝绸之路”征程上书写壮丽篇章。

三是务实做成交通运输合作。加强做实规划,朝着既定目标努力;加强做实现有项目的建设,让本地区人民得到实惠;加强人员、货物的便捷流动,提高本地区运输便利化水平;加强交通引领,支持工业化、城镇化建设;做实体制机制的完善,提高效率。

四是加强能力建设和人力资源开发合作。在这一领域的合作,我们既有传统,也有优势和相互需求。双方可以努力开拓,少花钱、多办事、办成事,实现事半功倍之成效。

五是做实交通运输文化建设与交流。中国与东盟文化相通,交通运输文化建设是人文交流的重要载体。这方面的交流与合作潜力巨大,我们要加以培育,充分发掘、发现、发展并光大交通运输文化精神,加强人文交流。

杨传堂还提出了2014年合作建议和重点实施项目。

一是优先支持东盟互联互通建设。加快建设曼谷→帕奇→呵叻→廊开铁路项目,同步推进中老铁路建设,启动老街→河内→海防铁路项目的前期工作;启动中缅瑞丽至腊戍段公路建设前期工作、柬埔寨境内23号和55号公路重建项目;加快建设凭祥(谅山)—河内高速公路、中越东兴—芒街北仑河二桥和水口—驮隆二桥跨境桥梁建设,启动东兴(芒街)—下龙高速公路前期工作。

二是重点推进海上互联互通网络建设。加快完成澜沧江—湄公河航道二期整治项目可研报告,为明年年底启动工程实施做好必要的准备工作;加快建立中国—东盟海上紧急救助热线;实施中国—东盟海上联合搜救沙盘推演及实船演练;在明年东亚峰会期间举行多边多任务的海上联合演练;启动中国—东盟港口城市合作网络建设;开展中国—东盟海上运输一揽子研究项目;启动越老柬缅泰内陆航道发展研究。

三是加强能力建设和人力资源开发合作。在天津举办中国—东盟海事磋商机制第10次会议;在山东青岛举办以"海上搜救"和"防止溢油污染"为主题的培训班;鼓励东盟学员报名参加大连海事大学的海上安全与环境管理硕士研究生班。

东盟各国交通部长们积极回应杨传堂的各项倡议,特别是针对几项实化倡议的重点合作项目给予高度评价,认为这是中方为推进中国—东盟陆路和海上互联互通建设的务实举措,必将促进中国与东盟以及东盟各国之间基础设施联通能力的提升。(2013年12月20日;来源:中国政府网)

(二)最新进展

广西力推与东盟互联互通 共建新海上丝绸之路

2013年12月26日,广西经济暨城镇化工作会议在南宁市召开。广西壮族自治区委员会书记彭清华在会上表示,2014年广西对外开放合作的一项重大工作是,积极参与建设21世纪海上丝绸之路和打造中国—东盟自贸区升级版工作,借助国家筹建亚洲基础设施投资银行的契机,力争开工一批互联互通基础设施项目。

广西交通运输厅介绍,2014年广西计划完成公路水运交通固定资产投资700亿元人民币。加快推动中越北仑河二桥、水口河二桥建设,加强广西沿海港口和越南海防、岘港、胡志明三港间的合作,加快培育广西北部湾港内外贸集装箱班轮、航线,推进钦州港30万吨级支航道、北海铁山港10万吨级航道、防城港企沙南作业区进港航道建设等。

自古以来,中国与东南亚国家就有着密切的经济贸易联系,这条中国与外国交通贸易和文化往来的海上通道,与通过中亚到达欧洲的陆路通道齐名,被称为"海上丝绸之路"。在本月中旬召开的中央经济工作会议中,中国官方将"丝绸之路经济带"和"21世纪海上丝绸之路"纳入全年工作任务。

广西壮族自治区主席陈武当日做工作部署表示,广西将主动服务好国家周边外交战略,积极构建合作机制,举办21世纪"海上丝绸之路"暨第八届泛北部湾区域经济合作论坛;筹划建设国家级海洋研究所,建设海洋经济合作试验区;规划建设中国—东盟港口物流公共信息平台。

陈武说，广西还将加强中越北部湾湾口外海域共同开发；争取开通海上邮轮，形成“海上丝绸之路”旅游圈；以钦州保税港区、中马钦州产业园区为平台，积极开展建立自由贸易港区的前期工作。

广西是中国唯一与东盟既有陆地接壤又有海上通道的省区。目前，东盟已连续13年成为广西第一大贸易伙伴。（2013年12月26日；来源：中国新闻网）

海南扩大开放打造中国海上丝绸之路战略支点

在2014年1月9日会议通过的《中共海南省委关于贯彻落实党的十八届三中全会精神推动海南全面深化改革的实施意见》（以下简称《实施意见》）中，海南提出发挥海南独特的区位优势，通过服务业引领开放新格局，创新开放型经济发展的体制机制。

《实施意见》提出海南将加快港口建设。推进海口港、洋浦港等面向东南亚的航运枢纽和物流中心建设；用好洋浦保税港区、海口综合保税区特殊政策，启动洋浦保税港区启运港退税政策，发展保税产业。谋划洋浦自由贸易港区建设；开展离岸金融试点，建设能源、橡胶等大宗商品交易和资源配置平台，开展跨境电子商务服务业务试点等。

海南还将深化区域经济合作。加强与泛北部湾经济圈、泛珠三角区及台港澳合作；推动实施对越边民互市贸易政策，融入中国—东盟自贸区战略。

中共海南省委书记罗保铭9日在会上表示，面对国家提出做好周边外交和建设面向21世纪的海上丝绸之路的新机遇，海南需更主动扩大开放。（2014年1月10日；来源：海南省交通运输厅）

中亚四国驻华使节访闽 建言福建“海上丝绸之路”建设

2014年1月14日，塔吉克斯坦驻华大使拉希德·阿利莫夫、哈萨克斯坦驻华大使努尔兰·叶尔梅克巴耶夫、乌兹别克斯坦驻华大使达尼亚尔·库尔班诺夫以及吉尔吉斯斯坦驻华使馆参赞奥鲁斯巴耶夫一行到访福州，表示将推动中亚国家与福建省在经贸、文化领域的合作，并对福建如何打造新时期“海上丝绸之路”提出建议。

四国驻华使节团此行前往了福建博物院参观“海上丝绸之路”展览，参观期间，乌兹别克斯坦驻华大使达尼亚尔·库尔班诺夫表示，我国领导人提出的“海上丝绸之路”的战略构想意义重大，能够促进福建和其他中国沿海省份与东南亚国家在各方面的合作。

“福建在构建新时期海上丝绸之路方面优势突出。福建沿海线较长，自古以来，有着丰富的海上活动经验，历史上福建借助海上交通已与东南亚、欧洲建立了很好的来往。在打造新时代的海上丝绸之路时，福建可以充分利用自身的优势资源，”库尔班诺夫说。

哈萨克斯坦驻华大使努尔兰·叶尔梅克巴耶夫则表示，陆海丝绸之路战略可以相互融合。

“哈萨克斯坦虽是内陆国家，但我们有里海，通过里海我们可以到达地中海。我们交通系统主要以铁路和公路为主，但我们对海运也感兴趣，希望把运输方式多样化，”叶尔梅克巴耶夫表示。

“海上丝绸之路能允许我们把货物从东南亚、澳大利亚、新西兰从其他地方通过海运到福建省（福州、厦门），然后再用铁路运动哈萨克斯坦，再通过哈萨克斯坦运到欧洲，这样就把海上丝绸之路和陆上丝绸之路串联起来,发展新的交通通道,"叶尔梅克巴耶夫说。

（2014 年 1 月 14 日;来源:《中国日报》)

十三、集中连片特困地区交通建设扶贫规划

(一)规划范围

为贯彻落实中央扶贫开发工作会议精神和《中国农村扶贫开发纲要(2011—2020年)》,切实推进集中连片特困地区交通运输发展,交通运输部出台《集中连片特困地区交通建设扶贫规划纲要(2011—2020 年)》)。规划范围包括六盘山区、秦巴山区、武陵山区、乌蒙山区、滇桂黔石漠化区、滇西边境山区、大兴安岭南麓山区、燕山—太行山区、吕梁山区、大别山区、罗霄山区等区域的连片特困地区。规划期限为 2011 年至 2020 年。

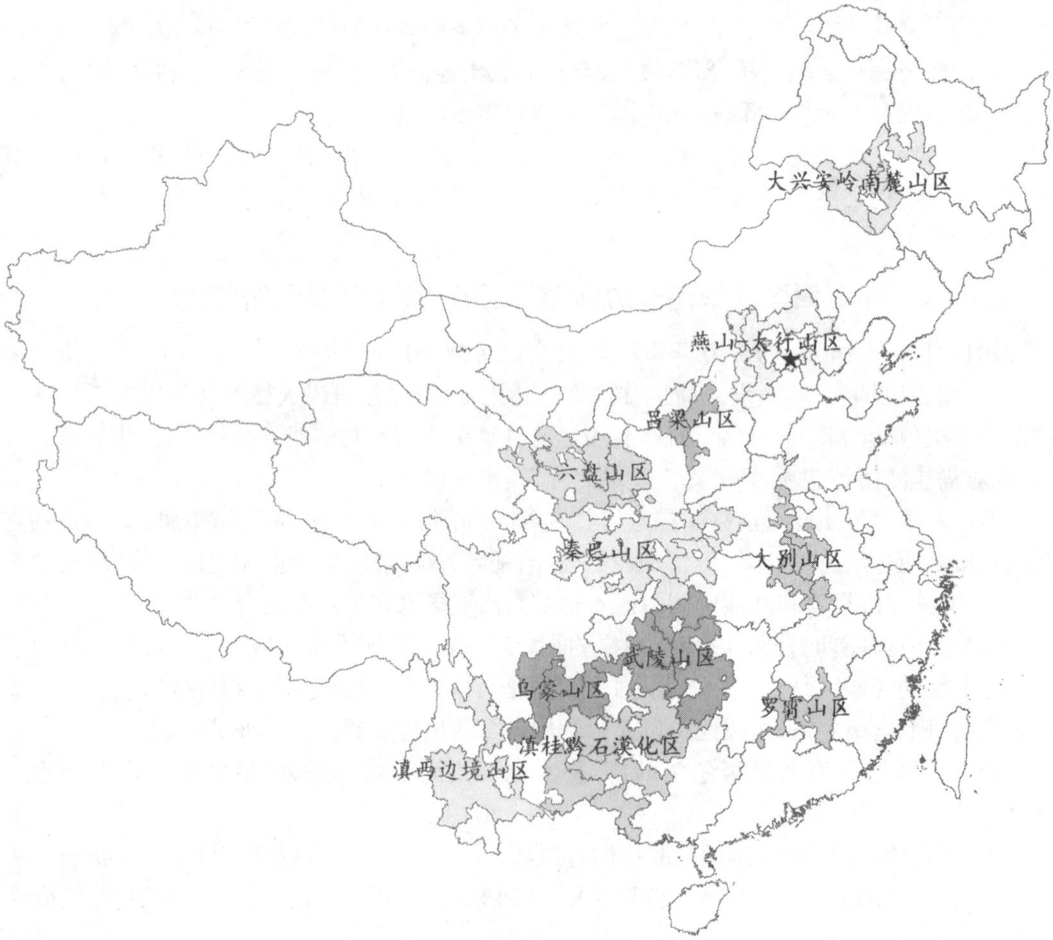

全国 11 个集中连片特困区分布

（二）“十二五”目标

（1）干线公路框架基本形成。基本建成原国家高速公路路段，县城通二级及以上公路比例达到98%；调整后的国道二级及以上公路比例达到65%，沥青（水泥）混凝土路面铺装率达到70%。

（2）农村公路通畅水平显著提升。具备条件的乡镇和85%的建制村通沥青（水泥）路。

（3）客货运输服务水平明显提高，班车服务城乡的范围进一步扩大。县城客运站条件明显改善；85%的乡镇建有等级客运站；80%的建制村建有汽车停靠点（招呼站或候车亭牌）。具备条件的乡镇和85%的建制村通班车；结合农村客运站点建设的农村邮政物流得到快速发展，农村客货运输效率和服务水平明显提升。

（4）公路安全水平和应急保障能力进一步提高。农村公路上的安全防护设施、桥涵等构造物逐步配套，安全性明显提高。国省干线公路安全监管和应急保障信息化程度显著提高，能力进一步增强。

（三）重点任务

1. 加强基础设施建设

（1）高速公路方面，“十二五”期间，建设规模约1.07万公里；“十三五”期间，基本建成新增国家高速公路和国务院批准的区域规划内明确的高速公路。

（2）国省干线公路方面，主要任务是着力提高国省道中二级及以上公路比例，加强通县二级公路建设，强化制约贫困地区经济发展的瓶颈路段建设，加强各片区内部及其与周边区域联系的干线公路建设。

（3）农村公路方面，主要任务是重点推进建制村通沥青（水泥）路建设，同步建设必要的安全防护设施和中小桥梁。

（4）公路客货运输场站方面，主要任务是加快县城老旧客运站改造，依托农村公路建设同步推进乡镇等级客运站、建制村汽车停靠点（招呼站或候车亭牌）建设，尽快形成以县级客运站为龙头、以乡镇客运站为重点，以建制村汽车停靠点（招呼站或候车亭牌）为辅助，多层次、高效率的农村客运站场体系。

（5）内河水运方面，主要任务是加强具备条件的地区的对外水运通道建设，进一步完善区域内重要航道及库（湖）区水运基础设施，推进内河港口规模化、专业化发展，进一步适应区域物资水上运输需要，方便人民群众安全便利出行。

2. 提升运输服务能力和水平

（1）客运服务网络。在推进建制村通沥青（水泥）路的同时，大力推进建制村通班车工程，提高农村地区交通运输基本公共服务均等化水平。按照“以城促乡、城乡协调”的原则，统筹城乡客运发展，依托农村客运现有班线，支持城镇化水平较高和居民出行密度大的地区推行农村客运公交化改造。

（2）货运及物流服务网络。推进农村生产生活资料配送网络建设，充分发挥农村客运班线分布广的优势，推进片区公路客运班车带运小件邮件、快件试点，拓展快递物流服务。在现有运输服务设施基础上，整合信息、运力资源，推进与物流相配套的运输场站、仓储、信息平台等设施建设。发挥邮政系统在农村地区的基础网络体系、认知度和市场占有率优势，支持邮政企业全面参与农村物流网络建设，积极开展运邮合作和连锁配送业务。

（四）基层落实

湖南集中连片特困地区交通扶贫目标确定

全省集中连片特困地区交通扶贫开发工作会议1月17日下午召开，会上消息称，我省武陵山、罗霄山集中连片特困地区交通扶贫开发规划确定，规划分两阶段实施。作为规划实质性启动的第一年，今年集中连片特困地区交通建设国、省两级投入就达334.4亿元。副省长韩永文要求围绕年度目标抓落实，确保交通扶贫规划良好开局。

我省武陵山、罗霄山两个片区的37个县，都是典型的“老、少、边、穷”地区，交通基础设施落后。两个片区内的主干道网络都未形成，武陵山片区有23个县未通高速公路，4139个建制村未实现通畅，14个县没有铁路；罗霄山片区有3个县未通高速公路，150个建制村未实现通畅，4个县没有铁路。

根据省委、省政府和交通运输部的部署，我省武陵山、罗霄山集中连片特困地区交通扶贫开发规划分两阶段实施，第一阶段为2011年至2015年，第二阶段为2016年至2020年。到2015年，武陵山、罗霄山片区交通运输发展基本达到全省平均水平；到2020年，按照“外通内连、通村畅乡、班车到村、安全便捷”的总体要求，交通运输发展基本适应武陵山、罗霄山片区国民经济和社会发展要求。

“十二五”时期，我省集中连片特困地区将率先提高农村公路补助标准，建制村通沥青（水泥）路补助标准将提高到50万元/公里。率先启动5000公里农村公路连通工程建设，率先建设完善的客货运站场系统。到“十二五”末，武陵山、罗霄山片区乡镇有等级客运站的比例达到100%、75%，具备条件的建制村通班车比例分别达到80%、85%，老百姓的出行将更加便捷。（2013年1月18日；来源：《湖南日报》）

十四、综合运输法规体系框架建设

交通运输部综合运输法规体系建设研究正式启动

2009年9月18日，交通运输部副部长高宏峰主持召开座谈会，邀请13位交通运输和法制领域专家围绕如何推进综合运输法规体系建设开展交流研讨，标志着综合运输法规体系建设研究正式启动。

高宏峰指出，推进综合运输法规体系建设是全国交通运输工作会议确定的重点工作之一。全国交通运输法制工作会议进一步要求，当前和今后一段时期要加快立法步伐，科学构建综合运输法规体系。今年以来，交通运输部已组织部属科研单位对综合运输法规体系的内涵、目标、工作步骤等问题作了初步研究。此次座谈会旨在集思广益，进一步理清思路、明确内涵、找准定位和技术路线。

与会专家表示，综合运输体系建设实践的发展，要求从立法的层面予以跟进。一方面，要将实践中相对成熟的政策和经验以法规的形式加以巩固；另一方面，要针对实践中的问题，从综合运输的规划、网络和枢纽建设以及运营衔接等方面着手构建相对完善、系统的法规体系。

专家普遍认为，综合运输法规体系是以建立综合运输体系为目标，以是否有利于规范、促进和保障综合运输体系建设为逻辑标准，将相关交通法规加以分类、整合，形成不同运输方式的法规之间相互区别又相互联系、衔接、协调、配合的有机整体。要把开展综合运输法规体系建设研究当作一次宣传、教育的过程，统一思想认识，从更高层次来考虑法规体系规划和建设。（2009 年 9 月 21 日；来源：交通运输部）

交通运输部 确定交通运输部综合运输法规体系建设专题小组名单及职责

2013 年 7 月 31 日，交通运输部部长杨传堂主持召开部务会议，审议并同意了部党的群众路线教育实践活动领导小组提出的近期及教育实践活动期间先期拟办的十件实事。会议审议并确定了交通运输部综合运输法规体系建设专题小组名单及职责。专题小组由杨传堂部长担任组长，部领导李家祥、陆东福、马军胜、何建中担任副组长。专题小组主要职责：

一是研究确定或提出综合交通运输法规体系建设工作的重大事宜或建议，确定工作制度并落实。

二是负责综合交通运输法规体系建设工作，研究提出综合交通运输法规体系设计方案建设。

三是负责综合交通运输法规体系建设实施意见以及综合交通运输法规体系各子体系、各立法项目的主要内容。

四是负责统筹协调综合交通运输法规体系建设工作中的事宜。该小组为部议事协调机构，日常工作由部政策法规司承担。（2013 年 8 月 1 日；来源：交通运输部网站）

十五、鲜活农产品运输“绿色通道”政策

（一）战略部署

鲜活农产品运输绿色通道，最初于 1995 年组织实施，主要内容为：在收费站设立专用通道口，对整车合法运输鲜活农产品车辆给予“不扣车、不卸载、不罚款”和减免通行费的优惠政策。2010 年 12 月 1 日起，绿色通道扩大到全国所有收费公路，而且减免品种进一步增加，主要包括新鲜蔬菜、水果、鲜活水产品，活的畜禽，新鲜的肉、蛋、奶等。

为贯彻落实《中共中央国务院关于 2009 年促进农业稳定发展农民持续增收的若干意见》（中发〔2009〕1 号）确定的“长期实行并逐步完善鲜活农产品运销绿色通道政策，推进在全国范围内免收整车合法装载鲜活农产品车辆的通行费”政策，为农村改革发展创造良好的政策环境。交通运输部和国家发展和改革委员为联合下发了《关于进一步完善和落实鲜活农产品运输绿色通道政策的通知》（以下简称《通知》），《通知》要求：

1. 进一步优化和完善鲜活农产品运输“绿色通道”网络

对《全国高效率鲜活农产品流通“绿色通道”建设实施方案》（交公路发〔2005〕20 号）中确定的国家“五纵二横”鲜活农产品运输“绿色通道”，各地要坚决落实各项相关政策，免收

整车合法装载运输鲜活农产品车辆的车辆通行费。同时,各省、自治区、直辖市要按照中央一号文件精神,结合本地实际,加快构建区域性"绿色通道",建立由国家和区域性"绿色通道"共同组成的、覆盖全国的鲜活农产品运输"绿色通道"网络,并在全国范围内对整车合法装载运输鲜活农产品的车辆免收车辆通行费。

2. 明确界定"绿色通道"政策中鲜活农产品的范围

按照交公路发〔2005〕20号文件的有关规定,享受"绿色通道"政策的鲜活农产品是指新鲜蔬菜、水果,鲜活水产品,活的畜禽,新鲜的肉、蛋、奶。为统一政策、便于操作,交通运输部、国家发展改革委经商有关部门,对鲜活农产品具体品种进行了进一步界定,制定了《鲜活农产品品种目录》。各地应严格按照《鲜活农产品品种目录》,落实"绿色通道"车辆通行费减免政策。

3. 落实配套措施,强化监管手段

(1)整车装载的含义。整车装载,是指享受"绿色通道"政策的车辆,装载鲜活农产品应占车辆核定载质量或车厢容积的80%以上,且没有与非鲜活农产品混装等行为。未达到上述装载标准,或与其他货物混装的运输车辆,不享受"绿色通道"政策。

(2)规范操作程序,提高通行效率。

(3)规范路面执法管理,保障鲜活农产品运输车辆的通行安全。

(4)严厉打击假冒鲜活农产品、超限超载运输鲜活农产品等违法行为。

(5)对经营性收费公路企业的影响进行研究。

4. 做好相关服务工作

(1)加强养护管理,保证道路畅通。

(2)规范标志设置,方便驾驶人员识认。

(3)广泛开展宣传,营造良好氛围。

(二)地方借鉴

为推进全国鲜活农产品市场供应,降低流通费用,全国所有收费公路(含收费的独立桥梁、隧道)全部纳入鲜活农产品运输"绿色通道"网络范围,对整车合法装载运输鲜活农产品车辆免收车辆通行费。

浙江省颁布了《浙江省鲜活农产品运输"绿色通道"暂行管理办法》,江苏省发布了《关于完善我省鲜活农产品运输绿色通道政策的通知》,云南收费公路全部纳入鲜活农产品运输绿色通道。

十六、重大节假日小客车免费通行政策

(一)战略部署

收费公路政策的实施,拓宽了我国公路建设的投融资渠道,对加快我国公路基础设施建设,促进国土资源开发,优化产业布局,保障人民群众安全便捷出行,推动经济社会健康持续发展,都发挥了极为重要的作用。

2012年7月24日,国务院发布《关于批转交通运输部等部门重大节假日免收小型客车通行费实施方案的通知》(国发〔2012〕37号)(以下简称《通知》)。交通运输部印发《关于切实做好重大节假日免收小型客车通行费有关工作的通知》(交公路发〔2012〕376号),决定从2012年国庆节长假开始实施国务院《通知》要求。

根据国务院《通知》的要求,免费通行的时间范围为春节、清明节、劳动节、国庆节等四个国家法定节假日,以及当年国务院办公厅文件确定的上述法定节假日的连休日。

重大节假日免收小型客车通行费政策的出台,既是国务院根据当前形势及收费公路发展的阶段性特征,作出的一项重要惠民举措,也是一项扩大内需、促进经济增长的重要战略决策,具有重要的现实意义和深远影响。

美国9万多公里的高速公路当中只有8.8%是收费的路段,全世界14万公里的收费公路当中有10万公里在中国。作为一项惠民措施,对于车主而言,高速公路免费通行措施的初衷无疑是好的。但在业内人士看来,一项利好政策的良性推动,仅仅出台政策和推行政策是远远不够的,还需要及早听取各方反馈的意见,决策部门应据此进行详细调研,在保证公众利益的前期下及时调整和完善。

高速公路免费通行应该是个趋势,以后将会常态化,而不仅仅是在节假日免费。至少未来政府的还贷路需要免费,商业经营的一些高速路就另当别论。

广东省有一条实施已久的政策:在春节假期以外,当高速公路出现严重堵塞等紧急情况时,实行间歇性免费放行。

(二)媒体关注

新闻分析:重大节假日小客车免收通行费体现发展惠及民生

重大节假日小客车免收通行费这一重大政策,是一项高瞻远瞩、立足于在更大层面拉动内需的政策,是一项立足于汽车社会高度制定的具有前瞻性和战略引导性的政策,是一项注重在发展中惠及民生的好政策。重大节假日小客车免收通行费,将带动我国汽车社会从初期的上下班代步阶段向休闲远行阶段加速转变。长期以来,各界对于收费公路尤其是高速公路企业重收费轻服务甚至变相超期收费怨言很大,影响了社会和谐。下一步,除了认真落实好重大节假日小客车免收通行费这一政策,收费公路运营企业还应当继续在其他方面合理回馈社会。

再有,收费公路重大节假日免费政策可以大大节约社会时间成本、降低能耗浪费和环境污染。

关于业界有人士担忧收费站免费后,会不会造成驾车集中出行造成拥堵,记者认为,公路运营方应当按照相关通知精神,妥善做好收费车型与免费车型的分流通行,同时,各地区要通过政府及部门网站、新闻媒体等多种渠道,加强舆论引导和政策宣传,及时发布相关信息,使社会公众及时、全面了解本方案的重大意义及具体内容,为公路交通健康持续发展创造良好的舆论氛围。在技术层面,要注重宣传错峰出行理念,做好各方面的服务,不能因为免费就免掉应有的公路救援等服务。要让重大节假日小客车免收通行费这一得民心的好政策落实得力、真正惠民。(2012年8月2日;来源:新华社)

十七、货运枢纽（物流园区）建设扶持政策

交通运输部明确“十二五”期间将大幅提高中央车辆购置税对综合客运枢纽和公路货运枢纽站场（物流园区）的资金投资补助力度，计划优先扶持全国100个左右的综合客运枢纽和200个左右的公路货运枢纽站场（物流园区）项目建设。拟出台《交通运输部投资补助物流园区项目管理办法》（以下简称《办法》）。

本办法突出四方面特点 一是体现政府职责，重视市场作用；二是立足交通，提升服务；三是多层把关，确保质量；四是投资补助，发挥资金效能。

《办法》要求省级交通运输主管部门组织相关单位编制并上报资金申，请报告部委托相关单位对报告做代部审查，提出技术审查意见部规划司作进一步审核，对 符合条件的项目办理部资金批复文件项目可行性研究报告和初步设计批复后，可列入部年度投资计划。

2012年，交通运输部综合规划司在北京举办了物流园区资金申请报告编制技术培训班。综合规划司孙力副司长、刘占山处长就《交通运输部投资补助物流园区项目管理办法》和公路货运枢纽（物流园区）项目资金申请报告编制工作中遇到的问题、资金申请报告的文本格式、基本内容、编制要求和关键技术等进行了详细讲解。通过培训，参训人员对交通运输部有关投资政策、项目支持类型、资金申请报告编制和申报工作程序有了进一步了解，对提高项目前期工作的质量和水平有了更大的帮助。

福建省交通运输厅发布了《泉州市交通运输委员会转发省交通运输厅关于规范申请国家投资补助综合枢纽、物流园区项目管理的通知》（泉交委道〔2012〕84号）。

2012年，浙江省已通过资金申请预审查的衢州工业新城物流园区、温州潘桥物流园区（一期）、绍兴港现代物流园、舟山陆港现代物流中心四个项目。2013年11月5日，浙江省交通运输厅大物流领导小组办公室在杭州举行了浙江省申报交通运输部投资补助物流园区资金申请报告预审会，对嘉兴综合物流园、台州玉环经济开发区综合物流园区、杭州富阳传化物流基地进行了资金申请报告的预审查。

宜昌三峡物流园资金申请报告已编制完成并获批，已列入交通运输部2012年物流园区投资补助计划。

第三篇
基础设施篇

一、推动航运业转型升级

（一）发展目标

（1）产业实现平稳健康发展。“十二五”后三年，国内市场保持稳定增长，国际市场份额得到巩固，骨干企业生产经营稳定，船舶工业实现平稳健康发展。

（2）创新发展能力明显增强。新建散货船、油船、集装箱船三大主流船型全面满足国际新规范、新公约、新标准的要求，船用设备装船率进一步提高。高技术船舶、海洋工程装备主要产品国际市场占有率分别达到25%和20%以上。

（3）产业发展质量不断提高。产业布局调整优化，建成环渤海湾、长江口、珠江口三大世界级造船和海洋工程装备基地。骨干企业建立现代造船模式，造船效率达到15工时/修正总吨，单位工业增加值能耗下降20%，平均钢材一次利用率达到90%以上。

（4）海洋开发装备明显改善。运输船队结构得到优化，渔业装备水平明显提高，科学考察、资源调查等装备配置得到加强，海洋油气资源勘探开发装备满足国内需求，邮轮游艇产品适应海洋旅游产业发展需要。

（5）海洋保障能力显著提升。行政执法船舶配置大幅提升，调配使用效率明显提高，适应海上维权执法需要；救助、打捞船舶升级换代，航海保障能力及海上综合应急救援能力显著增强。

（6）化解过剩产能取得进展。产能盲目扩张势头得到遏制，产能总量不增加；企业兼并重组稳步推进，产业集中度不断提高；一批大型造船基础设施得到整合，产业布局更加合理；一批中小企业转型转产，落后产能退出市场。

（二）战略部署

1. 淘汰老旧运输船舶，优化运力结构

（1）减少运力存量，优化船队结构。

（2）调控国内运力增量。

（3）支持行业组织加强运力发展自律。

2. 加强政策引导，促进航运业转型升级

（1）促进专业化、集约化经营。

（2）拓展新的经济增长点。

（3）推进海峡两岸航运发展。

（4）推进安全绿色发展。

3. 加强市场监管，创造良好发展环境

（1）取消一批行政许可项目。

（2）加强国内航运市场监管。

（3）加强国际航运市场监管。

（4）加强安全监管。

4. 减轻企业负担，促进企业提高竞争力

（1）规范行政事业性收费。

（2）清理规范不合理的相关服务收费。

（3）进一步规范港口收费。

（4）规范船舶交易服务机构收费。

5. 强化措施，提高服务质量和水平

（1）加强信息引导服务。

（2）提升港口服务水平。

（3）提高引航服务水平。

（4）改进行政管理方式。

（5）各级交通运输及港航管理部门、海事机构要切实抓好本意见的具体落实。

二、国家公路网规划（2013—2030 年）

（一）发展目标

国家公路网规划（2013—2030 年）提出的规划目标为：形成布局合理、功能完善、覆盖广泛、安全可靠的国家干线公路网络，实现首都辐射省会、省际多路连通，地市高速通达、县县国道覆盖。1000 公里以内的省会间可当日到达，东中部地区省会到地市可当日往返、西部地区省会到地市可当日到达；区域中心城市、重要经济区、城市群内外交通联系紧密，形成多中心放射的路网格局；有效连接国家陆路门户城市和重要边境口岸，形成重要国际运输通道，与东北亚、中亚、南亚、东南亚的联系更加便捷。其中：

（1）普通国道全面连接县级及以上行政区、交通枢纽、边境口岸和国防设施。

（2）国家高速公路全面连接地级行政中心，城镇人口超过 20 万的中等及以上城市，重要交通枢纽和重要边境口岸。

（二）战略部署

国家公路网规划总规模 40.1 万公里，由普通国道和国家高速公路两个路网层次构成。

1. 普通国道网

普通国道网由 12 条首都放射线、47 条北南纵线、60 条东西横线和 81 条联络线组成，总规模约 26.5 万公里。按照“主体保留、局部优化，扩大覆盖、完善网络”的思路，调整拓展普通国道网：保留原国道网的主体，优化路线走向，恢复被高速公路占用的普通国道路段；补充连接地级行政中心和县级节点、重要的交通枢纽、物流节点城市和边境口岸；增加可有效提高路网运行效率和应急保障能力的部分路线；增设沿边沿海路线，维持普通国道网相对独立。

2. 国家高速公路网

国家高速公路网由 7 条首都放射线、11 条北南纵线、18 条东西横线，以及地区环线、并行线、联络线等组成，约 11.8 万公里，另规划远期展望线约 1.8 万公里。按照“实现有效连接、提升通道能力、强化区际联系、优化路网衔接”的思路，补充完善国家高速公路网：保持原国家高速公路网规划总体框架基本不变，补充连接新增 20 万以上城镇人口城市、地级行政中心、重要港口和重要国际运输通道；在运输繁忙的通道上布设平行路线；增设区际、省际通道和重要城际通道；适当增加有效提高路网运输效率的联络线。

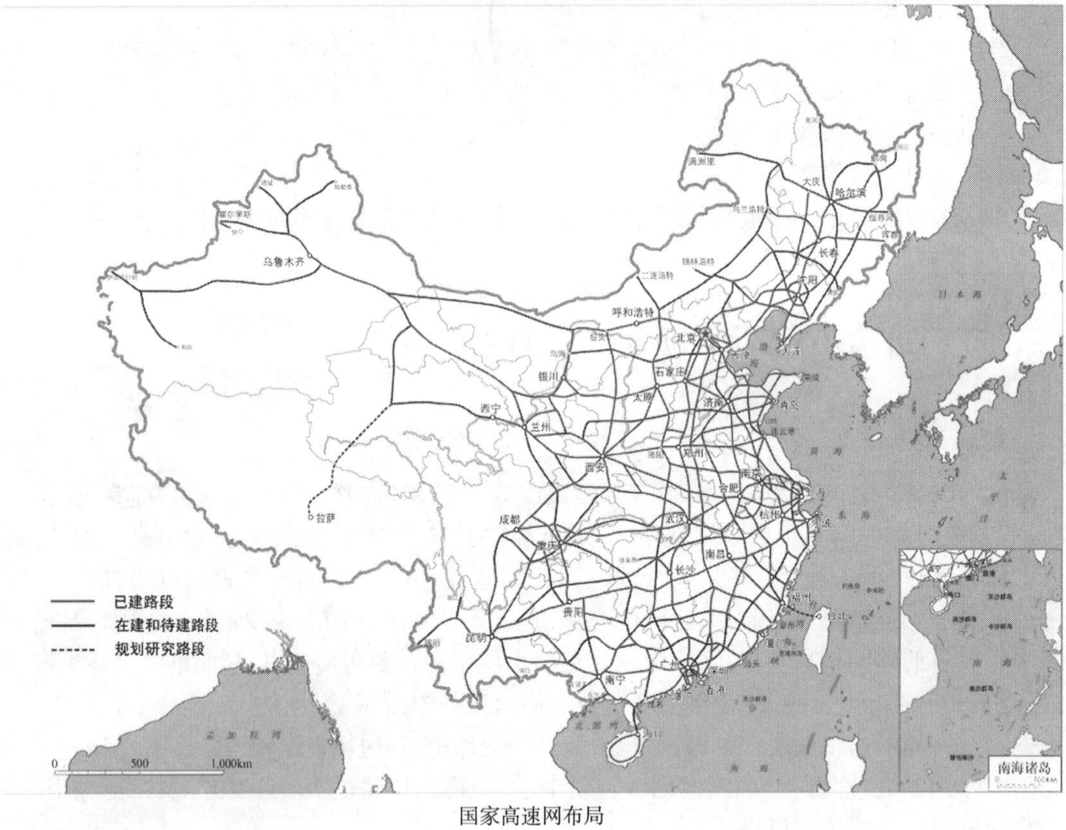

国家高速网布局

（三）专家观点

2013 年 6 月 20 日，国务院新闻办公室召开新闻发布会，发布会围绕近期国务院批准的《国家公路网规划（2013—2030 年）》展开。交通运输部总规划司戴东昌在现场介绍了国家公路网规划方案的具体情况。

国家级干线公路将形成由“普通国道＋国家高速公路”两个层次共同组成的线网格局，普通国道提供普遍的、非收费的交通基本公共服务，国家高速公路提供高效、快捷的运输服务。空间布局将更加合理、结构更加清晰、功能更加明确。

“《国家公路网规划》是公路交通基础设施的中长期布局规划，充分体现了新时期国家发展综合交通运输的战略方针，是指导国家公路长远发展的纲领性文件，必将对我国公路交通发展产生深远影响。”戴东昌说。（2013 年 6 月 20 日；来源：人民网）

三、断头路项目建设改造

（一）战略部署

交通运输部高度重视“断头路”建设工作。杨传堂部长指出，各省（区、市）交通运输部门要着眼大局、着眼长远，加强协调配合，主动创造条件，积极稳妥有序地推进好这项重要工作。交通运输部要会同有关方面给予支持，合力打好攻坚战，建好大路网。

在充分沟通的基础上，2013 年 7 月，交通运输部与国家发展改革委对“断头路”项目前期工作、审批事项、资金支持建设事项达成一致，并联合下发《关于加快推进国家高速公路“断头路”和普通国道“瓶颈路段”建设的通知》，邀请国土资源部、环境保护部、水利部参加“断头路”项目前期工作座谈会，协调解决项目推进中存在的具体问题。同年 9 月，两部委联合起草《关于加快推进国家高速公路“断头路”和普通国道“瓶颈路段”建设有关情况的报告》，并上报国务院。

同时，交通运输部结合党的群众路线教育实践活动，将国家高速公路“断头路”和普通国道“瓶颈路段”建设列为重点整改任务大力推进。2013 年年底前，国家高速公路待建路段全部完成前期工作，将尽早开工建设；普通国道“瓶颈路段”项目开工建设超过三分之一，到“十二五”末将全部开工建设；新增国家高速公路“断头路”项目将在 2014 年年底前全部完成前期工作，大部分项目可以在“十二五”期间开工建设。

（二）地方借鉴

四川：断头路建设模式全省试点

地处石棉县的田湾彝族乡、草科藏族乡因受当地高山峡谷等地形限制，当地群众到石棉县城还需绕行到泸定县境内的省道 211 路段，出行十分不便。近日，在《四川省 2009—2011 年农村公路断头路建设项目》中明确，将修筑一条由田湾彝族乡通往新民藏族彝族乡的公路，届时田湾、草科的群众将可以不再借道泸定，直接沿大渡河右岸经新民、安顺等乡镇就可以到达石棉县城。

日前，记者从市交通局了解到，田新路（田湾彝族乡到新民藏族彝族乡公路）已经被列为亚行贷款建设断头路工程试点项目，招标文件已经通过了交通部门的评审。“田新路作为全省亚行贷款建设断头路工程试点项目，目前正在抓紧进行前期准备和招标工作，这条路计划在今年 9 月左右能够开工建设，这也将成为我市第一条开工建设的农村公路断头路建设项目。”

其实，列入农村断头公路规划的何止这一条。记者了解到，根据项目规划，在 2009—2011 年间，通过中央灾后重建资金、省交通建设补助资金和亚洲银行贷款、地方筹资四种方式，总投资 5.7 亿元，我市将打通 47 条共计 834.6 公里农村公路断头路。其中，2009 年打通 445.3 公里，2010 年打通 139.5 公里，2011 年打通 249.8 公里。

农村公路如果不能和上一级公路相衔接，那么作用就极其有限；国省干道如果下不能和农村公路对接、上不能和高速公路衔接，功能作用也不能完全发挥，不成体系的公路网络在某种程度上是一种资源浪费。加快断头路的改造，推进农村公路联网建设，对加快农村人流、物流、信息流的传递速度，方便群众出行将产生更加深远的影响，也将为农民兄弟发家致富提供更多的机遇和渠道。

四、瓶颈路段项目建设改造

（一）发展目标

根据交通运输部办公厅、国家发展改革委办公厅联合发出的通知，国家高速公路“断头路”有原“7918”国家高速公路23个项目、3221公里，《国家公路网规划》新增国家高速公路23个项目、733公里；普通国道“瓶颈路段”有36个项目、2789公里。两部委将优先保证原“7918”国家高速公路待建路段项目；将普通国道“瓶颈路段”项目和部分前期工作准备充分且路网重要度较高的新增国家高速公路“断头路”项目纳入“十二五”规划，安排专项资金予以优先支持。

（二）战略部署

国家召开推进国家高速公路“断头路”和普通国道“瓶颈路段”项目前期工作座谈会

2013年8月27日，国家发展改革委、交通运输部在呼和浩特市召开了推进国家高速公路“断头路”和普通国道“瓶颈路段”项目前期工作座谈会。国土资源部、环境保护部、水利部及河南、山东等17个省（区、市）发展改革委、交通运输厅参加会议。交通运输部综合规划司孙国庆司长主持会议，内蒙古自治区王波副主席致词，国家发展改革委基础产业司黄民司长讲话。会议听取了各地关于境内国家高速公路“断头路”和普通国道“瓶颈路段”前期工作进展情况、下步工作安排和建议。

黄民司长在讲话中指出，加快国家高速公路“断头路”和普通国道“瓶颈路段”建设是突出国家公路干线作用，发挥公路网络整体效率和规模效益的重要举措。黄民司长对下步工作提出了六点要求：

（1）切实加强项目前期工作领导。各地要确定专人负责，加强组织协调；

（2）明确目标要求，细化项目前期工作计划。2004年批复国家高速公路网待建路段项目争取在年底前完成前期工作并开工建设，力争“十二五”末基本建成；

（3）抓紧完成项目审批前置手续。按照提前介入、优先安排、简化程序、依法合规的原则，做好咨询评估、行业审查、用地预审、环评批复等各项工作；

（4）加强沟通协调。做好省际间衔接和沟通，争取同步推进，并加强与国土、环保等部门的协调；

（5）加快项目审批。在相关前置性文件具备的前提下，提高效率，限时办理；

（6）加大政策支持。进一步完善国家投资、地方筹资、社会融资相结合的投融资模式，发挥市场配置资源的基础性作用，多渠道筹措建设资金，并加大财政性资金对普通国道“瓶颈路段”建设的投入，促进普通公路持续健康发展。

五、西部地区农村公路通畅工程

（一）发展目标

通畅工程：乡镇到建制村中心（如学校、村部、主要人口居住地）或国、省、县、乡道公路到建制村公路的改造硬化，铺筑水泥路面或沥青路面。

交通运输部积极推进以西部地区建制村通沥青（水泥）路为重点的通达、通畅工程。

（二）地方借鉴

甘肃农村公路通畅工程建设为群众致富带来新希望

省委、省政府历来十分重视农村公路通畅工程建设工作，将实施农村公路通畅工程作为坚持以人为本、促进城乡和谐发展的具体行动和重要的惠民工程，连续多年将其列入全省为民办实事项目之一。据省交通运输厅副厅长王繁己介绍，2012 年，全省农村公路通畅工程共完成投资 20.5 亿元，建成农村公路沥青路（水泥路）4293 公里。其中建成建制村通沥青路（水泥路）537 条 3211 公里，完成计划任务的 107%，超额完成了省委省政府“2012 年为民办实事”确定的目标任务。

据了解，2013 年，省交通运输厅将继续把“建成 3000 公里建制村通沥青路（水泥路）”申报为“2013 年省委、省政府 10 项 26 件为民办实事”项目之一。到 2013 年底，建设沥青（水泥）路 864 公里，新增通畅乡镇 36 个。到 2015 年底，建设沥青（水泥）路约 27596 公里，新增通畅建制村 5415 个。到 2018 年底，建设沥青（水泥）路约 10885 公里，新增通畅建制村 2105 个。在抓好甘肃省农村公路建设工作的同时，全面提升甘肃省农村公路建设、养护、管理、服务各项工作水平，为全省广大农村地区经济社会发展和人民群众致富奔小康提供交通运输保障。（2013 年 3 月 13 日；来源：《甘肃日报》）

广西 2012—2015 年农村公路通畅工程工作方案

根据国家“十二五”农村扶贫开发工作关于到 2015 年国家西部地区 80% 的建制村实现通沥青（水泥）路的目标要求，结合我区实际，计划到“十二五”末我区建制村通沥青（水泥）路率达 100%，基本解决我区建制村公路通畅问题。为此，2012—2015 年，在全区实施“千村公路通畅工程”，作为全区扶贫攻坚的重大任务，纳入年度自治区为民办实事项目范围。

六、东中部地区县乡公路改造连通工程

（一）战略部署

2013 年中央 1 号文件《中共中央 国务院关于加快发展现代农业进一步增强农村发展活力的若干意见》提出，“推进西部地区、连片特困地区乡镇、建制村通沥青（水泥）路建设和东中部地区县乡公路改造、连通工程建设，加大农村公路桥梁、安保工程建设和渡口改造力度，继续推进农村乡镇客运站网建设。”

2013年1月16日，中共交通运输部党组召开会议，认真学习中共中央、国务院《关于加快发展现代农业，进一步增强农村发展活力的若干意见》，结合实际研究提出落实今年中央1号文件精神具体举措。要求“一是研究制定适应全面建成小康社会新要求的农村交通运输发展目标和指标体系。积极推进以西部地区建制村通沥青（水泥）路为重点的通达、通畅工程，稳步推进东中部地区县乡公路改造、连通工程建设，加大农村公路危桥改造、安保工程建设和渡口改造力度，提高农村公路的抗灾能力和安全水平。”

（二）地方借鉴

青岛市——县乡公路改造连通工程

加快推进农村公路建设。加快县乡公路改造和连通工程建设，改善农村公路通行环境。加大对农村生产路建设和管理的政策支持，凡纳入农村公路规划并按照国家和省农村公路技术标准修建的农村生产路，按我市行政村通油（水泥）路工程政策给予专项建设资金补助，并纳入农村公路养护管理。鼓励村庄通过“一事一议”加快农村生产路建设和维护。

七、交通基础设施建设技术标准和规范体系

交通运输部：我国公路工程技术标准体系已初步形成“四级”架构

2012年8月1日，交通运输部在宁夏银川召开的全国公路工程技术标准体系建设工作会议上获悉，目前我国公路工程技术标准体系已初步建立了以国家标准、行业标准、地方标准和企业标准为主要内容的“四级”标准构架，为公路交通快速发展提供了强有力的技术支撑和基础保障。

交通运输部副部长冯正霖介绍，目前我国公路工程技术标准示范已由改革开放初期的9本增加到88本，其中行业强制性标准59本，行业推荐性标准29本，内容涵盖公路工程规划、设计、施工、监理、养护、管理等全过程的技术、管理和服务标准，涉及路线、路基、路面、桥梁、隧道、交通工程、公路服务等多个专业，基本适应了近年来公路基础设施建设和养护管理快速发展的要求。

冯正霖说，公路工程技术标准是全行业遵循的技术法规，随着“四级”架构的不断完善，标准体系对确保工程质量与安全、规范公路建设与养护市场、提高工程效益将起到重要推动作用。（2012年8月2日；来源：新华网）

冯正霖要求“四个坚持”推动公路工程技术标准体系建设

冯正霖强调，各地区、各部门要结合实际，按照“四个坚持”的工作思路，不断研究新方法、探索新举措，开创公路工程技术标准化事业发展新局面。一要提高认识，加强领导，确保做到认识到位、机构到位、人员到位、资金保障到位、工作机制到位。二要加强标准体系建

设。进一步提高国家标准和行业标准制修订水平,全面加强地方标准建设,持续深入引导企业加强企业标准建设,坚持对标准体系进行分类管理。三要加强标准的编制和修订。进一步加大工作力度,加强养护管理标准和服务标准建设,调动多方面积极性,加大部、省、科研院所、企业联合编修力度。四要提升标准执行力。加强对标准执行的监督,加大对标准的宣贯和培训力度,加强标准信息化建设,确保标准的正确理解与严格执行。五要加强标准建设与科研工作的有效结合。重点研究解决一些科研成果不能及时转化为标准规范,一些标准规范的修订缺乏有效科研支撑的问题。六要加强标准国际化建设。抓紧制定中国公路工程标准国际化战略,有重点、有步骤地提高参与国际公路工程技术标准体系建设的能力和水平,增强我国在国际标准化活动中的话语权和参与国际公路工程建设的竞争力。(2012年8月3日;来源:《中国交通报》)

八、"溜索改桥"建设规划(2013—2015年)

目前国务院扶贫办和交通运输部正在制定"溜索改桥"建设规划(2013—2015年),初步确定到"十二五"末,基本完成"溜索改桥"工程,将现有以通行为主要目的溜索全部改建成符合人民群众实际需要、安全便捷、高质量的桥梁,有效改善当地人民群众的出行条件,结束"溜索时代"。

交通运输部发布了2014年农村公路交通工作要点,要求进一步贯彻落实中央《关于全面深化农村改革加快推进农业现代化的若干意见》(中发〔2014〕1号),做好2014年农村公路交通工作。推进《溜索改桥建设规划(2013—2015年)》的实施。全面落实"溜索改桥"建设规划要求,加强项目的建设管理和质量控制。

为加快推进"溜索改桥"项目前期工作,四川省交通运输厅公路局逐一对全省"溜索改桥"项目的方案设计文件进行了审查。目前,该工作已全部完成,形成了审查意见,初步明确了项目建设方案,为项目下阶段设计工作顺利推进和按时完成奠定了基础。根据《"溜索改桥"建设规划(2013—2015)》,四川省共有"溜索改桥"项目99个,项目涉及绵阳、广元、甘孜、阿坝、凉山州5个市(州)21个县(市、区)。

西藏溜索改桥试点进展顺利,正式结束了溜索时代。

九、高等级航道建设

2011年3月25日,我国内河高等级航道"十二五"建设启动仪式24日在湖北、广西和江苏三地同时举行。中共中央政治局委员、国务院副总理张德江出席湖北长江中游航道建设工程主会场启动仪式,标志着"十二五"期中国内河高等级航道大规模建设拉开新序幕。

"十二五"期,交通运输部把加快内河水运发展作为加快转变交通运输发展方式的重点,力争在内河高等级航道、规模化专业化港区、应急保障能力建设和船型标准化、内河水运信息化等方面取得重大进展,到2015年,建成国家高等级航道1.3万公里,70%的国家高等级航道达到规划标准，为实现内河水运发展总体目标奠定坚实的基础。

“十二五” 期间，我国将加大资金投入力度，预计全国内河水运建设投资将超过 2000 亿元人民币，是“十一五” 期间的 2 倍；其中中央投资 450 亿元，是“十一五” 期间的 2.7 倍。中央资金将主要用于 “两横一纵两网十八线” 高等级航道建设，完善水上安全监管和应急救助体系，支持中西部地区内河港口专业化、规模化港区建设，引导船型标准化和提前淘汰老旧运输船舶。

长江中游荆江河段航道治理工程是 “十二五” 期长江干线航道建设的 “两大重点工程” 之一，计划对 10 余处阻碍航浅滩进行治理，总投资约 30 亿元。项目建成后，可将荆江河段航道等级由二级标准提高到一级标准，可常年通航由 3000 吨驳船组成的万吨级船队，可在 2015 年提前实现 2020 年荆江河段规划的 3.5 × 150 × 1000 立方米的建设目标。

长江南京以下 12.5 米深水航道一期工程开工仪式 2012 年在江苏苏州常熟举行。这标志着我国 “十二五” 期投资规模最大、技术最复杂的国家重点内河水运工程——长江南京以下 12.5 米深水航道工程正式开工。

长江南京以下 12.5 米深水航道工程是在长江口深水航道的基础上，将 12.5 米水深从太仓上延至南京。工程建成后，5 万吨级海轮将直达南京，10 万吨级及以上海轮也可减载乘潮直达南京。这将进一步发挥长江口深水航道的优势，大大提高长江下游海轮进江的运输能力，提高长江江苏段货运通过能力 1 倍以上，这对于进一步提升长江国际航运功能，推动东、中、西部地区协调发展，具有十分重要的意义。

长江南京以下深水航道建设工程将按照 “整体规划，分期实施，自下而上，先通后畅” 的思路，采取整治与疏浚相结合的工程措施，进行长河段系统整治。工程拟分三期进行，在 “十二五” 期内，一期工程对太仓至南通段的 56 公里航道进行治理，二期工程对南通至南京段的 224 公里航道进行治理，实现 12.5 米深水航道从太仓上延至南京的建设目标。三期工程将根据一、二期工程的建设效果和局部河段河势变化等情况，在 “十二五” 期以后适时实施太仓至南京段航道治理后续工程，进一步改善航道条件，全面建成南京以下 12.5 米深水航道。

十、加快推进长江等内河水运发展行动方案

2011 年国务院发布《关于加快长江等内河水运发展的意见》（国发〔2011〕2 号）后，交通运输部和有关省（自治区、直辖市）及时出台了实施意见和相关政策措施，并将内河水运作为重点任务纳入了交通运输 “十二五” 发展规划。两年来，我国内河水运建设投入已超过 “十一五”期总和，国家高等级航道和主要港口建设明显加快，内河水运促进区域经济社会发展的作用显著增强，但也还存在着基础设施能力不足、港航企业组织化程度低、内河运输服务水平不高、安全监管压力大等问题。为进一步落实国务院文件精神，交通运输部发布《加快推进长江等内河水运发展行动方案（2013—2020 年）》，（以下简称 “行动方案”）明确提出加快内河水运科学发展，到 2020 年建成畅通、高效、平安、绿色的现代化内河水运体系，进一步发挥内河水运比较优势，促进流域经济发展和转型升级。

行动方案指出，到 2020 年，我国将基本建成 1.9 万公里 高等级航道，全国内河三级及以

上航道里程达到 1.4 万公里；“两横一纵两网” 高等 级航道将达到规划标准；将建成一批规模化、专业化、现代化港区，形成比较完善的集疏运体系，内河港口功能进一步拓展、服务水平显著提升；全国内河货运量将达 30 亿吨以上，货物周转量达到 1 万亿吨公里以上；全国内河货运船舶平均载重吨达到 1200 吨；建成比较完善的航道港口基础设施、较为完备的安全监管和救助体系，运输效率和节能减排能力显著提高。

动方案明确了今后七年重点推进的“五大工程”，即加快内河航道建设步伐、发挥内河港口枢纽作用、推动内河运输服务升级、加强科技创新和信息化建设、提升行业管理和公共服务水平。

其中，行动方案对西江黄金水道建设工作提出了新的要求：

（1）加快建设西江航运干线西津、贵港枢纽二线船闸和长洲枢纽三线四线船闸，推进南宁至贵港段二级航道建设；加快右江、北盘江—红水河、柳江—黔江等高等级航道建设；着力推动右江百色、红水河龙滩等枢纽通航建筑物开工建设；有序推进左江、都柳江、桂江等重要航道建设，促进内河航道干支连通、区域成网。

（2）在西江航运干线等有条件的主要港口，着力打造一批规模较大、设施先进、功能完善、服务高效，具有示范和带动作用的现代化港区。

（3）加强西江航运干线和其他高等级航道重大工程科技支撑。围绕内河航道整治与维护、大型水利水电枢纽高坝通航、枢纽及通航建筑物联合调度、港口物流、标准船型研发、水上交通安全及防污染、生态航道、节能减排等重点领域，开展共性关键技术研发。

（4）以长江干线、西江航运干线等高等级航道为重点，加强内河水上交通安全监管及通信系统、应急救助指挥系统、设施装备和机动力量的一体化建设，进一步提高安全监管能力，着力推进内河巡航救助一体化建设。

十一、公路水运工程施工标准化

公路水运工程施工标准化是公路水路工程建设质量取得新进步的必由之路和根本保证。推行标准化施工不仅仅是建立完善组织机构及质量、安全文明、环保等保证体系以及施工场地规划、三通一平建设、驻地建设、拌和站、预制场等按标准化的建设，当然这些是基础是保证；但最重要的是按标准化指南的 “施工前提条件、工序、施工技术、施工工艺、施工质量、安全文明环保” 等要求进行施工过程控制，具体措施是加强企业自检，严格执行企业内部“自检、互检、交接检”，真正建立起 “横向到边、纵向到底、控制有效” 的质量控制体系。施工监理、项目业主要严格监控施工的每一过程、每一工序，使质量管理实现标准化，监控的首要手段变施工质量的事后检验为施工过程的质量控制，监控的首要目标是预防质量问题和改进质量。同时要提高参建人员质量意识的主动性、积极性；建立质量控制有序、安全文明环保、心情舒畅的施工环境。

在全国各地开展“安全生产月”活动之际，交通运输部副部长冯正霖作序、部工程质量监督局组织编写的《公路水运工程施工安全标准化指南》（以下简称《指南》），由人民交通出版社正式出版发行。

《指南》在相关法律法规、标准规范的基础上,充分吸收、总结各地的成熟经验,立足项目管理,着眼施工现场,突出难点问题,图文并茂地解析了施工安全标准化在基础管理、场地布设和施工防护等方面的具体要求,力求实现相关安全法律法规在交通建设工程领域的具体化,安全生产管理制度建设的系统化,以及监管工作的标准化,是进一步推进交通建设安全生产管理向规范化、标准化迈进的实用指导书。《指南》对推进公路水运工程施工标准化具有重要指导作用。

十二、铁路技术标准体系建设

我国铁路技术体系由既有铁路、重载铁路、高原铁路、高速铁路技术体系构成。我国铁路在高速铁路、机车车辆装备、高原铁路、既有线提速、重载运输等许多领域取得了一大批重要技术创新成果,极大地促进了我国铁路技术标准体系的发展和完善。

我国铁路技术标准体系由以下五个层次构成:

第一层:《铁路主要技术政策》。

第二层:《铁路技术管理规程》。

第三层:铁路工程建设管理标准和铁路运营管理标准。

第四层:铁路工程建设标准和铁路运营管理标准。铁路工程建设标准包括综合标准和专业标准两部分;铁路运营管理标准包含运营标准和维修标准。

第五层:对具体工点、铁路部件等在生产制造过程中的质量控制要求。

目前我国已系统掌握了高速铁路牵引供电系统设计、施工、高速检测和主要装备等关键技术,攻克了大容量供电及高速度、双弓受流技术难题,基本构建了高速铁路牵引供电系统的设计施工、装备制造的成套技术体系。

通过高速铁路建设和运营,以高速铁路技术体系为基础,跟踪研究中国高速铁路的技术体系建设和自主创新成果,从整体需求入手,我国已研究制定高速铁路技术标准和技术文件,构建了我国高速铁路技术标准体系。

所谓高速铁路技术标准体系,就是以高速铁路技术体系为依据、以中国现有铁路行业技术标准体系为基础,及时对高速铁路建设和运营经验进行系统总结,通过技术创新研究制定。近年来,制定了 CTCS-3 级列控系统技术规范、铁路无砟轨道技术条件、高速动车组试验规范等重要技术标准,形成了具有创新的高速铁路技术标准体系。

高速铁路主要由系统集成、动车组、线路工程、通信信号、牵引供电、运营调度和客运服务 7 个子系统组成,各系统功能由其所含的技术标准为支撑。

目前,我国正在研究制定新一代高速动车组、400 公里 / 小时高速综合检测列车等新的技术标准,并正在进一步研究完善高速铁路防灾、应急、减振、降噪、养护维修等方面的技术标注。

多年来,我国积极参与国际标准制定工作,使中国铁路的技术和标准、特别是高速铁路技术和标准成果应用于国际标准之中,为世界铁路技术和标准的进步做出了贡献,推进了我国铁路技术标准走向国际。

据悉,目前我国铁路正在与美国、巴西、委内瑞拉、波兰、沙特、老挝等多个国家建立合作关系并进行技术交流。我国铁路技术标准也正在扩大交流与互认,并正在组织进行中国高速铁路标准、规程、规范英文版的翻译工作。

十三、港口转型升级

随着全球经济一体化的加深和现代物流业的快速发展,港口发展已经进入了历史性转折时期和战略机遇期。国家也明确提出“十二五”时期的战略任务是加快推进经济发展方式转变。港口是提升城市功能,扩大对内外开发,整合两个市场资源,推动区域经济社会发展的引擎和基础,更要抓住这一历史机遇,实现港口转型升级。

“十二五”期间,是我国港口实现产业结构优化升级的关键时期。我国“十二五”水运结构调整总体规划强调,以“兴内河,优港口,强海运”为着力点,加快基础设施、运输装备结构优化升级,促进现代物流发展和综合运输体系建设,提升水运发展的质量、效益、竞争能力和服务水平。各港口纷纷采取对策迎接转型升级。

广州港发展低碳物流经济,主动迎接转型。

青岛港以董家口港区为平台打造第四代港口。作为青岛港的决策者,常德传提出了一个大胆的设想:在董家口港区率先建成40万吨级矿石泊位,使青岛港在激烈的竞争中抢得先机,从而保障山东港口在全国进口铁矿石中的主导地位。

董家口港区是目前国家批准建设的最大面积深水港区,港区规划建设了世界最大的散货泊位和油品泊位,能够极大节省物流成本,率先成为进口物资国内主航线靠泊点,吸引大宗货物通过水水中转辐射国内周边和日韩港口,形成大宗散货集散中心和重要的能源储运中心。迅速搭建起以深水泊位为节点,以宽广陆域为支撑的物流交易平台,成为集聚大宗物资进行交易的关键所在。这些都是董家口港向第四代港口迈进的必要条件。“到‘十二五’期末,董家口港区将建成3亿吨大港。将实现由传统装卸港向现代物流交易港的转变,由单纯建设港口向港城一体化发展的转变。”

营口港绿色引擎驱动港口升级转型。港口建设服从环保要求是营口港开发建设中的一条重要原则。在仙人岛港区的规划和建设中,营口港提出了“不毁一棵树,建设生态绿色新港区”的建设标准,为了保持仙人岛的生态原貌,该港区南防浪堤绕道修建。为了减少环境污染,营口港全力实施节能减排。近两年来,营口港共投资8000多万元实施场桥“油改电”工程,到2011年,鲅鱼圈港区72个集装箱区及所有场桥油改电全部结束。在此基础上,营口港正着手进行倒运车辆“油改气”工程。

第四篇
运输服务篇

一、改进提升交通运输服务水平

（一）发展目标

为深入贯彻党的十八大精神，进一步提升交通运输服务水平，不断满足经济社会发展和人民群众对交通运输服务的需求，建设群众满意交通。2013 年，交通运输部发布《关于改进提升交通运输服务的若干指导意见》（以下简称《意见》），提出用五年左右的时间，通过推进均等化、规范化、便捷化、安全化、信息化和公开化六个方面 28 项为民服务措施的实施，实现“运输服务更安全可靠，公众出行更便捷畅通，运输发展更经济高效，发展方式更绿色低碳”的总体目标。

2013 年 8 月，交通运输部印发了《交通运输部关于全面提升交通运输服务质量服务水平的指导意见》。**总体目标是**：紧紧围绕经济社会发展和人民群众对交通运输服务的新需求新期待，按照交通运输安全发展、高效发展、协调发展、创新发展的要求，用五年左右的时间，通过推进六个方面 28 条为民服务措施的实施，使交通运输的服务范围进一步扩大，服务能力进一步增强，服务水平进一步提升，服务内容更加丰富，服务形式更加多样，服务流程更加规范，人民群众满意度和认可度进一步提高，更好地服务经济社会发展和人民群众安全便捷出行。具体体现在以下 4 个方面：

（1）**运输服务更安全可靠**：营运车辆万车和运输船舶百万吨港口吞吐量事故死亡率显著下降，特别重大事故得到有效控制；安全防护设施明显改善，安全监管装备配置基本齐全；公路桥梁技术状况和车船装备水平明显提高；交通运输应急保障体系基本建立，应急处置和人命救助能力显著增强；重点监管产品质量监督抽查机制基本完善；重点汽车维修配件追溯信息实现网上查询。

（2）**公众出行更便捷畅通**：运输保通保畅能力进一步提升；有通班车条件乡镇通班车率达到 100%；电子不停车收费系统（ETC）基本实现全国联网；重大节假日小型客车免费通行管理更加规范；公路指路标志指向更清晰、设置更合理；出行服务信息准确、及时；中国高速公路交通广播基本实现国家高速公路全网覆盖；高速公路服务区运行规范有序；航道通行能力和船闸运行效率显著提高；综合交通枢纽换乘衔接服务水平明显提升；道路、水路客运基本实现联网售票；公交一卡通实现跨地区互联互通；异地租车还车服务广泛普及。

（3）**运输发展更经济高效**：长途客运接驳运输网络基本建立；多式联运、集装箱运输、甩挂运输得到大力发展；道路货运和海峡两岸水路货运价格指数定期发布；阳光引航有力推进；驾驶员计时培训系统得到推广应用；交通运输服务监督电话实现统一号码；政府信息及时上网发布，行业政府网站服务能力显著提升。

（4）**发展方式更绿色低碳**：绿色低碳交通运输发展模式基本形成；城市公共交通出行分担率明显提高，市区人口 100 万以上城市的公共交通占机动化出行比例达到 50% 左右；出租汽车电召服务比例大幅提升；内河船型标准化率达到 50%。

（二）地方借鉴

2013 年，进一步推广电子不停车收费系统（ETC）应用联网，在北京等 11 个省份开展了试运行工作。落实公交优先发展战略,加快公交都市建设。

2013 年内江苏省实现了村村通班车。

截至 2013 年,长途客运接驳运输试点线路客车运营正常,安全运营得到基本保障,乘客、驾驶员普遍叫好,省际客运接驳取得了初步成效。例如,北京市 14 条超过 800 公里的省际客运线路、34 辆运营客车实现了夜间不停车,一路到达终点站。

福建省:明确了参加接驳运输试点工作的线路、车辆及驾驶员休息安排等具体内容,并对接驳点设置及接驳点工作流程、监管措施,试点工作保障措施等进行了严格规定。目前由闽运公司长乐分公司、华闽旅游汽车运输公司、闽深发快速客运有限公司所经营的长乐金峰至广州芳村客运站、福州至深圳、福州至香港、石狮至香港等 6 条闽粤客运班线,共计 17 辆长途客运车辆作为此次长途客运接驳运输的试点。

大城市绿色低碳交通运输发展模式基本形成。

大连发展绿色公交，2013 年市民公交出行分担率达 45% 。

2013 年,南京公交分担率达到 42%。

2013 年,成都市公交分担率达到 28%,同比提高 2 个百分点。而且全市客车通乡、通村率分别达到 100% 和 97.1%。

二、推进物流业健康发展

（一）战略部署

为深入贯彻十八大精神,落实国务院关于调整、振兴和促进物流业健康发展的工作部署,加快转变交通运输发展方式,推动行业转型升级,充分发挥交通运输在物流业发展中的重要作用,推进我国物流业健康发展，2013 年 6 月 6 日,交通运输部发布了《交通运输部关于交通运输推进物流业健康发展的指导意见》(以下简称《指导意见》),提出了到 2020 年,基本建成便捷高效、安全绿色的交通运输现代物流服务体系。这是我国首次在大交通的体制框架内,对整个交通运输推进物流业发展作出的统筹安排和总体部署。同时《指导意见》要求,到 2020 年,传统交通运输业转型升级取得明显突破,物流效率和服务水平显著提升,实现交通运输与现代物流的融合发展,基本适应我国经济社会发展的需求。具体体现在以下 5 个方面:

(1)运输结构不断优化,运行效率和质量显著提高。

(2)市场主体快速成长,组织化程度大幅提升。

(3)科技引领作用增强,标准化、信息化水平明显提高。

(4)重点领域加快发展,专业服务能力明显增强。

(5)市场秩序进一步规范,发展环境明显改善。

《指导意见》明确了未来的 7 项主要任务:

(1)加快完善交通基础设施;

(2)大力创新发展先进运输组织方式;

(3)有效提升运输装备技术水平;

（4）着力优化市场主体结构；

（5）积极推进信息化建设；

（6）加快推动重点领域物流发展；

（7）切实改善发展环境。

（二）专家观点

中国交通报特邀物流企业代表展开深入探讨。企业代表认为，《指导意见》切中了当前制约我国物流业健康快速发展的最关键问题，提出了具体的政策措施，解决了物流行业最实际的问题，同时他们认为下一步应进一步完善“营改增”政策、制定相关用地政策、推进物流信息资源开放共享等。

1. 物流“营改增”全面推开

从 2012 年 1 月 1 日起，上海市开展交通运输行业和部分现代服务业“营改增”试点，2013 年 8 月 1 日起，交通运输业和部分现代服务业“营改增”试点全面推开，整个物流行业面临“阵痛”。

2. 推进物流业健康发展电视电话会议

2013 年 8 月 2 日，交通运输部召开推进物流业健康发展电视电话会议。杨传堂部长提出，交通运输部将全面推进物流业健康发展，着重在五个方面力争取得突破性进展：加快综合运输体系建设，特别是重要运输通道和物流枢纽建设；加快发展多式联运；加快推进全国和区域性交通运输物流公共信息平台建设；加快推进农村物流、城市配送和快递业发展；加快培育龙头骨干企业。

3. 道路货运价格与成本监测试点工作

2013 年 8 月起，交通运输部开展道路货运价格与成本监测试点工作正式启动，此项工作主要依托山西、江苏、浙江、广东、上海、重庆六省市组织开展零担、整车、集装箱和煤炭道路货运价格与成本监测试点工作。开展道路货运价格与成本监测工作，其核心数据包括运价指数和平均合理运输成本，两个数据的发布既服务于道路货运经营者，也服务于行业管理部门，有利于加快政府职能转变、维护社会稳定发展、推动行业转型升级。

（三）地方借鉴

全国交通运输物流公共信息平台推进会：2013 年 11 月 15 日，全国交通运输物流公共信息平台推进会在浙江杭州召开。

江苏：全国首个实体性甩挂运输联盟破茧而出，18 个物流园区、40 个物流中心、100 个农村物流示范点星罗棋布，七年探索，江苏物流从运输切入，以实取胜。

河南：2013 年 5 月 26 日，河南长通物流倡议发起，6 家中部物流企业积极响应成立了“中中物流联盟”。作为国内规模最大跨省城的物流企业联盟，“中中物流联盟”的成立具有更多的创新和示范意义。8 月 29 日，郑州交运集团与郑州铁路局的货运网络对接，是目前全国最大规模、最为紧密的公铁联运合作项目，对今后国内公铁联运在合作机制、运作模式、流程优化、标准对接、网络和服务衔接等方面，具有实践创新和引领示范作用。

湖北：设立全国第一家交通物流发展机构，湖北物流发展模式在业内至今无后继者。经过三年多的摸索，“一体四翼”的发展思路逐渐浮出水面并日渐清晰。“一体”是指构建有利于物流业发展的体制机制；“四翼” 是指规划建设物流园区、培育壮大物流企业、搭建物流信息平台、提升物流服务质量。

吉林：2013 年 7 月，吉林省交通运输厅出台了《关于道路运输业“现代物流”工程的实施意见》，提出道路运输业 “现代物流” 工程。到 2020 年基本建成便捷高效、安全绿色的道路运输物流服务体系，传统道路运输业转型升级取得明显突破，物流效率和服务水平显著提升，实行道路运输与现代物流的融合发展，基本适应吉林省经济社会发展的需求。

浙江：浙江省重视物流业发展，重视物流与交通的融合，在推进过程中有实招、有具体政策和资金支持，提出 “一大平台、六大举措” 的三年计划，立足 “大交通”，发展 “大物流”，实现了物流业健康发展和行业转型升级的“双赢”。

福建：在“大港口、大通道、大物流”的战略目标指引下，福建省交通运输管理部门以物流枢纽站场、物流信息平台等多项建设为抓手，规范物流市场环境，促进交通物流企业转型发展。福建“大物流”格局初成，成效显著。

陕西：2013 年 11 月，陕西省交通运输厅制定印发了《关于交通运输推进物流业健康发展的实施意见》，进一步明确了陕西省物流业发展目标。未来一个时期，陕西省将重点围绕 “三个网络一个体系” 加快建设，着力在提高运输效率、降低物流成本、提升服务水平上取得显著成效，到 2020 年形成网络布局合理、组织方式先进、衔接顺畅便捷的综合物流服务体系。

三、电子不停车收费系统（ETC）应用联网

（一）战略部署

电子不停车收费系统（Electronic Toll Collection，简称 ETC），是通过“车载电子标签 +IC 卡” 与 ETC 车道内的微波设备进行通信，实现车辆不停车支付高速路通行费功能的全自动收费系统。电子不停车收费系统是我国大力发展并推广的用于高速公路、大球和隧道的自动收费系统。电子不停车收费系统的推广会极大的缓解交通拥挤问题。

在交通运输部的统一部署下，从 2013 年 12 月 31 日起，“京津冀区域” 与山东、山西正式联网运行，实现京津冀鲁晋区域高速公路电子不停车收费系统互联互通。区域内 ETC 客户可在北京市、天津市、河北省、山东省、山西省范围内实现不停车通行，由系统后台完成通行费的跨省（市）结算。

据交通运输部介绍，本次联网范围的扩大，是在总结示范工程经验的基础上，实施全国 ETC 联网迈出的第一步，明、后两年，将集中实施相关技术改造，分批分步扩大联网范围，力争在“十二五”末实现全国联网。

联网区域的五省市累计建成 1595 条 ETC 专用车道、10667 条人工刷卡车道，五省市电子收费用户总量达到 180 万。京津冀晋鲁区域高速公路电子收费联网的开通运行，将为区域内高速公路用户提供更为便利的通行条件，不仅可以大大提高通行效率，加速城市间信

息、资源流动速度，而且对于交通低碳化发展具有重要意义。

（二）地方借鉴

目前，全国已有26个省（市）开通了高速公路电子不停车收费系统，用户总数突破600万。交通运输部副部长冯正霖介绍，将集中实施相关技术改造，分批分步扩大联网范围，力争在“十二五”末实现全国联网。届时，ETC用户行驶高速公路时将可实现一卡通行全国。

天津、河北、山西、山东已发行的电子标签用户均可在五省市全部联网区域使用，由于北京ETC应用较早，所发行的部分号段速通卡（编号开头为11010808、11010745）以及对应的电子标签软件版本目前仅支持在京津冀范围内使用，速通卡发行单位（北京速通科技有限公司）将通过短信通知、电话预约等方式为上述速通卡用户提供免费升级服务。升级后的速通卡用户以及上述号段之外的用户可正常通行包括山东、山西在内的全部联网区域。

四、公交都市建设

（一）内涵核心

公交都市是为应对小汽车高速增长和交通拥堵所采取的一项城市交通战略，已成为全球大都市的发展方向。它体现了一种以城市公共交通为机动化出行主体、以城市公共交通引导城市发展为导向的城市布局结构，是一种受资源、环境、安全等条件约束下的最佳城市建设形态，是一种综合效率和社会环境效益最好的城市发展模式。公交都市倡导城市公共交通主动引导城市发展，强调城市公共交通与城市人居、环境、结构功能、空间布局默契协调、共存共促。公交都市是理论上和实践中探索解决城市与交通问题的认识飞跃。

公交都市具有较高的城市公共交通分担比例，紧凑的城市空间布局、多元化的城市公共交通服务网络、以人为本的城市公共交通优先政策，高效的城市交通综合管理等主要特征。

公交都市建设的核心，就是通过实施科学的规划调控、线网优化、设施建设、信息服务、综合管理等措施，不断提高城市公共交通系统的吸引力，降低公众对小汽车的依赖，从源头上调控城市交通需求总量和出行结构，提高城市交通运行效率，从根本上缓解城市交通拥堵。

（二）最新进展

近些年来，随着我国城镇化进程的不断加快，我国城市数量迅速增长，城市规模不断扩大，城市居民的出行总量和出行距离呈现大幅增长。同时，城市交通结构也发生了显著变化，机动化出行比例迅速上升，非机动车出行比例持续下降，城市中心区的交通拥堵日益严重，环境污染和能源消耗压力不断加剧。在此背景下，交通运输部在《交通运输“十二五”发展规划》中提出在“十二五”期间开展“公交都市”建设示范工程，选择30个城市实施“公交都市”建设示范工程，通过5年的努力，在示范城市实现主城区500米上车，5分钟换乘，公共电汽车运行速度明显提高，公交出行分担率达到50%以上。2011年，交通运输部下发《关于开展公交都市建设示范工程有关事项的通知》（交运发〔2011〕635 号），正式启动了公交都市创建工程。公交都市创建示范工程是落实《国务院关于城市优先发展公共交通的指导意见》（国发〔2012〕64 号）和《实交通运输部关于贯彻落实〈国务院关于城市优先发展公共交通的指导意见〉的实施意见》（交运发〔2013〕368 号）的重要举措。

公交都市师范工程选择城市人口较为密集，公共交通需求量大，城市公共交通发展水平较高，城市轨道交通或快速公交系统发展较快，城市人民政府对城市公共交通发展有明确的扶持政策的大中城市作为创建公交都市的试点城市。力争建成“保障更有力、服务更优质、设施更完善、运营更安全、管理更规范”的城市公共交通系统，城市公共交通在城市交通系统中的主体地位基本确立，对城市发展的引领作用显著增强，较好地满足广大人民群众的基本出行需求，城市交通拥堵状况得到缓解。到“十二五”末，初步建成 1~2 个具有国际水准的“公交都市”和若干个国内领先的“公交都市”。

经有关城市人民政府申请、省级交通运输主管部门推荐和专家评审，部研究确定示范城市。

全国第一批公交都市建设示范工程创建城市（2012 年公布）：

北京、石家庄、太原、大连、哈尔滨、南京、济南、郑州、武汉、长沙、深圳、重庆、昆明、西安、乌鲁木齐。

全国第一批公交都市建设示范工程创建城市（2013 年公布）：

天津、保定、呼和浩特、沈阳、长春、上海、苏州、杭州、宁波、合肥、福州、南昌、青岛、新乡、株洲、广州、柳州、海口、贵阳、兰州、西宁、银川。

2010 年，深圳践行公交优先理念，提出打造公交都市的城市战略，并纳入了《深圳市国民经济与社会发展“十二五”规划》；同年 11 月 11 日，国家交通运输部与深圳市政府签署合作框架协议，部、市共建国家首个“公交都市”示范城市，全面加快深圳市现代交通运输业发展，共同推动深圳“公交都市”建设，为全国交通现代化发挥示范作用。

济南市发布了《济南市人民政府关于推进公交都市建设的意见》，目前济南市加快制定都市公交建设纲要，济南公交都市的建设方案涉及了线路优化、场站建设、公交专用道、信号灯、公交智能交通等硬件、软件建设多个方面的内容。其中，按照计划，济南将大力推广港湾式停靠站，在有条件的道路对部分停靠站点进行改造。

天津市为进一步推进公共交通优先发展，积极创建“公交都市”，优化群众出行环境，打造生态宜居城市，加快建设美丽天津，2014 年本市将增加公交运营车辆、加快建设公交专用车道、新辟优化公交线路、加快公交场站建设、加快公共交通智能系统建设，有效提升公交运行能力。新增、更新公交车 2000 台，加快建设公交专用车道，新开通 4 条公交快线，新建、改建公交首末站 10 处，完成 15000 台出租车 GPS 车载终端安装等。

五、出租汽车行业和谐劳动关系创建活动

（一）发展目标

为贯彻落实中央关于加强和创新社会管理和全国构建和谐劳动关系先进表彰暨经验交

流会的精神,更好地推动出租汽车行业构建和谐稳定的劳动关系,积极促进出租汽车行业健康规范发展,交通运输部、人力资源社会保障部、全国总工会决定在全国开展出租汽车行业和谐劳动关系创建活动。

活动目标任务是:通过在出租汽车行业开展和谐劳动关系创建活动,推动出租汽车行业建立现代企业制度,全面贯彻落实劳动保障法律法规和政策规定,规范企业经营和用工管理,加强企业党、团、工会组织和企业文化建设,广泛开展关爱驾驶员活动,维护驾驶员合法权益,促进企业健康发展,推动形成规范有序、公平合理、互利共赢、和谐稳定的出租汽车行业劳动关系。

(二)地方借鉴

福建省在创建和谐劳动关系时采用公司化经营模式,将个体业户变为企业员工,倡导出租车公司设立各种维修基金,改善驾驶员经营环境;安徽省运管部门通过制定完善的制度体系,在基层设立党支部,利用信息化手段等方式,让出租车和谐劳动关系创建扎实推进,取得时效。

贵州省在出租汽车行业和谐劳动关系创建活动工作方案,制定了开展创建活动的目标任务。

六、交通运输物流公共信息平台建设和互联应用

(一)战略部署

按照《交通运输部关于交通运输推进物流业健康发展的指导意见》(交规划发〔2013〕349号)的部署,为推动交通运输物流公共信息平台的标准化建设工作,加快推进物流信息采集、交换、服务标准的研究和制修订,提升交通运输物流公共信息平台标准化水平,促进跨部门、跨区域、跨行业物流信息的共享交换,提升行业物流公共信息平台建设效益,交通运输部编制了《交通运输物流公共信息平台标准化建设方案(2013—2015年)》。交通运输部办公厅印发了《关于交通运输物流公共信息平台标准化建设方案(2013—2015年)的通知》,要求各地认真贯彻实施。

2013年14至15日,交通运输部在杭州举行全国交通运输物流公共信息平台建设推进会,《交通运输物流公共信息平台建设纲要》、《交通运输物流公共信息平台国家级行业管理系统建设方案》、《交通运输物流公共信息平台区域交换节点建设指南》三个文件正式出台。这标志着全国交通"大物流电子数据交换"建设方案基本明确,"公共平台"进入全面推进阶段。至2015年,平台基础交换网络基本建成,包括建设完成平台管理服务系统、物流数据交换标准体系建设等重要内容,2015年以后,平台服务体系逐步形成。

经过两年发展,该平台已初步建成并发挥了积极作用。目前使用平台物流管理软件企业已有1万余家,包括阿里巴巴、顺丰快递、新华书店等数大型企业,连接了15万家企业。企业通过平台实现交换数据量累计超过5.5亿条,日交换量高达200万条。

（二）地方借鉴

浙江、广东、山东、河南、湖北、海南、厦门等省市在交通物流信息平台建设。

2011年3月12日，浙江省人民政府与交通运输部签署了贯彻落实国务院《浙江海洋经济发展示范区规划》推进交通运输科学发展会谈纪要，进一步提出推进行业物流公共信息共享平台建设。目前，该平台通过搭建基础交换网络、推进管理中心建设、推广物流通用软件、推进信息系统接入、开展国际合作交流，初步形成了跨地区、跨行业、跨国界的物流交换网。

山东省交通物流公共信息平台功能可以概况为“3+1”核心功能服务，即：数据交换功能、信誉评价功能、软件推荐功能和信息发布与展现功能。平台以会员管理为基础，通过会员分级管理，为不同类型的会员提供增值服务。

七、城市配送管理

（一）战略部署

2013年2月，交通运输部、公安部、国家发展改革委、工业和信息化部、住房城乡建设部、商务部、国家邮政局7部门联合发布了《关于加强和改进城市配送管理工作的意见》（交运发〔2013〕138号）（以下简称《意见》）。《意见》不仅致力于解决困扰城市配送多年的“最后一公里”难题，还对这个问题反映出的城市配送规划落后、基础设施不足、市场管理无序、科技应用欠缺等深层次矛盾给予高度关注。

《意见》提出了切实加强和改进城市配送管理工作的政策措施，在完善管理体制、编制发展规划、配送运力投放、车辆技术管理、车辆通行管理、车辆停放管理、企业诚信考核、快递价格监管、发展先进配送模式、推广先进设施设备等10多个方面明确了邮政管理部门职责。

《意见》明确了邮政管理部门要研究制定非机动车从事快件收投业务的相关行业标准，会同城市交通运输等部门研究出台非机动车从事快件收投业务的相关管理办法。要鼓励快递企业建设适应电子商务发展的快件配送体系，探索“仓储一体化”等新型配送模式，提升电子商务配送水平。

（二）基层落实

为提高城市物流效率，降低物流成本，并缓解城市交通压力、促进节能减排，财政部、商务部决定自2013年起在现代服务业综合试点工作中启动实施城市共同配送试点。2014年1月10日，商务部、财政部下发通知确定青岛市为全国15个共同配送试点城市之一。根据政策，中央财政将连续三年给予试点城市资金支持。其中，青岛市将重点做好城市共同配送专项发展规划编制、搭建青岛城市共同配送信息服务平台、科学布局城区配送节点网络等工作。

2013年12月，东莞市印发了《东莞市开展城市共同配送试点工作实施方案》的通知。

从西宁市“两会”获悉，2014年西宁将申报国家共同配送试点城市，降低“菜篮子”“米袋子”成本，为市民的“钱袋子”减负。

八、综合运输标准制定

（一）战略部署

为深入贯彻党的十八大精神，落实国务院《质量发展纲要（2011—2020年）》的总体要求，加强交通运输标准化工作，全面提升标准化发展水平，促进交通运输转型升级，交通运输部办公厅印发《关于加强交通运输标准化工作的意见》（以下简称《意见》），提出到2020年，基本形成覆盖交通运输各领域的标准体系，交通运输标准管理机制更加完善，标准化发展能力显著提高，标准质量和实施效果明显提升，标准化对交通运输发展的技术支撑和基础保障作用进一步显现，适应交通运输转型发展的需要。

《意见》明确了十项交通运输标准化重点工作。一是统筹规划交通运输标准体系。二是建立综合运输标准体系。三是建立绿色交通标准体系。四是完善交通运输服务标准体系。五是加快重点领域标准制修订。六是加强标准实施监督管理。七是积极参与国际标准化活动。八是强化信息化建设。九是促进能力建设。十是积极筹措经费。

（二）国际借鉴

1. 美国的综合运输体系

美国联邦运输部是联邦政府归口管理水、陆、空运输的机构。下设9个局，包括美国海岸警备队、联邦航空管理局、联邦公路局、联邦铁路局、国家公路交通安全管理局、联邦公共交通管理局、圣·劳伦斯海道管理局、海事管理局和一个秘书处，负责综合运输的协调和管理。运输部是美国联邦政府制定交通运输政策的部门，此外，它还与其他机构协调，制定国家全面的交通运输政策和长远规划，管理交通基础设施的建设，起草并提交所有交通运输或与交通运输有关的立法，并提供州和城市交通项目的技术支持，同时负责拨款。而其中联邦公路局主要负责有关公路设施管理、交通安全、车辆管理、驾驶员管理、驾培行业管理、交通监控、交通信号、道路标志线管理等。

在运输部成立之前，国家级交通运输的管理分散在商业部、财政部门等一些部门和独立管理机构。这些部门各司其职，很难进行综合管理和横向协调，从而影响了国家宏观管理效能的发挥。为了使交通运输的管理从分散走向集中，以便更好地规划、协调和监督全国的交通运输事务，美国国会于1966年10月15日通过了组建运输部的法令，运输部于1967年4月1日正式运转。

运输部的成立把联邦政府中原来管理交通运输事务的八个部、委，三个局、处的业务纳入一个管理部门。根据国会的法令，成立运输部的目的：一是本着以最小的投资建立高速、安全、有效和便利的运输系统为原则，制定国家的交通运输政策和计划，同时兼顾国家的其他利益和目标；二是保证联邦政府的运输计划得到协调、有效的管理；三是为各种方式的私人运输提供便利，使其得到最大限度的发展和完善；四是鼓励联邦、州和地方政府以及劳、资方和其他利益方之间的合作，共同实现国家的运输目标；五是促进运输业的技术进步；六是对发现和解决运输问题进行统一领导；七是根据国家的交通运输目标，结合国防、运输业各方和社会各界的需要，对运输的大政方针和实施计划向总统和国会提出建议。近40年来，美国运输部在美国综合运输管理方面发挥了重要作用。

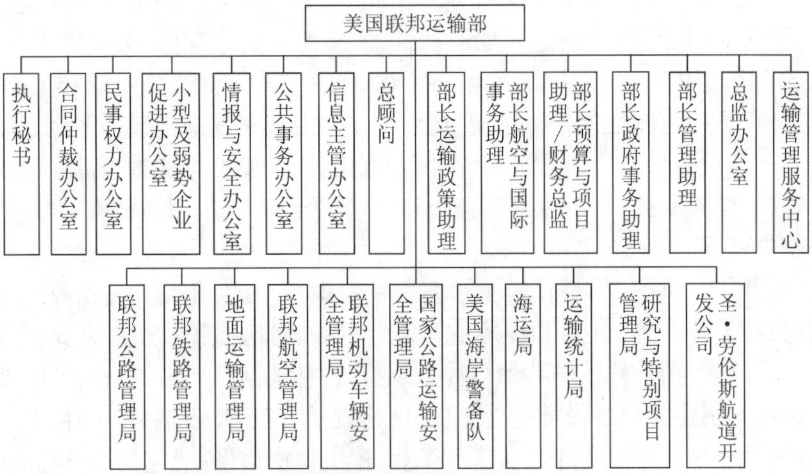

美国联邦运输部机构设置

2. 德国的“超”综合运输体系

德国目前实行的是大交通管理模式。从1991年开始,德国进行政府管理机构及人员精简。1998年,德国联邦交通部与建设部等进行合并成立德国联邦交通、建设和住房部(以下简称:联邦交通部),联邦交通部按《基本法》授权领导全德国的交通行业,交通业务范围涉及铁路交通、公路交通、内河航运、海上交通、航空、公路建造、联邦航道建造及气象服务工作等。宗旨是在欧洲创造一个统一的交通运输市场;建立欧洲范围内的现代化、可扩建及畅通的交通网络;适应相邻国的交通管理体制并于之相衔接。同时提出交通不仅应为经济发展,而且还要为公民的出行提供便捷;建立高密度的交通分布网,以克服欧洲长期的分裂局面;减少交通对人类和环境造成的不利影响。

德国的交通行政管理为三级架构,联邦交通部、州级交通行政管理部门、市级交通行政管理部门。这三级之间没有直接的上下级关系。他们分别隶属于联邦政府、各自的州、市政府。

联邦交通部在柏林和波恩两处办公,现有员工1650人。机构设置为,一个部长,两个部长办公室(部长私人办公室、部长政治事务办公室),5个秘书长,9个主要职能部门的职责如下:

(1)中心服务司。人事管理(培训和管理联邦交通部员工,但不管理外派人员);组织和信息管理;预算和财务管理;内部服务(包括全部的物资采购和技术管理);一般的法律事务;联邦交通部在商业和企业的财产管理。

(2)政策计划司。制定联邦交通发展计划;智能交通管理系统组织;新的交通发展政策研究;平衡结构控制(根据运输距离向重型货物运输工具的使用者收取公路使用费);促进研究项目和新技术导航系统的推广;平衡联邦政府对各州的交通投资。

(3)铁路与水路司。铁路方面:对新建联邦铁路提供建设资金,改善现有铁路的装备;对地方公共交通进行投资;铁路与水路的环境保护(特别是铁路噪音);负责铁路方面改革。水路方面:建设、改善、保持和经营联邦水路,制定相关的技术标准;通过发展服务系统提高水路效率与安全;水路环境保护和防止水上污染;联邦水路和水运管理的成本控制。

(4)航空与船运司。航空方面:制定航空运输政策;提供航空导航服务,制定航线计划;

维护航空安全;航空器和航空运输的环境保护。船运方面:制定国家和国际船运以及海港政策;负责航海和船运安全及防护;进行船运认证;实施海运安全保障;开展海上环境保护;协调从公路运输到船运的衔接;制定国家和国际航运法律,改善海员的生活和工作状况;制定内河航运法律;负责内河航运的通讯系统;提供气象和卫星对地球的遥感图像等航运服务。

(5)公路司。负责公路资金管理,公路网规划设计,起草联邦主要公路的维护保养和改善计划;进行高速公路研究;管理联邦高速公路;进行公路安全与事故研究;制定行车规则与酒后驾车限制规则。

(6)东德发展司。研究柏林重建及对波恩补偿中与交通、建筑和住房有关的政策问题及发展计划;负责筹集交通、建筑和住房重建资金,参与对已撤销的机关建筑以及没有解决的财产等事务的处理;柏林地区的劳动与社会政策;柏林地区经济发展与商业联系的促进。

(7)住房司。制定住房建设计划,促进住房建设;管理房屋收益;制定住房租金、住房所有权及财政补贴政策;管理住房建设和住宅工业,稳定住房市场;研究住房结构的变革。

(8)建筑与城市发展司。城市发展与建筑法律方面:制定城市发展法律;研究城市发展的政策问题和解决建议;制定国际城市发展政策;实施"社会城市"计划;实施"新联邦州城市重建" 计划;研究并实施城市建筑文化;制定住房用地政策,对实施效果进行评价;制定建筑产品法律;负责政府的公共采购。建筑方面:负责建筑市场的管理,研究国内建筑政策问题以及与特别建筑结构项目相关的能源供应问题;建设并管理国内的防空等防御设施;联邦政府建筑的监督管理;建筑计划管理。

(9)柏林与波恩事务协调司。协调处理与联邦政府和议会在柏林再建和对波恩进行补偿中与交通、建筑和住房有关的所有问题。

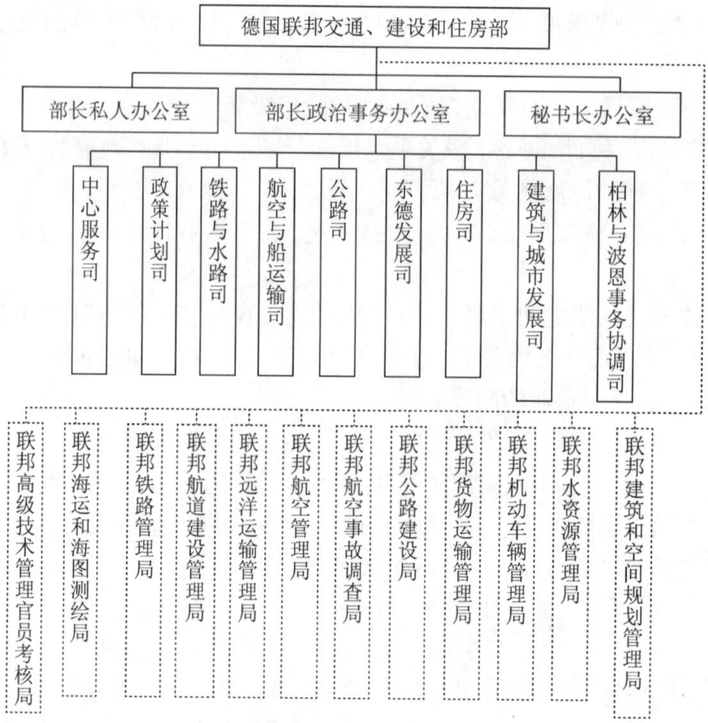

德国联邦交通、建设和住房部机构设置

九、现代物流标准制定

物流标准化是指以物流为一个大系统，制定系统内部设施、机械装备，包括专用工具等的技术标准，包装、仓储、装卸、运输等各类作业标准，以及作为现代物流突出特征的物流信息标准，并形成全国以及和国际接轨的标准化体系。

物流标准化可以包括三个层次方面的内容：

（1）制定物流系统内各分系统的设施、装备和工具的技术标准，以及作业和管理标准；

（2）研究各分系统技术标准、作业和管理标准的配合性，统一整个物流系统的标准；

（3）研究物流系统与其他相关系统的配合性，实现物流大系统的和谐一致。

2013 年 12 月 31 日，国家标准委批准的八项物流国家标准正式发布，标准将于 2014 年 7 月 1 日开始实施。八项国家标准的主要包括：《物流企业分类与评估指标》（GB/T 19680—2013）、《仓储绩效指标体系》（GB/T 30331—2013）、《仓单要素与格式规范》（GB/T 30332—2013）、《物流服务合同准则》（GB/T 30333—2013）、《物流园区服务规范及评估指标》（GB/T 30334—2013）、《药品物流服务规范》（GB/T 30335—2013）、《物流景气指数统计指标体系》（GB/T 30336—2013）、《物流园区统计指标体系》（GB/T 30337—2013）。

为了贯彻实施《交通运输部关于交通运输推进物流业健康发展的指导意见》，加快交通物流发展，要加快现代物流标准制定。

国际借鉴

随着信息技术和电子商务、电子数据、供应链的快速发展，国际物流业已经进入快速发展阶段。而物流系统的标准化和规范化，已经成为发达国家提高物流运作效率和效益、提高竞争力的重要手段。在国际集装箱和 EDI 技术发展的基础上，各国开始进一步在物流的交易条件、技术装备规格，特别是单证、法律环境、管理手段等方面推行国际的统一标准，使国内物流与国际物流融为一体。

美国

美国作为北大西洋公约组织成员之一，参与制定的北大西洋公约组织物流标准包括物流结构、基本词汇、定义、物流技术规范、海上多国部队物流、物流信息识别系统等。美国国防部建立了军用和民用物流的数据记录、信息管理等方面的标准规范；美国国家标准协会积极推进物流的运输、供应链、配送、仓储、EDI 和进出口等方面的标准化工作。

在美国，与物流相关的标准约有 1200 余条，其中运输 91 条，包装 314 条，装卸 8 条，流通 33 条，仓储 487 条，配送 121 条，信息 123 条。

在参加国际标准化活动方面，美国积极加入 ISO/TC104，在其国内设立了相应的第一分委会（负责普通多用途集装箱）、第二分委会（负责特殊用途集装箱）和第四分委会（识别和通信）。同时，美国还加入了 ISO/TC122，ISO/TC154 管理、商业及工业中的文件和数据元素等委员会，并参加了 ISO/TC204 技术委员会，由美国智能运输系统协会作为其技术咨询委员会，负责召集所有制定智能运输系统相关标准的机构成员共同制定美国国内的 ITC 标准。

美国统一代码委员会为给供应商和零售商提供一种标准化的库存单元数据，早在1996年就发布了UPC数据通信指导性文件，美国标准协会也于同年制定了装运单元和运输包装的标签标准，用于物流单元的发货、收货、跟踪及分拣，规定了如何在标签上应用条码技术，甚至包括用二维条码四一七和Maxicode，通过标签来传递各种信息，实现了EDI报文的传递，即所谓的“纸面EDI”，做到了物流和信息流的统一。

日本

日本是对物流标准化比较重视的国家之一，实施标准化的速度也很快。日本在标准体系研究中注重与美国和欧洲进行合作，将重点放在标准的国际通用性上。

日本政府工业技术院委托日本物流管理协会花费4年时间对物流机械、设备的标准化进行调查研究。目前，已经提出日本工业标准关于物流方面的若干草案，它们包括物流模数体系、集装的基本尺寸、物流用语、物流设施的设备基准、输送用包装的系列尺寸（包装模数）、包装用语、大型集装箱、塑料制通用箱、平托盘、卡车车厢内壁尺寸等。

在日本现有的标准体系中，与物流相关的标准约有400余条，其中运输24条、包装29条、流通4条、仓储38条、配送20条、信息302条。

欧洲

欧洲标准化委员会是1961年由欧盟16国成立的标准化组织。该组织目前设立了第320技术委员会，负责运输、物流和服务的标准化工作，相关的还设立了第278技术委员会，负责道路交通和运输的信息化，分14个工作组进行与ISO/TC204内容大致相同的标准制定工作。另外，还有第119技术委员会和第296技术委员会。这些委员会共同推进物流标准化进程，并在标准制定过程中，进行多方面的联系与合作。

在英国现有的标准体系中，与物流相关的标准约有2500条左右，其中运输733条，包装432条，装卸51条，流通51条，仓储400条，配送400条，信息400条。德国也形成了较为完善的物流标准体系，该体系包含与物流相关德标准约有2480条左右，其中运输788条，包装40条，流通124条，仓储500条，配送499条，信息499条。（来源：《物流标准化》）

十、包车客运管理

（一）战略部署

为进一步规范道路包车客运市场秩序，保障运输安全，根据《国务院关于加强道路交通安全工作的意见》（国发〔2012〕30号）和新修订的《道路旅客运输及客运站管理规定》（交通运输部2012年第8号令）的有关规定，就进一步加强道路包车客运管理的有关事项，交通运输部于2012年12月发布了《关于进一步加强道路包车客运管理的通知》，具体要求：科学有序发展包车客运运力、完善道路包车客运市场准入退出机制、落实企业安全生产主体责任、规范省际包车客运标志牌管理、加强道路包车客运市场监督管理。

（二）基层落实

浙江省包车客运管理信息系统运行“满月”情况良好

根据《道路旅客运输及客运站管理规定》（交通运输部令2012年第8号）、《交通运输部关于进一步加强道路包车客运管理的通知》（交运发〔2012〕738号），按照交通运输部的统一部署，全省包车客运管理信息系统已于2013年7月1日正式启用。

为切实做好包车管理信息系统的使用管理，省运管局历时5个月进行研发，6月份在湖州进行了试点试用，并组织三期培训班，培训全省客运企业经办人员和管理部门审核人员近400人次，为系统启用打好基础。系统启用后，省运管局安排专职人员为企业和管理部门答疑解惑，解决问题。运行一个月以来，全省各地市通过该系统申请省际包车业务量已近2万次，业务申请量和标志牌使用量稳步上升，广大经营者对该系统的使用反映良好，他们普遍反映，通过该系统可以自行直接打印省际包车标志牌，节省了企业的人力成本，提升了企业的信息化管理程度。接下来，省运管局还将继续收集各方面意见，与软件开发单位一起对系统功能优化完善，满足更多的业务需求。（2013年8月1日；来源：浙江省交通运输厅）

福建启用客运包车信息系统　乘客可用手机查询包车信息

2014年1月，“福建省包车客运管理信息系统”已完工验收并投入使用，现可通过网上查询、安卓系统移动终端（掌上PDA或手机）扫描二维码两种方式识别包车客运信息。

该系统的投入使用，进一步规范了包车客运经营活动，维护了包车客运市场秩序，方便旅客随时查询所乘坐的客运包车是否合法，该车起点、终点以及途径停靠点是否与自己出行目的地一致等，保障了旅客运输安全。

据悉，网站查询可进入http://218.5.1.24:3501/fztech/，点击“公众端”，输入随车携带的包车标志牌号与二维码编号了解该车辆的包车客运信息。移动终端查询可进入总队门户网站http://www.fjjtzhzf.com，在网站的“工作动态”中的“科技教育”栏下载包车客运标志牌二维码识别软件，安装到移动终端后，扫描随车携带的二维码即可查询包车客运信息，使用其他二维码软件将无法识别到正确的包车客运信息。

此外，交通执法人员通过移动终端扫描二维码，可当场识别客运包车、旅游包车是否有超越行政许可事项从事道路运输经营以及不按载明事项运行等违法行为。（2014年1月13日；来源：东南网）

十一、长途客车接驳运输试点

（一）战略部署

长途客运接驳运输是指通过在客车运行途中选择合适的地点，实施驾驶员停车换人、落地休息，或换车换人，由在接驳点上休息等待的驾驶员上车驾驶，继续执行客运任务的运输组织方式，可以防止疲劳驾驶和客车夜间停驶产生的诸多问题，提高长途客运夜间运行的安全水平和服务质量。

为贯彻落实国务院《关于加强道路交通安全工作的意见》（国发〔2012〕30号）关于积极推行长途客运车辆凌晨2时至5时停止运行或实行接驳运输的规定，防止驾驶员疲劳驾驶，进一步规范长途客运车辆夜间通行管理，方便群众出行，保障乘客安全，经商公安部、国家安全生产监督管理总局，决定自2013年1月20日起，在北京、上海、江苏、浙江、安徽、福建、山东、河南、广东、广西、四川、重庆、贵州13省（自治区、直辖市）开展长途客运接驳运输试点工作。具体要求如下：

（1）积极开展长途客运接驳运输试点工作；

（2）认真制定接驳运输试点工作方案；

（3）加强接驳运输试点工作的组织实施；

（4）允许实行接驳运输试点的客车夜间通行；

（5）加强接驳运输试点工作的监督管理；

（6）努力为接驳运输创造良好的环境条件。

（二）基层落实

按照《交通运输部关于开展长途客运接驳运输试点工作的通知》要求，北京、上海、江苏、浙江、安徽、福建、山东、河南、广东、广西、四川、重庆、贵州13省（自治区、直辖市）根据所经营线路的特点和长途客运车辆所途经高速公路的现状，开展了长途客运接驳运输试点工作。截至2013年，试点线路客车运营正常，安全运营得到基本保障，乘客、司机普遍叫好，省际客运接驳取得了初步成效。例如，北京北京市14条超过800公里的省际客运线路、34辆运营客车实现了夜间不停车，一路到达终点站。

福建省明确了参加接驳运输试点工作的线路、车辆及驾驶员休息安排等具体内容，并对接驳点设置及接驳点工作流程、监管措施，试点工作保障措施等进行了严格规定。目前由闽运公司长乐分公司、华闽旅游汽车运输公司、闽深发快速客运有限公司所经营的长乐金峰至广州芳村客运站、福州至深圳、福州至香港、石狮至香港等6条闽粤客运班线，共计17辆长途客运车辆作为此次长途客运接驳运输的试点。

根据交通运输部的统一部署，**浙江省**运管局组织杭州金牛汽车运输有限公司、新国线集团宁波运输有限公司、义乌恒风长途客运有限公司3家企业开展了接驳运输试点工作。为做好试点工作，省运管局成立了接驳运输试点工作领导办公室，制订了接驳运输工作方案，协调公安交通管理和安监等部门共同落实配套措施，组织人员赴试点企业现场检查指导。试点三个多月来，有17条班线、35辆车实行了接驳运输，接驳运送旅客6万余人次，在现行凌晨2–5时限制通行的形势下，得到了企业和乘客的欢迎。

广东省交通运输厅印发《关于开展长途客运接驳运输试点工作的实施方案》的通知，要求广州、深圳市交通运输部门要按照《试点工作方案》要求，认真组织企业开展接驳运输试点工作。试点企业要按照成熟一条、发展一条的原则，科学编制具体方案，抓紧实施。

十二、交通运输物流公共信息平台建设纲要

战略部署

2013 年 11 月，交通运输部在杭州举行全国交通运输物流公共信息平台（以下简称“公共平台”）建设推进会，宣贯《交通运输物流公共信息平台建设纲要》（以下简称《纲要》）、《交通运输物流公共信息平台国家级行业管理系统建设方案》、《交通运输物流公共信息平台区域交换节点建设指南》三大纲领性文件正式出台。其中《交通运输物流公共信息平台建设纲要》的主要内容包括三个方面，一是为什么要建行业物流公共信息平台，二是要建设什么样的平台，三是如何建设这个平台。

《纲要》分别从平台是落实国家战略部署的需要，是现代物流发展的需要，是推动平台建设的需要，是行业自身发展的需要等方面作了阐述。

《纲要》从平台的服务对象、基本定位及特征、主要功能、总体目标等方面做了谋划。平台的服务对象是为供应链上下游相关企业提供物流信息服务，出发点和落脚点是满足物流发展和相关企业的需求。

平台主要提供**两大功能**，一是基础交换功能，二是公共信息服务功能。基础交换功能就是通过统一的技术标准、基础交换网络，满足企业间、政企间、行业间、国际间的物流数据交换需求。公共信息服务功能就是通过建立统一的门户网站，实现各类政务信息系统的有效衔接，满足企业对物流相关政务信息的需求。

平台的**总体目标**是构建覆盖全国、辐射国际的物流信息基础交换网络和门户网站；实现平台与各类相关物流信息平台或信息系统之间可靠、安全、高效、顺畅的信息交换；实现行业内相关信息平台交换标准统一，提供公正、权威的物流相关公共信息服务；有效促进物流产业链各环节信息互通与资源共享。

平台以“1+32+*nX*”的形式构成。“1+32”是平台建设的主体内容和近期建设重点。“1”是指平台的国家级行业管理系统，包括国家交换节点、基础交换网络管理系统和门户网站，负责平台的运行管理、相关行业和国际物流平台的衔接以及公共信息服务。“32”是指区域交换节点，由各省级交通运输主管部门在本省、市内推动建设。“*nX*”是指平台拓展和衔接的信息服务体系。（来源：中国交通新闻网）

十三、空白乡镇邮政网点补建工作

（一）战略部署

为贯彻国家战略、落实国家“十二五”规划纲要和国办发 42 号文件精神，国家发展和改革委员会、国家邮政局和中国邮政集团公司于 2010 年 7 月启动空白乡镇邮政局（所）补建工作，力争在 2012 年之前全部完成邮政基础设施空白乡镇邮政局（所）补建。

做好空白乡镇邮政局（所）补建工作，保障邮政普遍服务，对于维护国家政令畅通、加

强地方政权建设、推动农村公共服务均等化、保障和服务民生具有重要的意义。全国各地按照空白乡镇邮政局所补建工作方案和局所补建参考标准的要求，扎实推进邮政局所补建工作。

（二）基层落实

西藏自治区邮政管理局派出工作组深入日喀则地区，就空白乡镇邮政局所补建工作进展情况展开实地调研。工作组对日喀则地区局所补建工作进行了现场检查指导，并提出三点要求。一是要进一步加强领导，各相关部门要各司其职、各负其责，加强协调，加快进度，做到组织协调到位、跟踪督查到位、运营监督到位。二是要明确期限，倒排进度，充分结合各地实际，因地制宜，统筹协调，加快补建进度。三是要建立健全考核机制，落实具体责任，严格按照自治区政府办公厅《关于加快推进乡镇邮政网点全覆盖工作的通知》规定进行考核，确保局所补建工作有序有效推进，按时保质保量完成补建任务。

2013 年 5 月，天津市邮政管理局联合市发改委组成验收组，对蓟县桑梓镇建成的空白乡镇邮政局所进行了实地验收。天津市邮政公司参加了验收。预计上半年还将有近 10 个补建局所陆续验收。

2013 年 4 月，广东省邮政管理局联合省发展改革委组成专项督导组，由省局分管领导率队对韶关、汕尾、汕头和湛江等 4 市空白乡镇邮政局所补建工作进行督导检查。督导组对韶关、汕尾、汕头和湛江各级政府及相关部门近来在推动空白乡镇邮政局所补建所做的一系列工作给予了充分肯定，并就各地反映的情况提出了意见和建议。

2012 年，贵州省需补建的空白乡镇局（所）总数为 658 个，占全国补建总量的 10%，目前已建成 229 个，有 250 个项目在建。遵义市已于今年 6 月在贵州省率先完成了全部 64 个项目的建设任务，比国家计划时间提前 7 个月。

十四、邮政普遍服务和特殊服务

（一）内涵核心

邮政普遍服务是指邮政企业应当对信件、单件重量不超过五千克的印刷品、单件重量不超过十千克的包裹的寄递以及邮政汇兑等业务提供的服务。

邮政物殊服务是指邮政企业按照国家规定办理机要通信、国家规定报刊的发行，以及义务兵平常信函、盲人读物和革命烈士遗物的免费寄递等业务提供的特殊服务。

邮政的普遍服务和特殊服务业务范围广泛，包括信函、包裹、汇兑、党报党刊发行、党政军机要通信、义务兵邮件、盲人读物等。中国的邮政普遍服务具有较高的水平，具体体现在较为全面的业务种类、均一低廉的服务资费、遍布全国各地的服务网点、深入千家万户的投递网络等四个方面。不仅满足了本国境内包括海岛、山区、农村、边疆在内的所有居民的基本通信需求，还在保证国家政令畅通、传播方针政策以及各种信息等方面发挥着重要作用。

（二）地方借鉴

2013 年 3 月中旬以来，甘肃省各市州局全体人员全面投入到邮政普遍服务基础设施普查、普遍服务业务开办、空白乡镇邮政局所补建、信报箱和村邮站建设等专项检查工作中，取得了第一手资料。会议对各市州局检查的基本情况进行了全面梳理。

安徽省为促进市邮政管理局有效开展邮政普遍服务监督检查，规范监督检查工作流程，安徽省邮政管理局日前举办了邮政普遍服务监督管理工作培训班。全省 16 个市邮政管理局的分管领导及负责邮政普遍服务监督管理的工作人员近 60 人参加了培训。

十五、特许经营制度

（一）内涵核心

特许经营制度是国际上通用的收费公路经营管理制度。特许经营包括商业特许和政府特许。政府特许是行政许可的一部分。公路特许经营属于政府特许的范畴，因此可以将公路特许经营界定为“政府为实现公路社会效益的充分发挥，由相应的交通主管部门作为出让方；与投资人为实现自身经济效益设立的公路经营企业作为受让方，共同签订公路特许经营合同，来规范的在一定期限和范围内建设和经营公路基础设施及其服务设施，经营期限届满后，办理公路移交手续的交通行政许可行为”。受现行体制的制约目前收费公路特许经营主要侧重于以下两个方面：由国内外经济组织通过投资建造公路及其服务设施所取得的收费经营权利及其经营活动（简称为 BOT 项目）；由国内外经济组织通过出资有偿受让取得的已建成收费公路的收费经营权利、收费公路沿线服务设施（包括餐馆、加油站、商店、车辆维修站等）经营权、收费公路沿线广告经营权及其经营活动（简称为 TOT 项目）。

（二）战略部署

在交通运输部 2013 年年度第二次例行新闻发布会上，交通运输部新闻发言人何建中表示，交通运输部将加大交通运输领域基础设施建设投融资管理体制改革。特别是要研究建立特许经营的管理制度，进一步放宽民营资本进入交通运输建设市场的要求。

按照《收费公路管理条例》的规定，对于即将到期的收费公路将后停止收费，交通运输管理部门有责任加强这方面的监管和落实。进一步放宽民营资本进入交通运输建设市场不仅能增强经济的内生动力，还能解决交通运输领域基础设施建设资金不足的问题。让民间资本进入交通基建需要给其一个公平、稳定、安全的投资环境，同时，必须找到恰当的投资合作模式，确保民间资本受益，才能吸引民间资进入。

值得注意的是，一些民间资本进驻的高速公路存在超时收费、收费过高现象，因此，需要监管部门监督民间资本严格遵守法律、法规，依法经营。

十六、综合客运枢纽建设

（一）战略部署

综合客运枢纽是综合运输体系的网络节点，是多种运输方式衔接转换的基础平台，是实现一体化运输的关键环节，是促进我国综合运输体系建设的重要切入点。

根据全国性综合交通枢纽的基本定位，规划全国性综合交通枢纽（节点城市）42个，与"五纵五横"综合运输大通道共同构成我国综合交通网络骨架。"十二五"在全国建成100个左右集铁路、公路、城市交通集约布置、立体化布局综合客运枢纽，全面支撑人民群众的便捷出行。

（二）基层落实

2012年5月，交通运输部在南京召开"十二五"综合客运枢纽项目建设前期工作座谈会。会上，部规划院介绍了综合客运枢纽项目资金申请报告编制要求及说明和综合客运枢纽可行性研究指南、设计指南研究阶段成果。部综合规划司与参会的北京、河北、天津、上海、江苏、大连、宁波、厦门、青岛等省（市）的交通运输规划计划部门对接了"十二五"综合客运枢纽项目前期工作计划，并研究部署下阶段工作。江苏省交通运输厅介绍了本省推进综合客运枢纽的主要做法和成功经验。

江苏在发展现代综合交通运输体系方面先行先试，积累了宝贵的经验，在全国率先建成一批具有较大影响力和示范导向性的现代化综合客运枢纽，提升城市发展水平，改善群众出行条件，推动经济社会又好又快发展。

十七、集疏运体系建设

（一）内涵核心

集疏运体系是连接多种运输方式的平台和纽带，是进行一体化运输组织的关键。集疏运体系的快速高效，能在相当大的程度上缓和由于船舶随时到港、货流不均衡而引起的压船压货现象，也可以缓和货物集散对码头仓库容量过大的要求。而且，集疏运体系能力的不断增强也会在一定程度上弥补港口其他系统的不足乃至扩大港口腹地半径，从而促进港口发挥最大的潜力。

集疏运系统包括集疏设施、集疏运方式及集疏运管理，其中集疏设施通常指公路、铁路、港口、机场、仓库、堆场等；集疏运方式主要有水路运输、铁路运输、公路运输和航空运输；集疏运管理指对运输计划的制定、组织、协调等。在港口集疏运各个环节中，"集"是从发货人指定场所将出口的货物运至港口，集中堆放在码头或码头附近的堆场或仓库；"疏"是将进口货物从船上卸下，堆放在码头后方堆场、码头附近的港外堆场。

（二）地方借鉴

沿海开发，集疏运体系建设是重要保障。近年来，江苏省大丰市抢抓沿海开发机遇，全力推进集疏运体系建设，有力助推了沿海开发。通港大道建成通车，临海高等级公路大丰段通车，盐淮高速大丰港段、省道 351（麋兴线）公路改造工程、省道 332 东延段加快建设，盐通铁路大丰港支线正全力向上对接。

天津港加快港口集疏运体系建设，根据《天津市域综合交通规划》，南港铁路、滨石高速公路是天津港南港区集疏运体系中的重要通道，是天津港南港区实现铁路和公路运输的重要保障。按照市政府指示要求，市规划局组织规划和铁路等设计单位成立工作组，对涉及的南港铁路、黄万铁路、滨石高速公路和独流减河大堤进行统筹规划。

2012 年 5 月 16 日，由天津市人民政府和宁夏回族自治区人民政府联合主办的“天津至宁夏集装箱铁水联运示范项目启动仪式”在宁夏惠农陆路港举行。示范内容主要包括形成铁水联运合作机制、完善基础设施规划与建设、加大铁路运力保障力度、实现铁水联运信息共享、培育和发展铁水联运市场主体、争取地方政府扶持政策、实现操作流程和相关技术标准化等 7 个方面。

十八、集装箱铁水联运

首批选定的 6 个集装箱铁水联运通道示范项目如下：

（1）大连—东北地区；

（2）天津—华北、西北地区；

（3）青岛—郑州及陇海线沿线地区；

（4）连云港—阿拉山口沿线地区；

（5）宁波—华东地区；

（6）深圳—华南、西南地区。

（一）战略部署

集装箱铁水联运既有利于提高运输效率、缩短运输周期、降低运输成本，促进物流行业发展，也有利于提升运输保障能力。当前我国重点是做好 4 项工作，一是进一步完善铁水联运政策、标准；二是落实好铁水联运协调机制；三是做好集装箱铁水联运示范项目推进工作；四是港口集团要充分发挥在铁水联运中的主体骨干作用。

2011 年 10 月 12 日，交通运输部和原铁道部在连云港联合召开集装箱铁水联运现场推进会，首批六个集装箱铁水联运通道示范项目正式启动。连云港至阿拉山口等 6 条线路被确定为全国示范线路，包括：大连至东北地区，天津至华北、西北地区，青岛至郑州及陇海线沿线地区，连云港至阿拉山口沿线地区，宁波至华东地区，深圳至华南、西南地区示范项目。推进会上，《交通运输部铁道部关于加快铁水联运发展的指导意见》正式发布，提出到 2015 年，集装箱铁水联运量年均增长 20% 以上，港口煤炭、矿石、粮食、化肥等大宗散货铁路集疏运比重比2010年提高10个百分点。

（二）基层落实

2012年5月16日，天津市人民政府和宁夏回族自治区人民政府在宁夏惠农陆路港举行了"天津至宁夏集装箱铁水联运示范项目启动仪式"。作为我国首批6个集装箱铁水联运通道示范项目之一的天津至宁夏集装箱铁水联运示范项目，示范内容主要包括形成铁水联运合作机制、完善基础设施规划与建设、加大铁路运力保障力度、实现铁水联运信息共享、培育和发展铁水联运市场主体、争取地方政府扶持政策、实现操作流程和相关技术标准化等7个方面。该示范项目实施后，天津至西北地区集装箱铁水联运业务量将有明显增加，预计到2015年铁水联运箱量可实现50万标准箱以上，年增幅超过10%。到2020年，天津港集装箱通过铁路集疏运量将超过100万标准箱，将进一步优化完善天津至内陆地区的综合运输结构。

十九、水运转型升级

（一）战略部署

为落实党的十八届三中全会精神，加快推进水运行业转型升级，2013年12月19日，交通运输部副部长何建中主持召开了水运转型升级发展专题座谈会，听取主要港口和航运企业负责人对水运转型升级发展的意见和建议。

与会港航企业负责人在介绍2013年生产经营情况基础上，结合自身实际，重点就如何促进航运业和港口转型升级发展提出了意见。当前，我国港口发展已进入新的阶段，迫切要求转变发展观念，调整发展思路，由粗放型向集约型、由传统装卸作业向综合物流服务、由生产型向生态型发展转变。在政府管理方面，也需要进一步理顺政府和市场的关系，改善宏观管理，加强政策引导和体制创新。

2014年，交通运输部将在总结各地推进港口转型发展探索经验的基础上，围绕"促改革、优结构、推升级"的主题，开展港口转型升级专题调研，研究出台指导意见，引导行业健康发展。本次座谈会的召开，标志着调研工作正式启动，交通运输部还将采取多种形式，进一步听取多方意见，统一思想，提出针对性措施。

（二）基层落实

广东省惠州市高度重视水运行业发展，全力贯彻实施以港兴城的战略，特别是市政府实施"转型升级推进年"活动以来，水运行业加快转型升级，呈现出"经营能力和运输能力不断增强，服务水平和管理水平不断提高，发展环境和发展条件不断改善"的良好发展局面。具体表现在4个方面：一是加快水运企业整合，加速落后生产力升级转型。二是加快老旧小船退出营运市场和船舶大型化，推进水运运力结构升级调整。三是切实抓住重点，优先发展优势航线和液货危险品船运输，逐步建立适应当地经济发展的航线和运力结构。四是落实省水运行政管理体制改革政策，进一步提升水运管理服务水平。

江苏泰州通过“四个优化”推动水运转型升级。2013年，泰州市地方海事局将紧紧抓住泰州被确立为全省转型升级改革试点的机遇，深入推进海事管理服务机制改革，力争以海事的率先转型升级推动辖区水运业的转型升级。一是大力优化公正高效的行政执法格局；二是大力优化前瞻创新的信息化建设格局；三是大力优化规范流畅的海事管理格局；四是大力优化勤廉先进的队伍建设格局。

2011年，7家单位联合签署连云港至阿拉山口通道集装箱铁水联运示范项目合作协议。交通运输部、铁道部在江苏省连云港召开集装箱铁水联运现场推进会，共同开展集装箱铁水联运示范项目，这标志着两部继今年5月份签署《关于共同推进铁水联运发展合作协议》之后，在加快铁水联运发展、建设完善综合运输体系方面，迈出了实质性的步伐。当日，在连云港港集装箱铁水联运作业现场还举行了阿拉山口、乌西至连云港集装箱东进班列首列抵港仪式。

武汉阳逻港8号与中铁集装箱武汉分公司签署战略合作框架协议，合作开展集装箱铁水联运业务。根据协议，双方将围绕着“铁水联运”目标，在两年内合资建成阳逻集装箱铁水中转场站，到2025年左右，使阳逻港联运集装箱年规模超过200万标箱。

二十、航运金融保险

（一）内涵核心

航运金融是指航运企业运作过程中发生的融资、保险、货币保管、兑换、结算等经济活动而产生的一系列相关业务的总称，可分为船舶融资、船运保险、资金结算和航运价格衍生产品四大类型：

（1）船舶融资：船舶融资包括在建船舶的融资和构建船只的融资。航运业是资本密集型行业，具有投资金额大，风险高，回收期限长的特点，仅靠航运企业的自有资金很难实现合理的发展，需要借助一些外力来弥补资金的需求。船舶融资就是对航运企业构建船只过程中发生的资金融通行为。

（2）船运保险：航运保险在我国又称水险，主要包括船舶险、货运险和保赔险。货运险针对船上所运输的各类货物，船舶险以各类船舶本身为保险标的。这两个险种主要由商业保险公司经营。

（3）资金结算：由于航运企业是在全球范围内开展业务，所以需要一个金融机构来为其进行货币保管，兑换、结算等业务，也就是资金结算业务。

（4）航运价格衍生产品：航运价格衍生品是航运业、与海运相关的石油和钢铁等行业规避海运价格风险的工具，主要有三种产品，即航运指数期货/期权、运费期权以及远期运费合约。其中，远期运费合约（FFA）是航运交易双方约定在未来某一时点，就事先约定的运费价格进行现金结算的远期合同。（“论我国航运金融的发展现状及国际经验借鉴”作者：胡倩；2010年12月；来源：现代工商贸业）

金融服务与国际航运中心的评价指标体系及国内外比较

指标分类	具体指标	纽约	伦敦	东京	新加坡	香港	深圳	上海
功能性指标	金融机构的集聚程度	高	高	高	高	高	低	中
	金融中心的国际化程度	高	高	高	高	高	中	中
	金融服务的质量	优	优	优	优	优	良	良
	金融服务于航运的自由度	高	高	中	高	高	中	中
	航运金融业发展程度	优	优	良	优	优	中	中
	航运交易市场的国际影响程度	高	高	中	中	中	中	中
	航运航空金融要素综合成本(利率等)	中	中	高	中	中	中	中
水平性指标	航运保险费收入	—	32亿英镑 2002	—	—	—	—	—
	航运保险费收入世界市场份额	美9.7	英21.0	日12.9	—	—	—	中,约0.5
	国外金融机构集聚的数量	约600	729	297	380	281	38	约200
	航运交易所数量	1	1	1	0	1	0	1
	航运融资放贷总额	—	200亿英镑	—	—	—	—	—
	证券交易所上市船公司数量	42	—	13	10	—	3	8
	航运经济交易总额	—	340亿美元	—	—	—	—	—
	航运交易指数数量	—	3	—	—	—	0	2

(二)战略部署

中行推出航运金融创新方案

日前,中国银行上海市分行推出航运金融创新方案并成功完成首单业务。该行针对货代企业的经营特点,分析资金流特性,为客户研发推出"池融资"概念,将应收账款作为一个不断流动但余额相对稳定的"资金池",并以此为质押物开展融资,使企业解决了向下游支付运费的资金缺口,为寻找新的业务突破口进行了有效的尝试。

据悉,通过此次产品创新,中国银行不仅破解了货代企业融资难、质押难的局面,也为大批同类货代企业开创了全新的航运金融服务模式。今后,中国银行上海国际航运金融中心还将继续努力推陈出新,研发出更多适应于市场、助力航运企业的金融产品。(2012年11月12日;来源:解放网)

加快推进航运金融发展 积极服务国际强港建设

银行融资业务领域规模扩张较快,2010年底宁波航运业从银行融资总额已达150余亿元,是2008年的2.5倍。船舶融资租赁业务逐渐活跃,2010年,浙江金融租赁公司宁波分公司船舶融资租赁投放量已超过6亿元,船舶融资租赁业务已占其全部业务规模的50%以上。航运保险业务规模初步形成,目前,宁波市船舶险业务保费收入累计已超8亿元,较过去有了很大发展。

宁波本地金融机构越来越重视航运金融市场,纷纷积极拓展航运金融相关业务银行融资方面,交通银行宁波分行正在筹建航运金融部,还和香港交行开展了业务联动,为宁波航运企业在港购买船舶提供资金支持;融资租赁方面,除浙江金融租赁公司宁波分公司外,上海远东国际租赁也在宁波地区开设有融资租赁业务;航运保险业方面,除中国人民保险和太平洋保险宁波分公司外,天安保险、阳光保险等公司也积极在宁波开展海事保险业务。

宁波积极融入上海"两个中心"建设,共同组建航运保险公司。在宁波市委、市政府的高度重视下,宁波积极推动宁波港、上海港和保险公司三方共同组建专业航运保险公司的工作已启动。沪甬合作设立专业航运保险公司,将成为我国首家专业性的航运保险公司,在金融与航运产业融合发展上做出创新探索。另外,宁波正在积极与上海、舟山等地就航运保险公司建设项目展开交流工作。("关于宁波航运金融产业发展的调研报告";作者:高亚丽;2012年6月;来源:浙江工商职业技术学院学报)

(三)专家观点

将航运金融作为新一轮建设战略重点

张页等多名上海市人大代表近日联合提出的一份议案中指出,在当前国内外航运形势十分困难的情况下,航运业的发展不能只希望通过政府补贴、IPO、银行信贷等传统融资方式,而需要通过更多的航运金融创新手段,如船舶资产证券化、运价衍生品交易等符合国际发展趋势的新型航运金融工具,从而实现规避航运市场风险及行业周期性波动风险。

议案提出,资产证券化在我国资本市场尚处于起步阶段。船舶资产体量大,面临融资难和运力过剩双重压力,船舶资产证券化可能是一条有效途径。结合我国目前的市场和法律环境,可以由专业机构作为船舶资产证券化发行的载体,其在"发行主体"、"破产隔离"以及"资产管理"等方面都具有一定的优势。鉴于船舶资产灭失、保险等具有一定的特殊性,建议在专门市场如上海航运交易所开设的船舶交易市场、航运衍生品市场公开向机构投资者发行,让一般信托公司的资产证券化产品从私募走向在资金募集方式上的重大创新和突破。

此外,运价衍生品交易市场国际化已经成为迫在眉睫急需解决的任务,没有境外投资者和国际资本的进入,上海难以完成建设具有全球资源配置能力国际航运中心的目标,也难以完成争夺国际航运定价权、话语权的历史使命。

议案提出,随着中国在国际航运市场份额和资产的不断扩大,力争把人民币作为国际航运的结算币种,就可以大大提高国际地位,促进我国航运及造船业。因此,在人民币国际化进程中,上海可以率先突破资本项下管制,开放人民币在"国际航运项下"的兑换,并打造与国际接轨利率的外汇人民币供国际业务结算。

目前,上海在航运金融方面还未形成有效的监管体制,上海国际金融中心和国际航运中心的推进工作还存在条块分割,需要研究航运与金融对接的协调机制,建立相应的监管体制。建议先在市政府层面(相当于基本法)发文明确航运金融市场功能定位、监管方式以及相关政策等;第二步,明确航运金融具体监管部门(或协调机构),并制定监管办法;第三步,航运金融市场制定自律管理制度。(2013年2月4日;来源:《上海商报》)

二十一、油轮运输试点示范工作

交通运输部办公厅关于促进航运业转型升级健康发展的若干意见(摘要)

(厅水字〔2013〕230号)

二、加强政策引导,促进航运业转型升级

(七)推进安全绿色发展。加快推进液化天然气(LNG)在水运行业应用,有序推进LNG动力船舶试点改造,推进内河LNG动力船舶应用示范工程。落实水运节能减排方案,制定船舶能效规范。采取以奖代补方式,对符合条件的节能减排项目给予补助。健全安全规章制度,强化安全监管,提高安全应急能力。

交通运输部 上海市人民政府关于落实《中国(上海)自由贸易试验区总体方案》加快推进上海国际航运中心建设的实施意见(摘要)

(交水发〔2013〕584号)

(四)提升服务水平

12. 加快建设现代航运服务功能平台。积极发展航运金融、国际船舶运输、国际船舶管理、国际航运经纪、国际船舶租赁、国际船员管理等产业,研究相关促进政策,探讨建立长效推进机制。吸引船舶要素集聚,带动航运信息、船舶融资、船舶保险、海事仲裁等航运服务业发展,增强上海航运市场综合服务功能。

13. 鼓励发展邮轮产业经济。支持筹建邮轮发展基金,促进我国邮轮船队发展,带动航运金融,保险业发展。支持中资方便旗邮轮经批准从事大陆沿海到港澳台的邮轮运输。允许包租外籍邮轮经批准后多航次经营两岸邮轮业务。鼓励中资方便旗邮轮从事以上海为母港的两岸四地邮轮运输业务。支持上海邮轮母港建设,鼓励在上海成立中外合资邮轮公司拓展邮轮业务。

交通运输部:将试点外籍邮轮两岸直航货运

在第五届海峡论坛上,交通运输部水运局局长、台湾事务办公室主任宋德星宣布了11项促进两岸海上直航发展的新措施,其中包括允许包租外籍邮轮进行两岸运输、开通厦金水域新航道、下放厦金海域水运审批权限等。

宋德星表示,鉴于两岸邮轮运输发展潜力巨大,但目前尚无两岸资本的邮轮公司和船舶,交通运输部决定,经批准可试行包租外籍邮轮多航次从事两岸运输,同时经批准外籍邮轮在国际航线上可直接挂靠两岸港口,但不得作为两岸间旅客运输。

两岸直航以来,两岸集装箱运输呈现持续增长态势,2012年达188万标箱。为提升两岸干线班轮的利用率,遵循运力调控原则,双方同意在华北至台湾航线上,经批准两岸登记的干线班轮可捎带两岸中转货,经特别许可两岸资本的方便旗干线班轮可捎带两岸自有中转货,但限定其每航次装载量均不得超过400标箱。

此外,两岸协商共同支持大中小型船队协调发展和航运中心建设;支持依托两岸高速客滚船和陆海联运，构建两岸小型货物快捷运输通道。同意两岸互设验船机构或办事处，开展船舶营运检验和建造检验；同意开通厦金水域的刘五店航道。两岸将举行2013年两岸海上搜救学术研讨会及2014年海峡两岸海上联合搜救演练。

据悉，交通运输部将把福建至金、马、澎地区海上运输的审批管理权限下放由福建省交通运输厅实施，同意并推动福建成为两岸交通运输主要协商地之一。（2013年6月17日；来源：人民网）

二十二、甩挂运输

（一）战略部署

甩挂运输作为一种先进的运输组织模式，对于降低物流成本、推动现代物流和综合运输发展、提升经济运行整体质量均具有重要意义。为贯彻落实国务院《关于进一步加强节油节电工作的通知》（国发〔2008〕23号）、《物流业调整和振兴规划》（国发〔2009〕8号）和《国务院关于进一步加大工作力度确保实现“十一五”节能减排目标的通知》（国发〔2010〕12号）精神，根据交通运输部、国家发展改革委、公安部、海关总署、保监会等五部委《关于促进甩挂运输发展的通知》（交运发〔2009〕808号），决定开展甩挂运输试点工作。通过试点，甩挂运输推进工作取得以下4方面成果：

（1）培育骨干企业。培育一批具有示范效应的规模化、集约化、网络化运输企业，引领甩挂运输市场的规范运作和健康发展。

（2）提高设施和装备水平。建设一批能够满足甩挂运输作业要求、装备先进的货运站场，大力推广应用现代信息技术，积极发展适应甩挂运输要求的大吨位牵引车和厢式半挂车，为甩挂运输的高效运作创造条件。

（3）探索运营管理模式。引导企业积极创新营运组织管理方式，探索形成适合不同区域、不同货类的若干种甩挂运输典型模式，为甩挂运输全面推广积累经验。

（4）完善政策标准。根据甩挂运输发展的实际需要，在充分学习借鉴国际先进经验的基础上，紧密结合我国实际，抓紧建立健全政策法规和标准规范体系。

（二）基层落实

广东省成立了由省交通厅、发改委等多个部门组成的全省甩挂运输试点工作领导小组，组织开展了华南甩挂试点等3个国家项目的推荐工作，这些项目现已被确定为国家试点的首批项目。并就开展省内甩挂运输试点进行了工作部署，确定在国家试点项目的基础上再选取10个左右的项目，作为省内首批甩挂试点项目。

宁波市发布了《关于印发宁波市甩挂运输 试点工作实施方案的通知》，积极推进甩挂运输试点工作。截至2012年5月底，宁波市列入甩挂运输试点的企业共有八家，其中浙江百富物流有限公司和宁波港铃与物流有限公司为部级甩挂运输试点企业。

山东省各试点企业推进试点各项工作，取得了阶段成果。截至2013年5月，全省公路甩挂运输试点项目共完成投资6.58亿元，第一批试点企业共完成投资5.83亿元，第二批试点企业完成投资7523万元。试点期间新购置牵引车371辆、挂车547辆，开通了甩挂运输线路50条，范围覆盖山东及周边部分省区。甩挂运输货运量达2047万吨，货运周转量20亿吨公里。车辆平均里程利用率达78%，取得了良好经济社会效益。

二十三、零担快运

（一）内涵核心

随着经济的发展，人们对商品的个性化需求以及时效性提出了更高的要求，在城市物流业中一种新型运输方式——城市零担快运应运而生，其"机动灵活、快速化、个性化"及"门对门，桌对桌"的服务，满足了消费者的需求，同时也促进了城市商品的流通。

城市快递是邮递方式的一种。它主要是通过摩托车、小汽车等快速的城市交通工具将某单位或个人的邮件、包裹等物品迅速邮递到位。城市快递是隶属于城市物流中的一种，是小型货物在最后一公里的流通，也是离老百姓最近的一个物流环节，城市快递是为解决城市内快递及时性和便捷性的运作体系。其目标是缓解中心城区交通压力、提升城市快递运作效率、发动城市中有快递资格人员加入到体系。

（二）外界动态

2013年5月28日，阿里巴巴集团、银泰集团联合复星集团、富春集团、顺丰集团、三通一达（申通、圆通、中通、韵达），以及相关金融机构共同宣布，"中国智能物流骨干网"（简称CSN）项目正式启动，合作各方共同组建的"菜鸟网络科技有限公司"正式成立。"菜鸟网络"是基于互联网思考、基于互联网技术、基于对未来判断而建立的创新型企业，希望打造出若干具有示范效应的电商产业生态圈。

按照"菜鸟网络"的规划，未来5~8年将投资3000亿元，利用先进的互联网技术，建立开放、透明、共享的数据应用平台，为电子商务企业、物流公司、仓储企业、第三方物流服务商、供应链服务商等各类企业提供优质服务，支持物流行业向高附加值领域发展和升级，打造遍布全国的开放式、社会化物流基础设施，建立一张能支撑日均300亿元（年度约10万亿）网络零售额的智能骨干网络，支持1000万家新型企业发展，创造1000万个就业岗位。

智能骨干网体系，将依托国家现有公路、铁路、机场等交通基础设施的布局和规划，通过自建、共建、合作、改造等多种模式，在全国范围内形成一套开放的社会化仓储设施网络。利用物联网、云计算、网络金融等新技术，为各类B2B、B2C和C2C企业提供开放的服务平台，并联合网上信用体系、网上支付体系共同打造中国未来商业的三大基础设施，充分利用自身优势支持国内物流企业的发展，为物流行业提供更优质、高效和智能的服务，不仅助力地方经济发展与产业升级，也利于带动地方经济的结构转型，推动内外贸型企业多渠道发展，促使更多产业电商化和资源优化配置。

"菜鸟网络"的问世，意味着电商物流地产的进一步白热化。自2011年开始，京东宣布落户 5 城自建 1400 亩大型物流中心，而今年底京东投资 35 亿元的物流中心“亚洲一号”将投入使用。易迅网 2013 年将在全国新建 10 余个仓储配送基地。苏宁未来三年计划投入 200 亿建设物流。

二十四、公交线路延伸

（一）战略部署

实施城乡客运（公交）一体化是推进新型城市化、统筹城乡发展的重要内容和基础条件。为进一步加强城市公交和农村客运管理，推进城乡公共交通的一体化建设，更好地满足城乡居民出行需求，努力为广大群众提供便捷、安全、优质的公共交通服务。

（二）基层落实

江苏省鼓励城市公交线路向乡村延伸，2012 年出台的《江苏省道路运输条例》（简称《条例》）规定，县级以上地方人民政府应当在财政政策、资金安排、城市规划、用地保障等方面采取有效措施，优先发展公共汽车客运，并鼓励城市公共汽车客运线路向郊区、毗邻乡（镇）村延伸。

河北省交通运输厅制定出台了《关于完善城乡客运网络加快道路客运发展的意见》，鼓励城市公交向郊县延伸，镇、村间开通公交班线，到 2015 年末，基本建成安全高效的城际、城市、城乡、镇村四级客运网络。要求在具备条件的县（市、区），通达乡镇的农村短途客运基本完成公交化改造，实现农村居民出行一次乘车直达各中心镇（区），一次换乘到中心城市。鼓励经济发展水平和城镇化程度较高的城市公共交通线网向城市周边的县城、重点乡镇以及主要人流集散点延伸，逐步实现城市公共交通在城市城区和郊区范围内的全覆盖。

山东莱芜市把加快推进城乡客运公交一体化作为重要民生工程，按照“政府主导、城乡一体、全域覆盖、公车公营、公益服务”的思路，创新模式，全面推进城乡客运公交一体化，成为山东省第一个村村通公交的地级市。一是坚持服务民生，构建城乡一体的公交网络。将全市所有镇、村（居）全部纳入城乡公交范围，新开通 15 条公交线路，将城郊 6 个街道和镇纳入市区公交网络；完善城镇公交网，开通城镇公交线路 9 条，贯穿城区以外的 14 个镇（街道）；全面延伸镇村公交网，开通镇村公交线路 92 条，城镇公交不能直接到达的 450 个村全部通上镇村公交。

浙江慈溪市发布了《关于推进城乡客运（公交）一体化建设的实施意见》，要求调整线路布局，完善公交网络。按照“一个中心、四个片区”的市域总体规划，调整线路布局，形成三个层次的公交网络，即中心城区的城区公交网，四个片区、重点集镇之间及到中心城区的骨干公交网，四个片区及重点集镇内的区域公交网（骨干公交、区域公交统称为城乡公交），形成以城区公交网为基础、骨干公交网为重点、区域公交网为补充的互为融合的城乡一体化的公交网络体系。

二十五、农村客运班线公交化改造

（一）战略部署

城乡客运一体化建设是全面提高农村客运服务能力和安全管理水平，为农村居民出行提供方便的重要途径，更关系到城乡经济协调发展。在《道路旅客运输及客运站管理规定》规定所称农村客运班线，是指县内或者毗邻县间至少有一端在乡村的客运班线。

公交化是农村客运发展的一个方向，是以人为本，科学发展观的需要，是社会主义新农村建设的需要对帮助农村居民出行，提高乘车质量有很大作用。

农村客运公交化是指用城市公交车运营方式改造和代替现行的农村客运班车运营方式。经营主体由个体转变为公司，经营方式由多、小、散、弱的个体经营转变为集约化、规模化、公司化经营，管理方式由分散管理转变为集中统一管理。实行“五定六统一”管理模式，即定线、定车、定点、定时、定型；统一车型、统一标志、统一排班、统一调度、统一服务标准、统一票价。城乡道路旅客运输实现无缝衔接和零换乘目标，推进城乡客运一体化发展。短途农村客运实施公交化改造，是发展和提升农村客运的重大举措，是道路运输行业做好“三个服务”的必然要求，是新形势下发展现代道路运输业的重要内容。

（二）基层落实

开封市政协委员李炜在政协会上提交了关于加快城乡客运班线公交化改造、为经济建设提供交通运输保障的提案。建议在应实行政府规划、部门联动、政策扶持、企业运作的方式，先试点，后推广，加快推进城乡客运公交化改造。他还建议，按照郑汴一体化发展思路，协调上级交通主管部门和郑州交通部门，将原来开封到郑州各县区的线路由跨区改为区内，减少审批环节，扩大城乡客运线路规模，稳步推进开封市城乡客运一体化进程，为繁荣农村经济、方便农村群众出行、服务“三农”做出应有的贡献。

浙江慈溪市通过对全市现有城市公交和农村客运班车公交化改造，改革现有承包经营模式，实行“公车公营”。慈溪市城乡公交一体化改造的范围和对象涉及慈溪市境内所有农村客运班线 37 条、班车 257 辆；通往余姚的客运班线 2 条、班车 23 辆；城市公交线路 15 条、公交车辆 195 辆；其他车辆 11 辆。

为加快统筹城乡发展进程，让广大群众更好地享受发展成果，浙江余姚市大力实施了城乡公交一体化改革，对城乡公交全部实行 2 元一票制，市境内 254 辆农村客运班车已全部签订了退出经营补偿和奖励协议，其中 160 辆退出经营，与此同时，慈溪市已新开通城乡公交线路 15 条，投放公交车 104 辆。此外， 124 辆毗邻县市客运班车中，已有 101 辆班车签订了自愿退出经营补偿和奖励协议，将全部退出经营。

山东潍坊寿光市交通运输局积极推进城乡客运一体化建设，先后开通了寿光至岔河、羊口、侯镇工业园的公交线路。新开线路的公交车安全舒适，环保节能，在管理、服务、收费等方面最大程度地服务于民、让利于民，给乘客带来优质温馨的乘车环境。

安徽安庆市大力推进农村客运班线公交化改造，通过提高公车公营比例 支持各类运输企业资产重组。提高公车公营比例，推进农村客运班线改造；着力培育物流市场，扶持大型龙头运输企业；严打驾校违规行为，整治教练员吃、拿、卡、要。

二十六、城乡客运线网一体化

（一）战略部署

城乡客运一体化通过城乡客运诸元素的合理配置，将场站建设经营结构、车辆运行、网络延伸、管理体制等有机结合成为一体，实现旅客的有序流动和市场的有序运行，最终达到方便旅客出行、促进社会经济发展的目的。

为深入贯彻落实党中央、国务院关于统筹城乡协调发展、加快社会主义新农村建设和推进城乡基本公共服务均等化的有关精神和战略部署，积极推进城乡道路客运一体化发展，2011 年，交通运输部印发了《关于积极推进城乡道路客运一体化发展的意见》（以下简称《意见》），其主要目标是：力争用 5 年左右时间，全国城乡道路客运一体化发展取得重要突破，城乡道路客运发展更加协调、网络衔接更加顺畅、政策保障更加到位，服务广度和深度逐步提升，服务质量显著改善，可持续发展能力明显增强。

《意见》要求，通过加强规划统筹、优化资源配置，以及加强城乡道路客运枢纽场站建设，加快建设城乡道路客运服务保障网络。通过完善农村客运基础设施和完善农村客运服务网络，加快提升农村客运普遍服务能力。

（二）基层落实

河北省交通运输厅制定出台的《关于完善城乡客运网络加快道路客运发展的意见》；“十二五”期间，河北省将统筹城乡一体化客运网络建设。

贵州省交通运输厅印发了《关于贯彻交通运输部积极推进城乡道路客运一体化发展意见的通知》；明确了推进全省城乡客运一体化发展的主要思路，提出了发展措施。

江苏省发布了《关于加快推进江苏省城乡客运统筹发展的意见》；明确了城乡客运统筹发展的总体目标，提出到 2015 年，基本形成城市公交、县乡客运、镇村公交以及其他客运服务有机衔接、协调融合的城乡客运服务体系，全省城乡客运一体化水平居全国前列。到 2020 年，全省全面实现城乡客运一体化。

福建省加快推进城乡道路客运一体化发展。省厅于 2012 年部署开展全省城乡道路客运一体化试点工作，选择石狮市、仙游县、连城县、清流县作为福建省城乡道路客运一体化首批试点县（市）开展试点工作。各试点县（市）在省级资金扶持政策引导下，创新思路，探索出一条符合福建特色的城乡客运一体化发展道路。石狮市积极探索公交全覆盖发展模式，已全面实现城乡公交一体化；连城县依托在公车公营方面的良好基础（农村客运公车公营比例达 71%），基本实现在城区至附近乡镇 20 公里范围内实行农村客运线路公交化运行；仙游县通过延伸公交线路、打造多条城乡精品公交线路等方式，加快两种运输方式的无缝衔接。清流县采取“划片经营、灵活发车、有客才跑、有约就走”机动灵活的经营模式，2012 年全县农村客运班车通村率已达 98%。

二十七、从业企业动态管理

公路施工企业动态管理考核，是规范公路建设市场管理的一项重要内容。根据《中华人民共和国公路法》、交通运输部《公路建设市场管理办法》、《关于建立公路建设市场信用体系的指导意见》等有关规定，凡从事公路建设的项目法人、项目建设管理单位，咨询、勘察、设计、施工、监理、试验检测单位、提供相关服务的社会中介机构，设备、材料的供应单位和从事公路建设活动的人员，必须纳入信誉动态管理体系。各省市交通运输主管部门负责全省市公路建设市场从业单位业绩信誉动态管理，建立业绩信誉和不良记录档案，并通过媒体发布。公路建设从业单位业绩信誉信息与公路建设市场准入挂钩，作为下一轮工程招标资格预审、评标的重要依据。凡有不良信用记录的公路建设从业单位和主要从业人员，视情节轻重，给予限制1～5年内不得进入公路建设市场的处罚。

第五篇
科技创新篇

一、思路换脑

（一）内涵核心

交通运输部党组书记、部长杨传堂在交通运输部党组理论学习中心组第三次集体学习上强调：

各部门、各单位和各级干部要以全新的思维、理念和务实的作风，切实负起责任，勇于担当，加强组织领导，健全完善各项保障措施，以“壮士断腕”的精神和勇气，锲而不舍地推进交通运输发展方式转变。转变发展方式要突出重点、实化抓手、取得实效。

一是深化改革创新是转变交通运输发展方式的最大红利。要切实增强紧迫感和责任感，以解决体制性机制性矛盾为突破口，以转变职能为核心，以推进大部门制改革和建设综合运输体系为契机，不断深化交通运输管理体制、科技管理体制、行政审批制度、综合行政执法等方面的改革，创新制度体系，增强交通运输科学发展的内生动力。

二是推进结构调整是转变交通运输发展方式的主攻方向。要着力推进区域和城乡交通运输一体化，落实城市公交优先发展战略，把提高交通运输公共服务能力和水平落到实处。要着力推进各种运输方式之间的合理布局和有效衔接，促进各种运输方式内部的结构调整，优化交通运输产业结构，大力发展现代物流业，延伸交通运输产业链和覆盖面，不断提高交通运输的整体竞争力和服务保障能力。

三是依靠科技进步是转变交通运输发展方式的最大支撑。要抓住机遇，深入实施科技强交战略，不断提高原始创新、综合创新和集成创新能力，以信息化、智能化为引领，全面提升交通运输核心竞争力和管理水平，把生态文明发展战略落实到交通运输发展的各方面和全过程，实施结构性、管理性和技术性绿色低碳发展战略，实现交通运输绿色发展、循环发展、低碳发展。

四是提高人员素质是转变交通运输发展方式的关键。要进一步转变发展理念和观念，加强正规化建设和素质教育，大力开展职业技能培训、岗位技能培训和管理技能培训，不断增强转变发展方式的本领，提高工作效率，努力打造学习型交通运输行业。

（二）地方交流

黄黄管理处以信息化建设为抓手推动鄂东高路发展转型

2012年初，在厅领导的关心和省高管局的支持下，黄黄管理处主动对接省气象局，完成交通气象站的安装调试，它是湖北省首批专业为高速公路服务的交通气象站，用于检测高速公路沿线能见度、气温、雨量、路面温度等气象数据，当气温、能见度、路面温度偏低达到预警值时，数据立即传送到应急预警管控系统，通过可变情报板发布天气、路况、交通管制信息，提醒广大驾乘人员减速慢行，实现了信息第一时间发布、应急第一时间反应、驾乘第一时间受益。

2012年中，黄黄管理处率先引进智真会商系统，将全球第二大通信设备供应商华为公司处于研发调试阶段的智真会商系统果断用于高速公路管理实践，并会同华为公司研发人员多次研究改进智真会商系统在高速公路领域的技术应用。管理处对信息化建设执着的态度和敬业精神感染了华为的工作人员，华为总部高层管理人员四次到管理处听取管理处领导和同志对智真会商系统研发的意见和建议。目前，装有华为 VC100 管理系统的笔记本电脑正式成为工作人员的必备工具。管理处智真会商系统支持各路段之间、各会场之间、各视频点之间面对面地实时沟通交流，为管理处建设了突破空间限制的会商室，可以随时进行“千里之外、咫尺之间”有效沟通。

2013 年是管理处信息化建设的决战之年，今年 7 月，由一个近 20 年历史的破旧锅炉房改建而成的黄黄管理处信息监控中心正式投入使用，成为鄂东高速信息综合管理的大“心脏”。它是集信息监控中心、运营管理中心、应急指挥中心于一体的综合管理中心。在日常正常发挥收费管理、信息监控等作用的同时，更重要的作用是把应急预警管控信息采集、传递、恶劣天气应急预警管控、事故堵塞应急预警管控、危险化学品运输事故（事件）应急预警管控、突发性事件应急预警管控等六大系统整合在统一的指挥平台上。足不出户，即可在信息监控中心 20 余平方米的大屏幕上完成对鄂东高路即时收费数据、道路信息、通行流量、天气变化、应急资源分布、巡逻车辆位置、应急事件处置等运营状况的全方位监控和立体化管理。（2013 年 12 月 11 日；来源：湖北省交通运输厅）

金华："四新"技术改变传统公路养护

“自发光公路”向全世界推广，公路自发光节能安全标识大大降低交通事故率，同步碎石封层技术环保省钱……浙江省金华市公路管理局着力研究应用“四新”技术（新技术、新工艺、新材料、新设备），公路养护由传统向现代转型，向科学化方向发展，向节能低碳迈进。

金华市公路管理局局长徐晓和介绍，“自发光公路”铺设了紫外线粒子，白天吸收太阳能，晚上可替代路灯 12 小时发黄绿色的光，是被交通运输部列入全国科技成果推广目录的农村公路自发光节能安保和惠民工程。获多项技术大奖的公路自发光节能安全标识，在临水、临崖等危险路段提供夜间警示。据统计分析，试点路段夜间机动车交通事故率下降 48%，非机动车及行人交通事故率下降 70%。同步碎石封层技术，实现了预防性、环保养护，可使公路寿命普遍延长三至五年。

此外，金华还开展了路面基层运用土壤固化剂浇筑研究，利用黄土资源，通过添加固化剂，有效提高路面基层的强度、水稳定性、抗渗性和抗冻性，节能优势十分明显。（2013 年 12 月 11 日；来源：《中国交通报社》）

湖州市运管局着力推进生态智能运输建设

为进一步做好交通运输生态文明建设，推动湖州市道路运输行业转型升级和科学发展，近年来，湖州市运管局着力建设低碳、生态城市客运，积极探求解决油价持续攀升、高铁不断冲击等问题的有效途径，主动适应新形势下交通运输科学发展的新要求，进一步优化交通运输网络布局、完善综合交通运输体系，推进生态智能运输建设。

一是落实“四边三化”举措。集中开展了机动车三类维修专项整治行动，共排摸三类维修业户 48 家，依法查处维修点 3 家；积极配合相关部门开展了市本级工程车加盖整治专项行动，共督促完成工程车加盖 299 辆；针对国道、高速出入口、湾山加油站等非法组客集中区域，集中开展“打黑”行动，确保公路运输环境通畅有序。

二是倡导节能减排理念。大力发展低碳公交，1-10月份全市共新增LNG公交车123辆，LNG中长途客运班车7辆，目前全市仅城市公交就有321辆LNG车，占城市公交总量的53.5%；积极推广LNG货车（全市目前已有45辆），全市重型化、厢式化、专业化货车比重已提高至22.9%、20.5%和7.3%；推进出租车双燃料改造工程，今年共有18辆出租车实施了双燃料改造，目前全市共有双燃料出租车1071辆，占出租车总量的69.5%，占比位列全省第一。湖州市“LNG清洁能源汽车推广及应用”项目被省交通运输厅、省环保厅授予全省生态交通十大示范项目之一，并在全省交通运输循环经济与节能减排工作会议上作推介交流。

三是推进智慧运管创建。全面推进了以场站视频、重点路段高清视频为基础的非现场执法体系，共新装10路高清监控点。启动建设了集语音调度、集群对讲、车载3G视频等功能为一体的稽查综合调度平台。完成了单兵执法装备和车载视频选型试用工作，预计投入将在160万元左右。依托已建成的监控指挥中心和数据中心，着手建设全市交通运输应急指挥中心，预计年底将投入试运行。该中心将通过统一协调指挥公路、水运、道路运输等各部门应急力量，为全市交通运输调度应急指挥和日常监管服务。（2013年12月11日；来源：浙江省交通运输厅）

二、信息化智能化建设

（一）战略部署

交通通运输部办公厅关于推进交通运输信息化智能化发展的指导意见

（厅科技字〔2013〕257号）

1. 建设目标

到2020年，基本形成目标一致、功能协调、运转高效、有机衔接的交通运输信息化智能化发展总体格局，交通运输信息化普及程度大幅度提升，重点领域智能化发展取得突破，交通运输信息化智能化发展水平显著提高。

（1）基本建成全面高效的交通基础设施和载运工具运行状态感知体系，公共与专用相结合的信息通信网络满足发展需要。

（2）基本建成行业数据中心体系和信息资源互通共享的开发应用体系，信息系统间互联互通和信息资源综合利用水平显著提升。

（3）基本建成统筹协调的业务管理系统和快捷、准确、全面的信息服务体系，物流信息服务和公众出行信息服务满足社会需求，交通运输信息消费规模快速增长。

（4）基本建成适应信息化智能化发展要求的技术支撑体系和可信可控的网络与信息安全保障体系。

（5）在运输组织、公众出行、城市客运管理、安全应急保障和交通电子支付等领域，智能化水平显著提升。

2. 主要任务

（1）加强信息化智能化发展统筹规划。

（2）加强业务流程优化和管理模式创新。

（3）加强信息数据的采集、管理与应用。

（4）加强重点应用领域信息系统建设。

（5）加强智能交通技术集成创新和试点示范。

（6）加强可持续发展体制机制建设。

（7）加强信息化智能化标准体系建设。

（8）加强网络与信息安全保障体系建设。

（二）行业动态

2014 年我国城市轨道交通信息化市场规模将达百亿

前瞻产业研究院发布的《2013—2017 年中国铁路信息化行业市场前瞻与投资战略规划分析报告》显示，2008 年我国城市轨道交通信息化系统市场规模仅为 31 亿元，增长率为 12.73%；到 2010 年，我国城市轨道交通信息化系统市场规模已达 45 亿；到 2012 年，市场规模已达 65 亿，增长率为 23.19%；2013 年我国轨道交通信息化系统市场规模已达 81 亿，预计 2014 年将有可能达百亿规模，如下图所示。

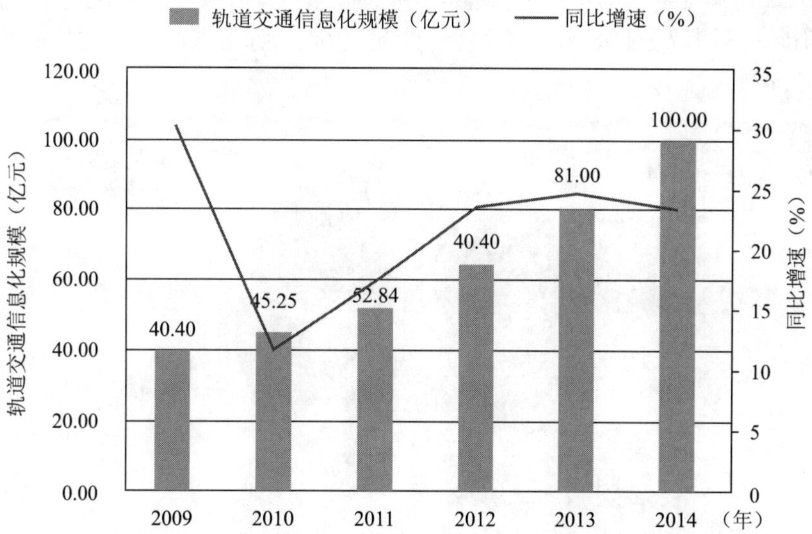

2009—2014 年中国城市轨道交通信息化系统市场规模走势图

从市场细分来看，2014 年信号系统仍将是比重最大的一个子系统，其市场规模将可能达到 26.5 亿元。我国城市轨道交通信息化系统是由 6 个子系统组成，分别是：信号系统、综合监控系统、自动售检票系统、综合安防系统、通信系统、乘客资讯系统。从近五年来子系统的比重变化趋势来看，前瞻预测，2014 年以上 6 个子系统的市场规模分别为 26.5 亿元、23 亿元、16.3 亿元、13 亿元、11 亿元、10 亿元，如下图所示。

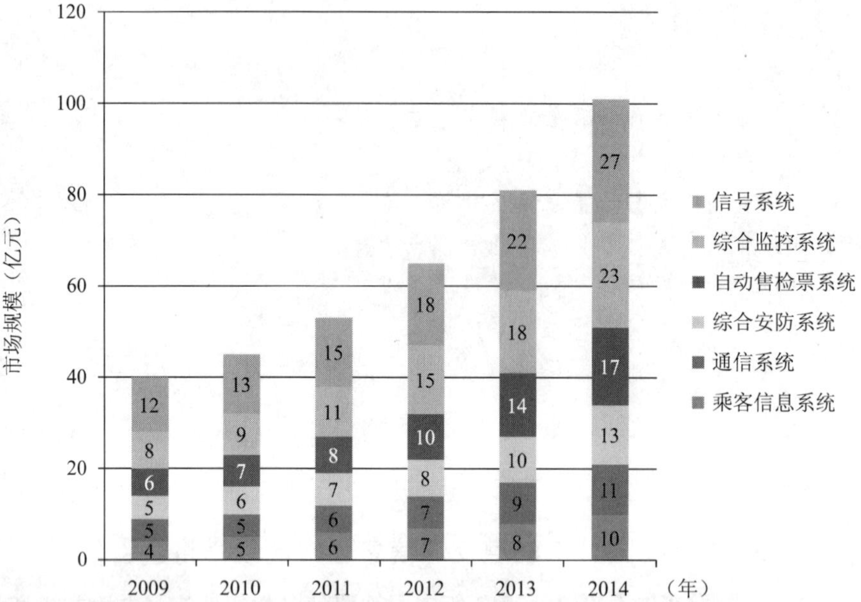

2009—2014 年中国城市轨道交通信息化系统 6 个子系统的市场规模图

从竞争格局来看，目前城市轨道交通信息化系统行业呈现"割据化"市场竞争格局，各主要竞争主体在各子系统拥有相对优势，没有一家企业在整个城轨信息化行业取得全面竞争优势。总体来看，北京和利时近年来发展速度较快，在轨道交通信息化领域已经开始具备领先优势，其他各主要竞争厂商市场地位差距不明显。前瞻预计，2014 年我国城市轨道交通信息化市场排名前四位企业市场占有率将可能超过 60%，如下图所示。（2014 年 1 月 7 日；来源：前瞻产业研究院）

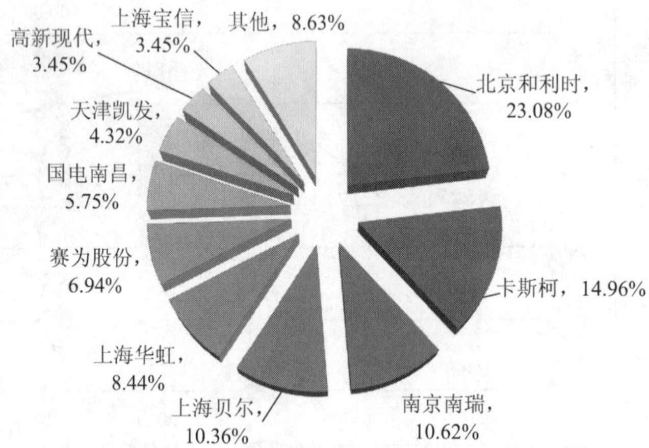

2014 城市轨道交通信息化领域整体市场占有率预测图

（三）基层落实

北京——应用信息技术构建智慧交通

"十二五"期间，北京将建设完成"一个中心、三项工程、十八个任务"，带动全行业基本实现全方位信息化，规划总投资56亿元。北京交通将建成交通运行协调指挥中心（TOCC）和路网运行、运输监管、公交安保三个分中心，形成一体化、智能化综合交通指挥支撑体系，成为数据共享交换中枢、综合运输协调运转中枢、信息发布中心，紧急情况下为交通安全应急指挥中心。

为高效支撑交通规划设计、日常管理、安全应急、政策制定与公众服务，北京交通将建成全路网（含高速公路、城市道路、普通公路）、各种运输方式（含公共交通、货运、停车等）、居民出行的数据采集系统，动静态交通数据采集、整合、利用达到90%以上。

为提升信息化应用水平，提升交通精细化管理能力，北京交通将使政府办公实现业务协同，许可与服务100%信息化；行业骨干企业核心业务与管理100%实现信息化。做到"数字准、情况明、效率高"，将管理服务工作延伸到行业每一个角落。

同时，为提升信息化应用水平，提升路网承载能力，全路网养护管理实现100%信息化，实现重点路段、桥梁、隧道、道口安全防护与监测，道路基础设施的安全水平大幅提升，道路基础设施寿命明显延长，养护管理效率大幅提高。配合基础设施建设改造，大幅提升路网承载能力。

此外，为支撑"公交城市"建设，北京交通还将开展一系列的信息化工作，提升信息化应用水平，进一步提升公众出行服务水平。轨道交通、地面公交运营调度和枢纽服务智能化，提供安全、便捷、舒适、高效的公共交通服务；建设综合交通数字枢纽，提升枢纽换乘服务水平；自行车租赁实现网络化服务。进一步提高公共交通吸引力。构建新型公共交通出行信息服务体系，实现地面公交、轨道交通、换乘枢纽全方位出行信息服务；拓宽信息服务渠道，实现信息服务与新媒体的结合；建立交通信息服务产业联盟，推动具有自主知识产权的动态导航核心技术设备的规模化应用。（2011年8月26日；来源：《中国交通报》）

徐州1000万支持出租车信息化建设项目启动建设

为提升出租车使用效率和服务质量，提升行业监管力度和水平，缓解城市拥堵和改善城市形象，解决打车难题，徐州市委、市政府把出租车信息化建设项目列为2013年为民办实事工程。经过论证，并经市政府同意，项目已经正式实施，有关设备（软件）政府采购正在紧张进行之中。为支持项目建设，市财政安排专项资金2000万元，其中2013年1000万元（已到位），2014年部门预算安排1000万元。

徐州市出租车信息化建设项目包括"一套终端、三个中心、九大系统"。"一套终端"是抓出租车信息化终端设备，包括车辆定位终端、计价器、调度屏、服务评价器、POS机、智能顶灯等多种设备；"三个中心"包括数据资源中心、监控指挥中心和电召服务中心；"九大系统"为软件平台，主要包括车辆定位监控指挥系统、综合运行分析系统、动态管理稽查系统、刷卡付费管理系统、浮动车交通系统等。

项目建成后，可以实现智能叫车（乘客可以通过手机实时查询、实时召车、守时等车），降低出租车空驶率，方便市民打车。财政资金的及时拨付，为项目的顺利实施提供了有力的支撑。（2013年12月20日；来源：中国交通技术网）

智能手机助力如皋公路站信息化发展

2013年7月19日，如皋公路站所属的5个中队参加了站组织的公路协同巡查系统培训会议，技术人员详细介绍了这套系统的使用方法和相关的巡查规范、处置规范、督查规范、考评规范以及技术规范。会后为每个中队配发两台智能手机用于路政养护的巡查处置。这标志着如皋市的县、乡公路的巡查处置管理将得到全面提升，迈上科技化、规范化、精细化、信息化水平。

这套公路协同巡查系统将“路政、养护、路网”巡查“三合为一”，在一个平台上实施一次性巡查，采用3G网络传输和移动智能终端技术，将传统的“巡查纸质记录、相机拍摄返回单位录入系统分发任务进行处理”的工作流程，调整为“巡查现场录入系统、传输入系统、可现场分发任务处理反馈任务处理情况”，一个事件在现场记录、传输、下发任务不超过1分钟，提高了巡查及下发任务的效率，整合了巡查资源，节省了巡查成本，稳步推进公路巡查系统完善，增强公路各部门履职能力，促进公路交通事业可持续发展。（2013年7月22日；来源：如皋商务信息网）

三、产学研协同创新体系

（一）内涵核心

交通运输行业协同创新平台主要包括以企业为主体的协同创新平台和以高等院校为主体的协同创新平台。以企业为主体的协同创新平台是指以企业为主体，整合高等院校、科研机构等，以企业发展需求和各方共同利益为基础，以提升产业技术创新能力为目标，以具有法律约束力的契约为保障，形成的联合开发、优势互补、利益共享、风险共担的产学研协同创新组织。

以高校为主体的协同创新平台是指以高等院校为主体，通过高校与高校、科研机构，特别是与大型骨干企业的强强联合，组建具有法律约束力保障的，从事交通运输重大科学问题研究、核心共性技术研发和转移的产学研协同创新组织。（2013年10月11日；来源：中国中小企业信息网）

（二）战略部署

《交通运输行业协同创新平台管理办法（暂行）》

（厅科技字〔2013〕259号）

交通运输部印发《交通运输行业协同创新平台管理办法（暂行）》通知（以下简称《管理办法》），《管理办法》共分四章十四条对主要任务、基本原则、管理机制、申报与认定进行规范。《管理办法》指出，交通运输行业协同创新平台的主要任务是组织企业、高等院校和科研机构等，按照“行业急需、国际一流”的要求，针对提高综合交通、智能交通、绿色交通和平安交通发展水平的重大科学问题和关键技术问题，开展科研合作，通过创新资源的有效分工与合理衔接，突破核心技术、实施技术转移、加速科技成果的转化应用。平台的构建要坚持遵循市场经济规则、体现国家战略目标、满足交通运输发展需求三项基本原则。

在管理机制方面，《管理办法》要求，平台要设立相应的组织机构，明确对外承担责任的主体单位。平台组织机构包括决策、执行和咨询机构。决策机构负责审议决策平台的重大事项，制定平台发展规划，确定平台的科技创新方向、组织方式、机构设置、议事规则及有关管理规定等；执行机构应配备专职人员，负责日常工作；咨询机构主要对平台的科技创新提出咨询意见，把握学术方向和人才培养方向，负责对创新任务设置、人员遴选和考评、自主创新项目审核、创新人才培养、国内外合作与学术交流等提出建议。要建立绩效评价和退出机制，交通运输部按照平台确定的任务与规划，进行阶段性评估。对于执行效果不佳或无法实现预期目标的平台，要及时整改或予以裁撤。

《管理办法》指出，平台申报应具备五个基本条件。

(1)平台的依托企业原则上应处于行业骨干地位，依托高校应拥有省级及以上交通运输领域重点学科或重点研究平台；

(2)平台各参与单位具有良好的合作基础，建立协同机制；

(3)在协同创新的组织管理、人员聘任、绩效考核、人才培养、资源配置等方面开展了有效的机制体制改革；

(4)具有高水平的学术带头人，具有高水平的学术带头人，有具体可行的人才聚集培养的计划，具备解决行业重大需求的能力和水平；

(5)有健全的经费管理制度；

(6)建立了利益保障机制；建立了开放发展机制。

此外，《管理办法》还对申报与认定程序进行了说明。其中，评审认定的具体程序包括：

(1)对申报材料进行形式审查；

(2)在行业内外遴选专家组建专家库，并对申报材料进行评审；

(3)组织专家现场考察；

(4)综合专家评审和考察结果，形成认定建议名单报部审核；

(5)通过评审认定的平台，由部科技主管部门授予铭牌。

交通运输部科技司关于开展2013年度交通运输行业协同创新平台认定工作的通知

6

(科技教培函〔2013〕250号)

(1)本次认定工作由以高等院校为主体的协同创新平台和以企业为主体的协同创新平台两部分组成，平台应具备《交通运输行业协同创新平台管理办法(暂行)》中所规定的基本条件。

(2)以高等院校为主体的协同创新平台应重点围绕交通运输重大科学问题研究，积极开展人才、学科、科研三位一体综合改革，牵头单位应为高等院校；以企业为主体的协同创新平台应以提升产业技术创新能力为目标，今年重点围绕“长大桥隧建设、公路养护、绿色港航、现代物流”4个方向进行认定工作，原则上应由企业牵头，要由企业、大学和科研机构等不少于10个独立法人按照平等、自愿原则组成。

（三）最新进展

绿色交通技术产学研协同创新联盟成立

积极响应国家“2011 计划”实施，政产学研联合发力，共同促进交通运输行业科学发展和创新能力提升，2012 年 2 月 28 日，“绿色交通技术产学研协同创新联盟”在北京成立。交通运输部副部长高宏峰、教育部副部长杜玉波、湖南省副省长李友志等出席成立大会，并充分肯定了该联盟成立的重要意义和示范作用。

“绿色交通技术产学研协同创新联盟”是由武汉理工大学、长安大学和大连海事大学发起，在交通运输部、教育部、科技部共同指导下，由六家高校及交通运输行业科研院所和企业共 21 家单位共同组建。联盟将按照“自愿平等、开放共享、协同创新、合作共赢”的原则开展工作，围绕解决绿色运输体系科学发展的基础性、前瞻性、战略性重大问题，以长江黄金水道绿色航运综合技术、公路交通高效运行与安全保障技术、现代智能与绿色航运关键技术为三大主攻方向，着力构建国际一流水平的科技创新、创新人才培养、文化传承创新三大协同创新平台。

高宏峰在成立大会上强调，联盟要充分发挥高等院校、科研机构和企业的优势，促进人才、资源与成果的共享，提升联盟创新能力；要加强开放合作，各成员单位要积极与联盟外具有相关学科背景和资源优势的高等院校、科研机构和企业展开交流与沟通，产学研合作，逐步扩大联盟的影响力；要始终坚持以服务国家经济与社会发展为宗旨，服务交通运输业的绿色发展，提升科学研究水平、促进科技成果转化，早日取得一批行业急需、世界一流的科技成果。

杜玉波表示，联盟的成立是提升高校协同创新能力的创新实践，教育部将在《高等学校创新能力提升计划》（“2011 计划”）的实施中，充分发挥这一行业协同创新模式的示范作用，在国家协同创新中心建设、创新基地建设、重大专项计划、拔尖创新人才计划等方面予以政策和项目上的支持和保障。（2012 年 2 月 29 日；来源：中国交通报）

湖北现代综合运输体系：校企合作创立“产学研”基地

武汉大学是国家教育部直属重点综合性大学，是国家“985 工程”和“211 工程”重点建设高校，是湖北地区最具学科影响力和科研能力的高校之一。湖北公路客运集团是湖北地区最具专业实力和发展潜质的国有道路旅客运输企业，是湖北省交通运输行业的“排头兵”，在公路客运、旅游客运、小件物流、机场大巴等领域都有多年的运营管理经验和卓著的业绩。5 月 26 日上午，本着“平等互利、优势互补、相互协作、共同发展”的原则，武汉大学与湖北公路客运集团举行“产学研战略合作”签字仪式，将合作创立“产学研”基地，在管理创新、科技成果转化、高新技术产业化、建立实习基地和人才培养等方面开展广泛务实合作，全面提升道路客运服务水平。

据介绍，校企双方首次合作将涉及 3G 智能车载视频监控系统、物联网信息技术两个项目。3G 智能车载视频监控系统即采用 3G 网络、GPS 定位技术，通过安装在长途客车上的监控摄像头，对车辆位置、驾驶室、车辆内部和外部环境的视频监控。通过 3G 无线网络还能进行智能调度，合理调整运输线路，提升公路运输智能化管理水平。物联网信息技术运用方面涵盖了3G无线网传、GPS定位、视频监控、行驶数据记录等功能,可有效监控司机,防止违规驾驶车辆,避免公车私用,降低物流车辆运营费用,同时为运送途中丢失的货物提供录像视频证据,并可连接车辆各类传感器,记录各类车辆行驶数据。

省交通运输厅厅长尤习贵在签字仪式上指出,面对全国交通大格局、中部崛起大使命、全省"一元多层次"大战略的新要求,湖北交通运输企业既要"拼命"更要"拼智",努力做成承载"大通道"、"大枢纽"、"大物流"的大企业,实现更大的跨越。湖北公路客运集团和武汉大学合作创办"产学研合作"基地,是我省交通运输企业顺应社会经济跨越发展新形势进行的一次积极探索,对双方发展,乃至促进湖北交通运输行业的发展都具有非常深远的意义。他表示,省交通运输厅将全力为校企合作做好服务,并在交通运输企业产业技术升级、管理创新、文化构建、人力资源储备等方面提供帮助,提升交通运输企业市场竞争优势和又好又快发展的能力。(2012年6月8日;来源:湖北省交通运输厅)

四、北斗海上搜救信息系统工程

(一)战略部署

交通部:充分发挥北斗系统在海上搜救工作中的作用

交通运输部近日举行了2012年海上搜救工作新闻发布会,会上交通运输部海事局常务副局长陈爱平表示,要努力提升科学搜救水平,充分发挥船舶远程跟踪系统(LRIT)、卫星探测船舶识别系统(卫星AIS)、北斗系统在搜救工作中的作用。

陈爱平强调,努力提升科学搜救水平。转变传统海上搜救理念,高度重视科学技术的运用,进一步加大高科技设备设施在海上搜救中的应用,推广海事应急辅助决策指挥系统在各级海上搜救中心的使用,充分发挥船舶远程跟踪系统(LRIT)、卫星探测船舶识别系统(卫星AIS)、北斗系统在搜救工作中的作用,实现科学协调调派搜救力量;此外,深入开展"科学搜救年"活动,从搜救立法和协作机制的完善,搜救力量的建设,搜救资源的配布和调派,到搜救技术的研究、搜救人员的培训、搜救方案的制定等方面坚持科学决策,不断提高海上搜救科学管理水平。

陈爱平表示,会进一步加强搜救能力建设。有效利用海上预警监测服务信息,加强海上风险预警预防工作。充分发挥国家搜救部际联席会议制度的作用,按照"专群结合、军地结合"的原则,配备最有效的搜救力量。(2013年1月28日;来源:中新网)

(二)最新进展

交通运输部基于北斗的中国海上搜救信息系统示范工程
通过工程可行性研究报告审查

2013年11月4日上午,中国卫星导航系统管理办公室和交通运输部综合规划司联合组织召开了《基于北斗的中国海上搜救信息系统示范工程可行性研究报告》专家审查会。

“基于北斗的中国海上搜救信息系统示范工程”是北斗重大专项在交通运输行业的第二个民用示范项目，重点解决中小型船舶和落水个体搜寻效率低、险情预控能力不强、海上航行安全信息服务能力较弱等问题。工程实施对提高海上搜救效率，保障海上人命财产安全，提升交通运输行业管理与服务能力，推动扩展北斗卫星导航系统服务范围，加快北斗卫星导航系统产业化进程，促进北斗健康可持续发展，具有重大的现实意义。

该示范工程以提高海上搜救效率和推动北斗产业化为核心目标，基于海上搜救现有信息基础设施，提出研制并推广基于北斗的遇险报警手机等终端产品，建设基于北斗的海上遇险报警管理系统、基于北斗的海上搜救指挥辅助系统、海上综合信息服务系统3个应用系统。（2013年11月6日；来源：中国交通通信信息中心）

（三）基层应用

山东：举行海上消防救生演习 北斗定位救生衣“试水”

2013年7月11日是中国第9个航海日，上午10时25分，2013年山东海上联合搜救消防演习在威海海域拉开帷幕，具有定位功能救生衣首次“现身”海上演习。

此次演习包括新技术海上综合定位、海上人员搜寻和人命救助、船舶海上消防作业等四个科目，这是首次应用海上综合定位技术，由军队、地方政府和民间救助力量密切配合的海空联合演习。

本次演习模拟一艘客船在航行过程中因电路故障引起机舱起火爆炸，1名乘客落水。威海市海上搜救中心在接到险情后，调动海事、海警、渔政、救助局、救助飞行队以及社会志愿搜救力量等参与到救助行动中，对遇险船舶进行消防作业，救助落水人员。

本次演习中，落水人员穿着的北斗定位救生衣，具有先进的全球卫星定位功能，可以自动发射救生信号。威海市搜救中心通过北斗搜救指挥系统接收到定位信息，指令现场救援力量迅速到达指定位置进行救助。

据了解，“落水”人员身穿的救生衣，是我国自主研发的配备有北斗卫星导航终端的海上救生衣，它能实现整个亚太区域海洋上的遇险自动报警、北斗卫星精确定位、落水人员漂移轨迹实时跟踪等功能，为搜救落水人员能够赢得宝贵时间，这是此类救生衣首次在国内各类海上演习中使用。（2013年7月12日；来源：齐鲁网）

东海航保中心成功研发北斗AIS一体化船载终端

2014年1月2日，记者从交通运输部东海航海保障中心获悉，该中心率先在全国范围内成功研发出北斗AIS（船舶制动识别系统）一体化船载终端。目前该终端已在海事航标、测量作业船上试用，最快有望于2014年上半年在商业船舶上投入使用。

“北斗AIS一体化船载终端集北斗船载终端和AIS船台功能于一体，是北斗导航应用和船舶自动识别技术的有机结合，可以全方位提升区域船舶监控能力，更好地服务于海事、海警监管巡航。”东海航海保障中心总工程师刘嘉华表示。

据了解，北斗AIS一体化船载终端既具有船舶自动识别功能，又具有北斗位置报告功能。当船舶航行在AIS基站覆盖范围内时，北斗位置报告功能自动关闭，监控中心通过AIS链路监控船舶动态；当船舶处于基站覆盖范围外时，北斗位置报告功能自动开启，利用北斗位置报告实现船舶的实时监控。

“值得一提的是，这种终端还具有‘间谍’功能，可以收集并转发周边船舶的AIS信息，大大扩展船舶的监视范围，对于提高船舶动态的监控能力和海上搜救的感知能力具有很重要的意义。”刘嘉华说道。

据悉，基于北斗AIS一体化船载终端的北斗AIS系统还具有广泛的应用前景，将应用于航行通告、紧急报警、物流监控、电子签证、进出港报告等。（2014年1月6日；来源：《中国水运报》）

五、智能交通国家物联网应用示范工程

（一）国家战略

国务院关于推进物联网有序健康发展的指导意见（摘要）

（国发〔2013〕7号）

物联网是新一代信息技术的高度集成和综合运用，具有渗透性强、带动作用大、综合效益好的特点，推进物联网的应用和发展，有利于促进生产生活和社会管理方式向智能化、精细化、网络化方向转变，对于提高国民经济和社会生活信息化水平，提升社会管理和公共服务水平，带动相关学科发展和技术创新能力增强，推动产业结构调整和发展方式转变具有重要意义。

一、指导思想、基本原则和发展目标

总体目标。实现物联网在经济社会各领域的广泛应用，掌握物联网关键核心技术，基本形成安全可控、具有国际竞争力的物联网产业体系，成为推动经济社会智能化和可持续发展的重要力量。

近期目标。到2015年，实现物联网在经济社会重要领域的规模示范应用，突破一批核心技术，初步形成物联网产业体系，安全保障能力明显提高。

——协同创新。物联网技术研发水平和创新能力显著提高，感知领域突破核心技术瓶颈，明显缩小与发达国家的差距，网络通信领域与国际先进水平保持同步，信息处理领域的关键技术初步达到国际先进水平。实现技术创新、管理创新和商业模式创新的协同发展。创新资源和要素得到有效汇聚和深度合作。

——示范应用。在工业、农业、节能环保、商贸流通、交通能源、公共安全、社会事业、城市管理、安全生产、国防建设等领域实现物联网试点示范应用，部分领域的规模化应用水平显著提升，培育一批物联网应用服务优势企业。

——产业体系。发展壮大一批骨干企业，培育一批“专、精、特、新”的创新型中小企业，形成一批各具特色的产业集群，打造较完善的物联网产业链，物联网产业体系初步形成。

——标准体系。制定一批物联网发展所急需的基础共性标准、关键技术标准和重点应用标准,初步形成满足物联网规模应用和产业化需求的标准体系。

——安全保障。完善安全等级保护制度,建立健全物联网安全测评、风险评估、安全防范、应急处置等机制,增强物联网基础设施、重大系统、重要信息等的安全保障能力,形成系统安全可用、数据安全可信的物联网应用系统。

二、主要任务

(一)加快技术研发,突破产业瓶颈。

(二)推动应用示范,促进经济发展。

(三)改善社会管理,提升公共服务。

(四)突出区域特色,科学有序发展。

(五)加强总体设计,完善标准体系。

(六)壮大核心产业,提高支撑能力。

(七)创新商业模式,培育新兴业态。

(八)加强防护管理,保障信息安全。

(九)强化资源整合,促进协同共享。

(二)行业动态

海铁联运点亮宁波港口经济

2013年2月,宁波港股份有限公司关于《国家集装箱海铁联运物联网应用(宁波港)示范工程可行性研究报告》获交通运输部批复,集装箱海铁联运"国家样本"出现了宁波身影。

根据该批复,宁波港的示范工程总投资5430万元(其中430万元专项用于标准规范建设),约50%申请国家发展改革委专项资金补助和交通运输部安排投资。工程建设工期24个月,主要建设内容包括:建设宁波港集装箱海铁联运业务应用系统,包括建设海铁联运计划管理系统、货物跟踪系统、增值服务系统和子门户系统;改造完善港口业务应用系统;扩容改造现有宁波港数据交换平台;建设宁波港集装箱海铁联运数据资源中心;建设集装箱海铁联运物联网信息采集终端;建设完善软硬件支撑平台、网络、安全系统;统一建设集装箱海铁联运技术标准规范。工程以宁波港口为中心,建立辐射华东贸易区域的集装箱铁水联运物联网应用信息平台,选取宁波—金华(义乌)—江西上饶的海铁联运运输线路作为示范线。

目前海铁联运物联网示范工程建设稳步推进,完成了物流信息化规划工作;海铁联运转码头无纸化工作推进,开始试运行;海铁联运物联网项目完成业务需求整理及完善,初步设计方案将于近期审订。来自市交通运输委员会的统计显示,今年上半年,宁波市开通海铁联运的城市扩大到11个,覆盖省内台州、金华、绍兴、衢州及省外的南昌、上饶、鹰潭、景德镇、萍乡、新余、西安等地。鹰潭(上饶)班列上半年开行73班,平均每班35车以上,同比增长20.7%。台州班列从今年1月1日起开始天天双向对开,月箱量基本保持在3000标箱,业务量全面稳步提升,同比增长292.8%。(2013年9月2日;来源:浙江省交通运输厅)

《物联网技术在海上客运领域的应用研究》课题通过省交通运输厅验收

2013年11月2日，省交通运输厅组织的《物联网技术在海上客运领域的应用研究》课题专家评审会在杭州召开，验收组听取了项目研究报告、经费审计报告、科技查新报告等内容汇报，认为该项目提供的技术资料齐全、规范，符合验收要求，该课题顺利通过验收。

《物联网技术在海上客运领域的应用研究》课题分析了物联网在海上客运应用中的特点、现状、发展态势及需求，梳理了物联网技术在海上客运领域应用的主要内容、目标，设计了应用物联网技术的相关业务流程、主要功能模块和面向政府的监控平台、面向港口信息发布和服务平台、面向航线人员信息服务平台的建设方案，提出加快推进物联网应用的措施和建议。该课题对加快推进“台台直航”信息化管理、提高港口服务质量、推动集约化管理具有很强的理论和实践指导作用。（2013年11月6日；来源：浙江省交通运输厅）

北京发展物联网技术助力智慧交通

近年来，北京大力发展交通物联网技术，打造智慧交通，提高城市交通的运行效率。其中，极端天气城市道路交通保畅项目是北京市物联网示范工程重点应用，利用物联网感、传、知、用技术，实现重点道路和公路桥梁的综合监测、风险分析、预测评估以及保畅指挥。项目的建设，提高了雨、雪、雾、霾等极端天气条件下道路保畅能力，提高日常道路交通安全运营水平和运行效率。

极端天气城市道路交通保畅项目能够实现物联综合监测，通过接入各专业部门物联感知数据，综合展示数据的实时状态。实现险情主动报警，充分利用物联网技术，做到险情主动发现，自动感知。实现拥堵情况可预估，排险时间可预报。还可以对行业基础、监管、运营数据以及应急类数据进行整合。

据介绍，智慧交通是指以交通信息中心为核心，连接城市公交、城市出租车、高速公路、轨道交通、长途客运、航空运输、铁路运输等的综合性协同运作，让人、车、路、环境和交通系统融为一体，为出行者和交通监管部门提供实时交通信息，使路网更通畅、使城市交通（公交、出租、轨道等）更便利；使运营车辆更安全、减少交通事故发生，并提供事故处置效率；提供交通运行、路况、事件、出行信息，为公众提供多样化的出行服务。有效缓解交通拥堵，快速响应突发状况，为城市大动脉的良性运转提供科学的决策。

智慧交通的主要领域包括：路网运行监测与服务，提高路网运行的监管水平，为路网规划建设和行业管理提供辅助决策，面向公众提供全面、关联性的出行服务信息（路况、养护施工、交通管制、气象等）。

其中，运营车辆动态监管平台，为国内班线客运、旅游包车、危化品运输、公交车、公务用车、校车等用车单位、行业监管单位提供安全监控及运营管理的技术服务平台，满足用车单位降低用车成本、提高用车效率、提高行车安全等管理需求。

交通信息发布系统，整合各类运营、统计分析数据，依托现在网站、广播、信息屏、短信等信息服务载体，同时接入微博、微信等新型服务信息载体，提供预警信息、事件处置情况，面向公众提供交通管制、占道施工、绕行建议、人员疏散等出行提示信息发布服务。（2013年12月03日；来源：天津市市政公路管理局）

六、长江信息化资源整合工程

抓好资源整合　强化信息服务　以信息化引领长江航运的创新驱动发展

为全力贯彻实施交通运输部关于推进长江航运信息资源整合和建设工作的安排和布署，2013 年 4 月 18 日上午，长航局在机关 4 楼会议室组织召开 2013 年信息化工作领导小组会，长航局领导、机关各处室、相关局直属单位主要负责人、长航局所属各单位信息化工作分管领导及部门负责人共计 30 余人参加了会议。会议由长航局党委黄强书记主持，唐冠军局长出席会议并讲话。

会上，长航局但乃越副局长通报了近期全局信息化工作情况，魏志刚副局长宣读了长航局《关于成立长江航运信息资源整合和建设实施工作领导小组的通知》，科技处杨大鸣处长介绍了《〈长江航运信息资源整合和建设工作推进方案〉实施意见》和《2013 年长江航运信息资源整合和建设工作目标任务细化分解表》，各单位参会代表就如何推进长江航运信息资源整合工作进行了充分交流讨论。各单位负责人纷纷发言，表示将会结合本单位实际，按照会议要求，狠抓落实，统筹推进，按规定的目标和进度计划切实完成各自承担的工作任务。

会上，唐冠军局长做了题为《抓好资源整合　强化信息服务　以信息化引领长江航运的创新驱动发展》的总结讲话。唐冠军局长说，这次会议的主要目的是要进一步贯彻落实交通运输部有关长江航运信息资源整合工作的要求，抓好信息资源整合、共享和服务工作，切实推动长江航运信息化建设向纵深发展。

关于长江航运信息化建设，唐冠军局长用了一句话来概括，就是“抓好资源整合，强化三大服务，引领创新发展”。首先，要坚持科学统筹，抓好信息资源整合工作。他表示，抓好信息资源整合，关键要在顶层设计、标准执行、机制建设上下功夫，做到“三个进一步”：进一步抓紧顶层设计的研究编制工作；进一步强化标准规范的研究与执行；进一步完善数据资源整合共享机制建设。

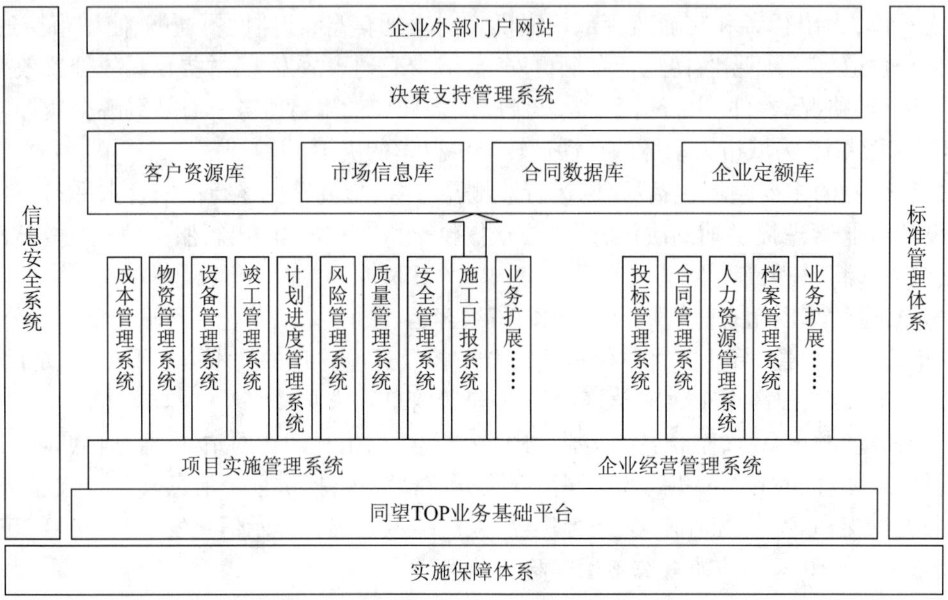

其次，要坚持应用为本，强化长江航运信息化“三大服务”。唐冠军局长说，信息资源整合的目标，是为了更好地实施信息服务，要解决“三个不相适应”的问题，就必须在整合长江航运信息化资源的基础上，切实强化长江航运信息化应用与服务的实效，要切实发挥长江航运信息化建设服务航运管理，服务港航企业，服务流域百姓的重要作用：服务航运管理，以信息化带动管理业务的优化增效；服务港航企业，以信息化推动港航企业科学发展；服务流域百姓，以信息化引导社会公众安全畅通出行。

再次，要坚持科技兴航，以信息化推动长江航运的创新驱动发展。唐冠军局长指出，在当前国家转变发展方式的大趋势下，长江航运的发展要从规模扩张为主转向提升质量和效益为主，必须依靠创新。而加快推进长江航运信息化建设和发展，是实施长江航运创新发展的重要抓手。当前，要加快新一代信息技术在长江航运各类业务中的应用，引领长江航运行业发展实现三大创新：一是要引领长江航运管理手段创新；二是要推动长江航运服务模式创新；三是要引导长江航运生产方式创新。（2013 年 4 月 19 日；来源：长江航务管理局）

高宏峰到长航局检查指导长江航运信息资源整合工作

11 月 11 日下午，交通运输部副部长高宏峰率部科技司司长赵冲久、副司长洪晓枫等一行到长航局检查指导工作，并出席了长江航运信息资源整合调研座谈会，长航局领导班子，局属单位主要领导参加了座谈会。

会上，长航局局长唐冠军介绍了长江航运信息化工作情况，副局长但乃越就长江航运信息资源整合建设工作完成情况及阶段性成果进行了汇报。

据悉，今年 1 月 14 日高宏峰副部长曾亲临长航局检查指导信息化工作，并要求长江航运带头示范，推动业务协同和信息资源共享，全面提升长江航运信息化管理和服务水平。会议召开后，长航局认真贯彻精神，按照部“推进方案”确定的思路、目标、任务及其内容，通过抓机制建设、抓整合建设、抓应用效果，全力推进方案的实施。一年来，数据交换共享应用方面，共整理完成 19 大类交换数据， 108 种数据表， 1514 项数据，各单位通过长航局数据中心将获取到的数据资源广泛应用到各自重要业务系统中。视频监控实景覆盖方面，已接入海事监管、三峡船闸，重庆、芜湖、南京等地港航管理部门及重要航运企业的视频信号 500 余个，长江干线应急指挥实景监控正逐步覆盖长江上中下游。综合信息服务方面，初步完成综合信息服务系统平台的开发工作，实现了基于广播的综合信息服务，提出了船载终端标准化技术要求。网络共享方面，实现了长江海事局、三峡局、公安局各分局、基层处站的网络全面覆盖，航道局 80 个处站已覆盖 78 个，覆盖率 97.5%，另 2 处偏远处站可望于今年年底完成接入。

高宏峰在讲话中，对长江航运信息资源整合工作所取得的成绩给予了充分肯定，并对下一步工作提出了五点要求：一是要进一步提高信息资源整合工作对整个行业关键作用的认识；二是高度重视信息化建设的整体规划和顶层设计；三是进一步加强互联互通，实现信息共享；四是加大信息整合的应用，发挥好服务作用；五是加强信息安全管理工作。（2013 年 11 月 13 日；来源：长江航务管理局）

部科技司到长航局检查指导长江航运信息资源整合和建设工作

9 月 5 日上午，交通运输部科技司赵冲久司长一行到长航局检查指导工作，组织召开了长江航运信息资源整合和建设工作检查和协调会。部科技司洪晓枫副司长主持了会议，部有关司局、有关科研设计单位、江苏海事局、长航局系统各单位及局机关相关处室代表参加了会议。

会上，长航局但乃越副局长全面总结了长江航运信息资源整合和建设工作，回顾了部对工作部署的总体要求，分析了各项工作任务的进展情况，指出了当前工作中面临的困难，提出了下一步工作安排和远期工作设想。

与会领导和代表就当前需要部协调解决的问题进行了认真讨论，提出了一些好的工作意见和建议，并一致表示，将在部统一部署下，全力配合，共同推进长江航运信息资源整合和建设工作。

赵冲久司长在讲话中，充分肯定了长江航运信息资源整合和建设工作所取得的成绩，对进一步做好信息资源整合和建设工作提出了五点要求：一是信息资源整合是现代信息技术发展必然趋势，要做好政务系统、管理系统和服务系统之间的信息共享和交换；二是信息资源整合是长江航运发展的需要，要提升对长江航运管理需求和市场需求的服务能力；三是长江航运信息资源整合具有较好的基础，要依托现有优势，继续做好长江航运信息资源整合和建设工作；四是长江航运信息资源整合工作已取得较大的成绩，下一步还要综合各方面的信息资源，做好综合信息服务；五是要充分利用信息资源整合成果，发挥长江航运在全国内河航运的龙头和表率作用，做信息化、智能化的先行者，促进长江航运现代化发展。

最后唐冠军局长表示：长航局将坚决贯彻落实高副部长讲话精神和要求，在部统一领导和组织协调下，把握利用好政策机遇，发挥好组织管理优势，在全面完成部颁《推进方案》目标任务的基础上，着力把长江航运信息资源整合不断推向新的纵深和新的高度。

会后，赵冲久司长一行考察了长江航运物流公共信息平台和长江航运应急指挥中心。（2013 年 9 月 6 日；来源：长江航务管理局）

七、高速公路光纤联网工程

（一）战略部署

全国高速公路通信系统联网规划研究

在全国范围内对高速公路通信系统进行联网，是实现跨省域收费管理、应急处置、出行服务和信息交换等业务信息传输的必然要求。本文对全国通信系统联网传输业务容量进行了分析，结合全国高速公路网分布及通信系统建设情况，构建了全国通信联网拓扑结构二采用光路联网模式和开放传输网络机制构建了全国通信联网技术方案；以同步数字传输和波分复用环网为基础，制定了全国通信联网链路、局站、网管和时钟配备方案。

1. 联网业务容量

通信系统联网业务主要是自身运行管理业务，此外还包括交通行业信息化应用业务。一是高速公路管理业务，包括语音业务、数据语音、现场监控、应急处置及视频会议；二是交通行业信息化业务，包括场站枢纽业务、海事业务、救捞业务、港航业务及民航业务。

2. 联网路线选择

全国高速公路通信系统联网是在各省现有高速公路通信网络基础上进行，重点考虑省际间高速公路通信系统联网路线选择。根据联网路线选择原则确定拓扑结构，总体上呈现网状与环形相结合的方式如图 1 所示。

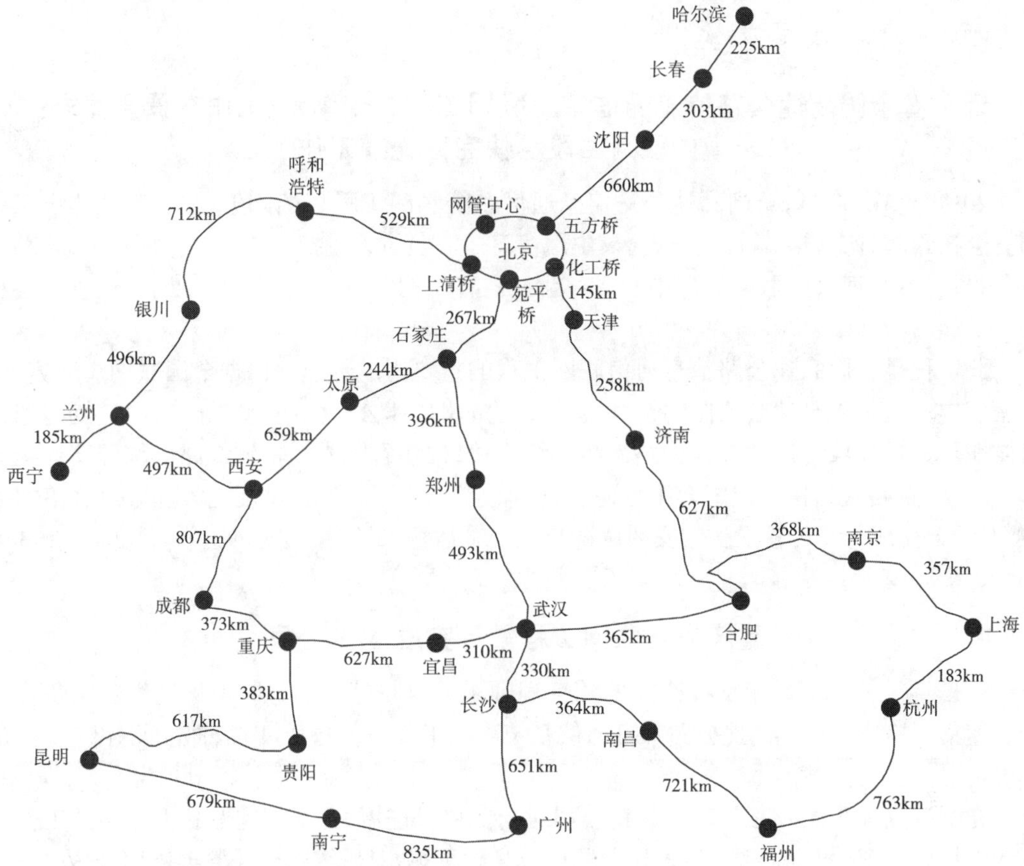

全国高速公路通信系统联网路线拓扑结构

3. 联网技术选择

（1）通信系统联网模式

我国高速公路通信系统联网普遍采用光路（如江苏、湖南等省）和电路（如河南、湖北等省）两种模式。电路联网方式是利用各省现有高速公路通信系统富裕电路资源，在省际设置通信站点，配置光传输设备，以串接方式沟通相邻两省间传输通路。光路联网主要利用各省高速公路已有光缆光纤资源，配置光传输设备，在现有高速公路信息传输网络平台之上，以并联方式构建省际传输网络。

相比电路联网方式，光路联网方式网络结构及安全性较好，易于全网统一管理，且对现有省内通信网络不会产生影响，扩容性好。因此，全国通信系统联网采用光路模式。

（2）通信系统联网体制

我国省内高速公路通信系统联网体制目前普遍采用同步数字体系（SDH），部分省份正在规划升级为密集型波长复用技术（DWDM）体制，只有极少省市采用了基于光纤的网络互联协议（IP）体制。对于省际通信系统联网体制，主要对SDH体制与DWDM体制进行对比论证。

通过对比分析，对于省际通信系统联网，采用主干线2.5G（SDH）传输体制，随着需求的不断增加及DWDM产品价格降低，未来根据需要进行升级。（2012年9月；来源：《中国交通信息化》）

（二）基层落实

云南省全国高速公路信息通信系统联网工程（云南段）工作布置会要求：省内联网路段尽快完善光缆工作

2013年3月7日，全国高速公路信息通信系统联网工程（云南段）配套工程建设工作布置会在云南省交通运输厅召开，会议由厅信息中心负责人主持。交通运输部规划研究院、省公投司、省高速公路联网管理中心、省交科院、各联网路段公司、厅财务处、厅信息中心相关人员参加了会议。

此工程是全国高速公路信息通信联网工程的重要组成部分。根据全国联网总体方案，云南省内通过沪昆高速公路昆明至胜境关段与贵州高速公路光缆光纤连接，经广昆高速公路昆明至罗村口段与广西高速公路光缆光纤连接，构建省际光缆传输线路。按照交通运输部要求，各省必须尽快完成配套工程建设，确保光纤、管道、机房、供配电等基础设施落实到位，并配合完成干线传输设备的安装调试与系统试运行，最终参加交付验收。（2013年3月16日；来源：交通运输部）

重庆光纤联网工程累计完成451公里

2013年7月26日，市交委李关寿总工程师率委科技处、规划处、养护处等部门负责人到高速集团检查了全国高速公路信息通信系统联网工程（重庆境）（简称光纤联网工程）的建设情况。

在听取高速集团及相关高速公路公司对当前项目进展、存在的问题和下一步的工作计划的汇报后。李关寿总工要求：各建设单位应高度重视，对后续建设任务再梳理、再安排；及时完善好工程变更，做好路段间、省界间以及与市政等单位的工程衔接与协调，确保施工安全；按照交通运输部统一部署，确保在9月30日前完成我市所有配套工程，以配合交通运输部在年底实现全国高速公路光纤联网。

据悉，在全国高速公路光纤联网规划中，重庆市是西南地区的一个重要节点，周边通过渝遂、渝黔、渝宜高速公路，分别与四川、贵州和湖北相连。重庆境内由我委负责建设的光缆敷设合计633公里，涉及高速集团、渝涪公司、渝遂公司、渝黔公司、垫忠公司、渝合公司管理的高速公路路段，目前已累计完成451公里。（2013年8月1日；来源：重庆市交通委员会）

顶层设计　突出重点　分步实施绘就黑龙江省交通运输信息化发展蓝图

2013年3月21日，由省厅组织，交通运输部、哈尔滨工程大学和兄弟省份交通信息化建设专家组成的专家评审委员会，在省交通信息通信中心召开了《黑龙江省公路水路交通运输信息化建设实施方案（2013—2015）》（以下简称《方案》）评审会，评审委员会听取了编制单位的汇报,对《方案》的可行性进行审查讨论,一致同意《方案》通过评审。副厅长朱金玉出席评审会,厅科教处、计划处和厅直属单位信息化建设负责人参加会议。

会上,信息中心主任任宏伟针对《方案》的总体设计思路、总体技术构架和应用系统部署及分项建设方案、投资匡算及保障机制进行了逐一汇报。记者了解到,2013年至2015年,我省交通信息化建设将紧密结合交通行业发展和管理需求,围绕提高行业管理和执行效率,提升行业综合决策分析水平,增强安全应急处置能力,拓展对社会公众的服务渠道,强化对行业发展的支撑作用五条主线,夯实"一个基础"。即通过整合现有高速公路光纤资源,建设覆盖我省主要市(地)的通信骨干网络,形成全省交通基础通信"一张网";利用公路局、航务局等原有地理信息资源,构建涵盖全省高速公路、国省干线公路、农村公路、运输线路、治超站点、航道、港口及各类交通场站和附属资源的"一张图";遵循顶层设计思想,对交通运输厅及公路、水路、运输、收费、路政等局已建、在建、待建的非涉密信息系统及与其他系统有关联关系的信息化工程提供"一个数据中心"。陆续开展公共信息服务平台建设、行业监督管理平台建设和电子政务平台建设,逐步完善顶层设计,突出重点,分步实施,力争在"十二五"末,我省交通运输信息化发展接近国内先进省份水平。(2013年4月22日;来源:黑龙江省交通运输厅)

八、路网运行监测

(一)战略部署

交通运输部解读《公路网运行监测与服务暂行技术要求》
——如何建立《公路网运行监测与服务暂行技术要求》中提出的路网运行监测体系与运行状态指标体系

路网运行监测网络体系是高速公路监控系统的信息基础,是高速公路通信系统的服务对象,更是打造智能化路网管理平台的重要前提。《公路网运行监测与服务暂行技术要求》明确提出通过建立部、省两级路网监测点网络,实现对重要通道上的重要路段、长大桥隧和区域交通状态等的实时监控,并为已建、新建、改(扩)建的(高速)公路的监测体系提供技术保障。其中,新建高速公路应同步建设监测设施与系统,已建成高速公路应逐步完善监测设施与系统,国省干线公路应结合路网改造与养护工程逐步升级监测设施与系统。为此,交通运输部将组织编制全国干线公路网关键监测点及重要监测通道布局方案,并深入开展相关重大课题的研究工作,进一步细化部、省两级路网监测点的布局、建设与运行等具体方案。

《公路网运行监测与服务暂行技术要求》要求利用可获取的、标准化的公路网运行数据,建立客观、可靠、数据链统一的公路网运行状态监测与服务指标,反映全国干线公路网整体或局部的实时运行状况,评估全国干线公路网在一定时期内的可靠性和服务水平。为实现这一目标,交通运输部提出建立部、省两级公路网运行状态监测与服务指标层级,设计了中断率、拥挤度、环境指数、节点通阻度、突发事件等级、设施健康状况、服务区质量等级等七个单项指标和通道运行指数、公路网综合运行指数两个综合指标，并按照路段、通道、路网不同层次建立了相应的逻辑算法并进行定级定性分析。（2012 年 1 月 11 日；来源：交通运输部）

中华人民共和国交通运输部　　2012年第3号公告

公路网运行监测与服务
暂行技术要求

2012-01-11 发布　　2012-01-11 实施

人民交通出版社

交通部路网中心将加强监测系统基础设施建设

交通运输部路网中心副主任、交通运输部公路科学研究院副总工程师李爱民周四称，交通运输部路网中心将进一步加强监测系统的基础设施建设，并在制度上进一步理顺部委与地方的关系，发挥好部委“数据库”和地方“指挥站”的作用。

在周四的“中国公路科技创新高层论坛”上，李爱民介绍，现有国家路网运行监测能力，“覆盖 50 余万公里干线和超过 2000 个路段基层单位，可调 30 个省的路网视频，高速公路的视频点有 1.5 万个”。

李爱民称，除了加大视频点，交通部路网中心还将筹划建设气象观测站，以达到对其他可能会影响道路运行方面的监控。监测的范围除了路面的监测，也会对桥梁、收费站等重要通道的技术状况和营运安全进行监测，以更好的保障道路通畅。

李爱民向大智慧表示，交通运输部路网中心还在筹划对民众进行出行服务，拟通过与广播等媒体合作，实时发布路况信息。“对于路网体系中的其他配套服务，例如民众可以通过下载手机软件订制个性化的服务，来了解所在道路周边的一些服务信息和其他有需要的信息”，李爱民说。

不过他也表示，这些配套服务是不是由政府来做，学术界和官方还有不同的观点，现在有些省市相关服务是由企业在做，政府只是提供相应的标准。“虽然法律法规还没有明确的规定，但从长远来看，相关服务由企业来操作是个趋势。”（2013 年 4 月 18 日；来源：大智慧阿思达克通讯社）

（二）基层落实

孝感拟建统一路网运行监测平台

近日，记者从孝感市公路局获悉，我市将在完善107、316国道路网运行监测与应急处置系统建设基础上，积极构建全市统一的路网运行监测与应急处置平台，尽快实现全市重要普通干线公路路网的可视、可测、可控。

据悉，公路路网运行监测与应急处置系统将充分整合利用现有资源，在公路沿线设置可变信息情报板、视频监测设备、应急救援指挥车等一系列外场设备，支撑整个系统的运行，建立高效的公路路网管理与应急处置工作机制，实现业务管理、应急处置和公路出行信息服务三大类功能。目前，孝感市107国道路网运行监测系统建设已正式投入使用，在发布公路路况信息、应对公路突发事件中发挥了重要作用。316国道路网运行监测系统建设也已完成前期工作，预计可于春运时投入使用服务广大市民。

市公路局路政科负责人表示，将依托已有两条国道监测系统，进一步建立全市路网运行监测平台，并对全市国省干线公路、重要旅游公路、城市出入口路段等有步骤、有重点地实施视频监控，实现普通公路省、市、县（区）三级联网联通，全力提高全市普通公路路网管理及公众服务水平和路网突发事件应急处置能力。（2013年8月7日；来源：《孝感晚报》）

常州公路部门开展路网运行监测需求研究

为进一步丰富智能化公路的内涵，提高国省干线公路“可视、可测、可控”的服务调度水平，常州公路部门结合国省道公路布局规划，开展路网运行监测设施发展需求研究。

目前，常州市国省干线公路路网运行监测设施共计22个，其中交通流量自动观测点16个，不停车车辆超限检测点3个，收费站监控点3个。主要发挥流量数据统计、车辆超限警示提醒、车辆视频监控等作用。根据初步的需求调查，未来常州公路部门将再增设15个运行监测设施，涵盖现有及规划的国省道公路和重要节点，形成全面覆盖。同时着眼科技治路的目标，开发具备“公路设施健康状况监测、公路突发事件预警、公路气象监测”等功能的智能化设施，完善监测体系，打造智能公路。（2013年8月20日；来源：常州市交通运输局）

江西省普通干线路网运行监测与应急处置平台工可通过评审

2013年9月18日，省发改委组织省交通运输厅、省公路管理局等单位及相关专家对《江西省普通干线路网运行监测与应急处置平台工程可行性研究报告》进行了评审。省发改委和相关专家认真听取了项目的专题汇报，查阅了相关资料，并进行了质疑、答辩和讨论，大家一致认为该可行性研究报告编制内容齐全，分析论证充分，建设目标明确，工程投资估算基本合理，符合项目可行性研究报告编制的规范要求，一致同意通过评审。

江西省普通干线路网运行监测与应急处置平台工程在“十二五”期间，将重点完成全省120个干线公路外场监测点、120个移动监测点、一个省级路网中心和11个设区市路网分中心的建设工作。建成集交通运行数据、视频图像数据、基础设施运行数据、公路交通突发（阻断）信息和路网环境信息为一体的路网监测与应急处置平台。

该项目的建设是落实交通运输信息化“十二五”发展规划，进一步加强普通干线公路网运行监测，全面提高公路运行管理分析和决策能力，提升应急处置的效率和科学性，顺应人民群众出行，提升交通公众信息服务水平的需要，工程建设意义重大，建成后将带来巨大的社会效益。（2013 年 9 月 24 日；来源：江西省信息数据中心）

九、道路运输管理信息化工程

（一）战略部署

交通运输部道路运输司大讨论：用信息化促管理

近日，交通运输部道路运输司在北京举行“解放思想、创新观念”大讨论，主题是“信息化与管理方式转变”，结合党的群众路线教育活动，共同学习研究如何在新形势、新条件下运用信息化手段促进道路运输管理创新和行业发展方式转变，进而加快推动现代道路运输业发展。

部道路运输司司长李刚表示，道路运输业转变发展方式和管理方式，信息化是最重要的手段和切入点。信息化的优势不仅在于提供了全新的技术手段，也借此搭建了全新的监管机制和服务方式，从而促进发展方式和管理方式的转变。接下来，要充分运用信息化手段，促进行业发展方式和管理方式转变。重点是要 “坚持好三个原则，处理好三个关系，提高两个能力”，即坚持“以应用为导向”的原则，处理好系统建设和使用的关系；坚持“全国一盘棋”的原则，处理好整体和局部的关系；坚持“动静结合、创新驱动”的原则，处理好动态信息和静态信息的关系；下一步道路运输行业将运用信息化手段，重点提高市场监管和公共服务两个方面的能力。

此次大讨论邀请了江苏省交通运输厅运输管理局局长汪学君、安徽省道路运输管理局局长魏士彬，分别介绍江苏省道路运输管理信息化工作情况和安徽省推进联网执法转变管理方式的经验。（2013 年 10 月 9 日；来源：交通运输部）

（二）基层落实

加快信息化建设与应用　提升运输管理效能和服务水平

“十一五” 期间，江苏省交通运输厅运输管理局致力于以信息化建设促进行业发展方式转变，提升行业服务水平，先后完成了江苏省运管信息化系统架构设计、信息系统开发应用和相关制度建设。目前，江苏省各级运管机构的信息网络已经基本形成，各类运管业务子系统运行正常，初步实现了多个系统信息资源整合和共享。

信息化建设与应用情况如下：

（1）运政业务平台。运管局从 2001 年开始建设江苏省统一的运政管理信息系统“江苏运政在线”，江苏省各级运管机构都按照“统一平台、统一流程、统一格式”处理运政业务。经过多年的应用和完善，该平台已经发展成为集行政许可、行政处罚、行业统计、决策分析为一体的大型综合业务管理信息系统。近几年，其他专项业务系统，如 “驾培智能化管理系统”、

"运政执法车载取证监控系统"、"营运车辆卫星定位动态监管系统"等也相继投入使用。截至 2011 年底,江苏省在线管理经营业户 4.77 万家、从业人员 261.82 万个、营运车辆 86.68 万辆、营运船舶 5.23 万艘,每年在线办理行政许可证 126 万件、处理运政稽查案件 9.7 万件、投诉处理案件 2270 件。

(2)公共服务平台。2007 年,运管局建成了江苏省道路客运联网售票系统,在全国率先实现省域范围内的道路客运联网售票,旅客可以异地购票、往返购票、代理点购票、网上购票、ATM 机自助购票。该系统的投入使用大大拓宽了旅客购买客运车票的方式和渠道,有力地提高了道路客运市场的服务水平。目前,联网售票系统已覆盖江苏省所有二级以上客运站及部分三级客运站和乡镇客运站。江苏省共有 13 个地市的 170 个客运站联网售票,可售通达全国 17 个省市、5000 多个到站的客票。年均出票量达 1.6 亿张,其中站外和跨站代售票 1000 多万张、电子客票 126 万张、自助购票 54 万张。

(3)综合信息平台。为进一步整合信息资源,运管局对运政业务、道路客运联网售票、重点营运车辆卫星定位信息以及客运站场等重点场所、稽查车移动监控等视频信息系统进行整合,开发了"江苏省运输管理综合信息服务平台",实现静态数据与动态信息的关联,使得许可信息、处罚信息、诚信信息、动态监管信息、决策分析信息能够在一个平台上展现。同时,综合信息平台为交通运输部、省厅和其他行业管理部门提供信息数据共享服务。截至 2013 年 3 月底,平台对接入的 151 家 GPS 运营商平台进行了监管,实时采集江苏省 2258 家道路运输业户所属的 3.9 万辆营运车辆的卫星定位相关信息,已转发到交通运输部平台 272 亿条数据;接收交通运输部平台转发、进入江苏的外省营运车辆 3.4 万辆、19 亿条卫星定位相关信息。目前,综合信息平台接入江苏省视频信息 800 多路,其中运政服务窗口 64 路,车站场所 442 路,重点路段 27 路,运政执法车载 300 多路。

信息化是提高运政管理和服务水平的重要引擎,是推进运输行业转型发展的关键途径。"十二五"期间运管局将继续强力推进江苏省运输信息化建设,以信息化再造运政业务流程,以信息化推动运输行业转型,实现江苏省运输信息化再上新台阶。(2013 年;来源:江苏信息化网站)

安徽省路警联合指挥中心、安徽省交通运输联网运行管理中心正式挂牌成立

2011 年 11 月 29 日上午,安徽省路警联合指挥中心、省交通运输联网运行管理中心运行揭牌仪式在合肥隆重举行,省委常委、宣传部长、副省长唐承沛出席仪式并为中心揭牌,省政府副秘书长宓建毅主持揭牌仪式,公安部交通管理局副局长王金彪、交通运输部公路局副局长陈胜营、省交通运输厅厅长梅劲出席仪式并讲话。省公安厅、省发展和改革委、省经济和信息化委员会、省财政厅、省人力资源和社会保障厅、省卫生厅、省安全生产监督管理局、省物价局、省政府应急办、省气象局、省广播电视台等省直有关部门负责同志及省交通运输厅副厅长胡冰、罗宁,纪检组长闫如政、副巡视员徐乃强等出席了揭牌仪式。

近年来,安徽的交通枢纽地位日益凸显,公路通车里程、机动车保有量和驾驶人数量快速增加,省政府坚持向科技要警力,向管理创新要效率,决定建立省路警联合指挥中心,这是一项资源共享、平台共用、信息集成、联动高效的创新之举,旨在整合现有资源,依托科技支撑,集成公安交警、交通路政、气象等部门的信息和管理资源,有效衔接全省道路交通安全日

常管理、恶劣气象监测预警、应急处置等系统，形成全方位的高速公路网全程监控监测体系和统一指挥调度平台，实现道路交通安全管理“快速反应、统一指挥、合署值守、分工合作、高效处置”，提高道路交通安全的预警预防和应急联动处置的准确性和高效性。目前，我省已经成为全国首个建成功能齐全的省级路警联合指挥中心和覆盖全省高速公路恶劣气象监测预警系统的省份。“十二五”期间，省路警联合指挥中心综合管理范围将向国省道延伸。

梅劲厅长在揭牌仪式上说：“十二五”是我省交通运输发展的关键期，也是加快转变经济发展方式的攻坚期，在实施“11611”战略规划目标的推动下，我省交通基础设施和运输装备规模总量将不断扩大，运输量不断增加，交通运输管理与服务面临前所未有的压力。面对行业发展新形势，特别是在提高交通运输通行效率、运行质量、安全应急、决策支持、服务公众、发展现代物流、实现低碳绿色交通等方面，都需要依托科技、新一代信息技术手段，将交通运输工具、交通基础设施和周边环境等各类信息资源连接在一起，实现人、车、船、路和环境协调运行，无缝对接，促进全行业的信息共享、业务协同和服务融合。两个中心同时揭牌正式运行，是我省交通运输行业的一大盛事，更是行业发展中具有重要意义的里程碑，标志着我省现代交通运输业将迈向新的征程。（2011年12月1日；来源：安徽省交通运输厅）

十、执法综合管理信息化工程

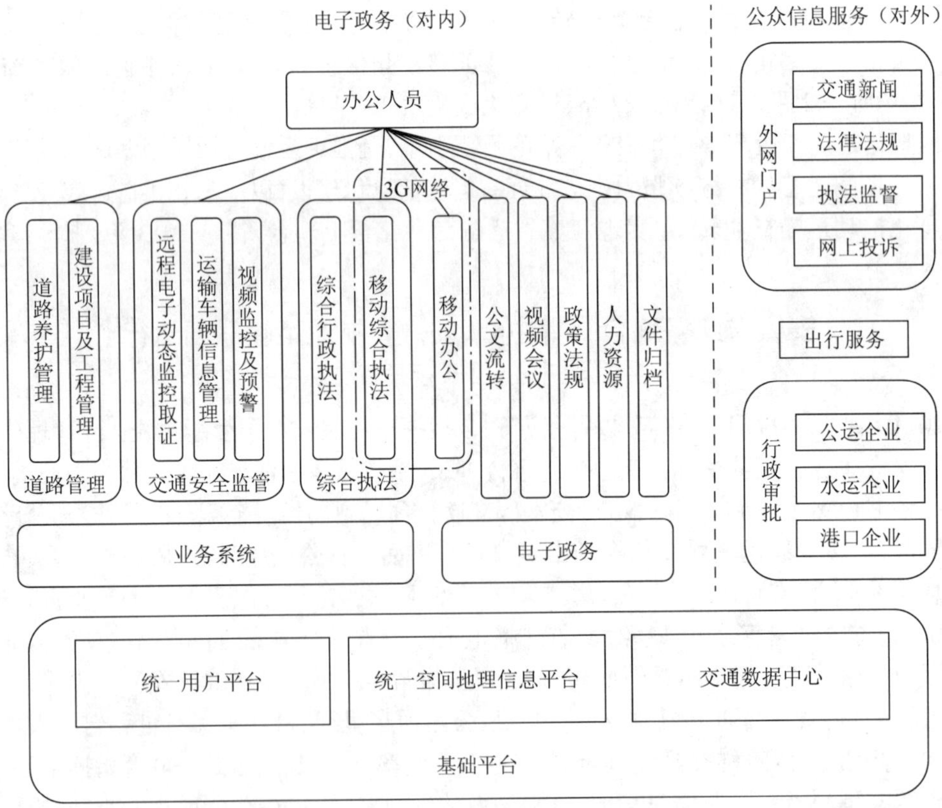

基层落实

桂林市交通运输局出台措施推进交通运输综合执法建设

日前，桂林市交通运输局印发《关于推进桂林市交通运输综合执法工作的指导意见》，以队伍正规化、执法规范化、管理制度化建设为方向，着力推进全市交通运输综合执法建设。一是推进交通运输执法队伍正规化建设，明确要求市县交通运输主管部门规范机构设置和人事管理，加强队伍教育培训、执法形象建设、加强作风纪律建设、加强文明创建和文化建设。二是推进交通运输执法规范化建设，完善内部管理机制，做到执法检查、案卷处理和执法监督权利相分离，建立完善行政权力约束机制；对市县行政执法检查行为、执法依据适用、行政处罚行为、行政强制措施行为、执法文书和案卷均进行了规范。三是加快执法信息化建设，开发使用交通运输综合执法行政处罚和信息联网等系统，建立健全交通运输执法综合管理信息平台，逐步实现执法案件信息的联网共享、执法案件的网上办理、执法文书的网上填制，实现动态实时的信息化移动执法和对执法行为的实时监控。四是推进交通运输执法管理工作制度化建设，建立健全内部行政管理制度、执法业务管理制度、建立完善工作衔接协调机制，创新交通运输执法评议考核机制，建立健全交通运输执法奖惩机制。（2013 年 8 月 22 日；来源：桂林市交通运输局）

甘肃省将启用交通运输行政执法人员和执法证件管理系统

根据交通运输部实行执法形象“四统一”和推广运行交通运输行政执法人员和执法证件管理系统的要求，今年省交通运输厅建成了“甘肃省交通行政执法综合管理系统平台”，并决定于 2013 年 1 月起正式启用“交通运输行政执法人员和执法证件管理系统”。

执法证件管理系统是“甘肃省交通行政执法综合管理系统”的重要组成部分，是交通运输行政执法监督体系建设的重要内容，它的启用对强化行政执法监管职能、提高行政执法监管水平、加强行政执法队伍正规化建设具有十分重要的作用。系统采用 B/S 结构，用户端无须安装软件，可直接通过 IE 浏览器访问执法证件管理系统。系统正式启用和全面使用后，我省交通运输行政执法证件将实现“网上申请、网上审核、网上管理”，并将全面换发新的 IC 卡式执法证。同时，也将为推进我省交通运输行政执法信息化建设，逐步推行执法案件信息的联网共享、执法案件的网上办理、执法文书的网上填制，实现动态实时的信息化移动执法和对车辆、从业人员的信息化监管奠定基础。（2012 年 12 月 6 日；来源：甘肃省交通运输厅）

部政法司梁晓安司长调研江苏省依法行政工作

2013 年 11 月 7—8 日，交通运输部政策法规司司长梁晓安、副司长魏东一行在江苏省调研交通运输依法行政工作。梁司长一行听取了省厅关于开展交通运输行政权力网上公开透明运行工作情况的介绍，深入了解我省交通运输行政权力网上公开透明运行系统的技术架构、实际运行、三级联网等情况，并就其中相关问题与厅办公室、政策法规处、驻厅监察室、厅公路局、信息中心等部门进行了交流。梁司长一行还赴南京、镇江、扬州市参观考察了政务服务中心和公路、海事、乡镇交管等执法机构，实地了解交通运输行政审批事项网上办理、公路超限治理、船舶过闸管理、乡镇交管所改革、执法形象“四统一”实施等情况。调研考察过程中，梁司长对我省开展“五项执法行动”、推进行政权力网上公开透明运行、实施交管所改革等工作给予了高度评价。

近年来，江苏省始终把加强交通运输行政执法和推进行政权力网上公开透明运行作为率先实现交通运输现代化的重要保障。通过开展“规范执法、严格执法、阳光执法、智能执法、文明执法”等五项执法行动，进一步提升交通运输系统公正规范、合法合理的社会形象。通过推进行政权力网上公开透明运行三级联网，实现全省交通运输行政权力数据联通共享，提高了交通运输行政执法信息化办案水平，实现了对交通运输行政权力运行的全程电子监察。这些措施，提高了执法人员信息化应用水平，有效规范了执法人员的执法行为，有力提升了执法管理的水平和效率，为建设交通运输法制政府部门打下了坚实基础。（2013 年 11 月 12 日；来源：江苏省交通运输厅）

国庆期间福建省新型执法车上路执法

国庆期间，福建省首批改装完成的新型交通执法执勤车亮相。省交通执法总队抽调执法人员与福州市支队驾驶新型执法执勤车开展为期 7 天的联合执法，主要在福州市区火车站、汽车站等人流、车流聚集区开展执法，重点打击“黑车”、旅游包车、客运班车、出租汽车等非法违法客运经营行为，维护客运市场秩序。

此次改装的新型执法执勤车引进 3G 和集成技术，是原来交通移动执法装备的“升级版”。车辆配备了 360 度旋转可升降高清探头，安装了全省交通执法信息化操作平台，配置了车内监控、电脑、打印机等电子设备等，可实现移动执法过程中的调查取证、纠正违章、行政处罚等功能，是名副其实的交通执法“移动办公室”。（2013 年 10 月 10 日；来源：福建省交通运输厅）

十一、上海自贸区船舶登记试点

上海自贸区国际船舶登记试点方案获批

上海海事局官方微博昨日发布消息称，《中国（上海）自由贸易试验区国际船舶登记制度试点方案》（以下简称《试点方案》）已于日前正式获得交通运输部批复同意，这标志着中国（上海）自由贸易试验区（以下简称上海自贸区）将正式开展国际船舶登记。

根据《试点方案》，在登记主体方面，自贸区国际船舶登记制度放宽了登记船舶所属法人注册资本中的外资比例限制，即外商投资比例可以高于 50%。在船龄方面，国际船舶登记制度下的船舶船龄可以在现行船龄标准基础上放宽两年。而在外籍船员雇佣方面，基本放开了对外籍船员的限制，原来雇佣外籍船员需要由交通运输部审批，如今只需向上海海事局报备即可。

与此同时，上海海事局还表示，《试点方案》还在船籍港方面做了创新，即设置两个船籍港，如果船舶处于保税状态，则登记为“中国洋山港”，如船舶处于完税状态，则登记为“中国上海”，两个船籍港均享受国际船舶登记制度的各项政策便利。

“上海推行船舶登记制度的创新，目的是通过船舶集聚延长航运服务产业链，促进船舶融资、航运保险、船舶检修等相关产业发展”，上海市人民政府副秘书长黄融指出，自贸试验区国际船舶登记制度，将在洋山国际航行船舶登记制度基础上，适当放宽登记主体、船龄范围等登记条件，力争从船员配备、登记种类、登记收费、航行区域等方面加以完善，从而提高“中国洋山”船籍港对船舶的吸引力，发挥对高端航运服务业发展的引擎作用。（2014 年 1 月 23 日；来源：中国港口网）

上海自贸区国际船舶登记现五大突破

上海自贸区部分服务业扩大开放措施		
领　域	开　放　措　施	地域限制
银行服务业	1. 建议允许符合条件的外资金融机构设立外资银行，以及符合条件的民资与外资共同设立外资银行。条件具备时在试验区内设立有限牌照银行 2. 建议允许符合条件的中资银行人事离岸业务	—
健康医疗保险	建议试点设立外资专业健康医疗保险机构	在自贸区内
第三方支付	建议允许外商投资支付机构向央行申请支付业务	
融资租赁	1. 建议融资租赁公司在试验区内设立单机、单船子公司不受最低注册资本限制。 2. 建议允许融资租赁公司主营兼营商业保理业务	—
远洋货物运输	建议放宽中外合资等船舶企业的外资比例限制	—
国际船舶管理	建议允许设立外商独资国际船舶管理企业	—
资信调查	建议允许设立外商投资资信调查公司	—
投资管理	建议允许设立股份制外资投资性公司	—
医疗服务	建议允许设立外商独资医疗机构	—

日前，《中国（上海）自由贸易试验区国际船舶登记制度试点方案》（下称《试点方案》）正式获批通过，标志着中国（上海）自由贸易试验区将正式开展国际船舶登记。

根据《试点方案》，自贸区国际船舶登记制度主要有五个方面的新变化：在登记主体方面，自贸区国际船舶登记制度放宽了登记船舶所属法人注册资本中的外资比例限制，外商投资比例可以高于 50%；在船龄方面，国际船舶登记制度下的船舶船龄可以在现行船龄标准基础上放宽两年；在外籍船员雇佣方面，基本放开了对外籍船员的限制，原来雇佣外籍船员需要由交通运输部审批，现在只需向上海海事局报备即可；在船籍港方面，设置两个船籍港，如果船舶处于保税状态，则登记为“中国洋山港”，如船舶处于完税状态，则登记为“中国上海”，两个船籍港均享受国际船舶登记制度的各项政策便利；在登记种类方面，充分考虑社会经济发展实际需求，在现有登记种类的基础上增加了船舶融资租赁登记，并可结合自贸区实际情况，适当增设必要的登记种类。同时，在登记程序和相关配套程序上也授权上海海事局进行优化、完善，切实提高国际船舶登记效率。

《试点方案》的目标为建立与自由贸易试验区相适应的国际船舶登记制度、建成具有全球航运资源配置能力的国际航运中心、建设顺应全球经贸发展新趋势的中国（上海）自由贸易试验区；主要任务是积聚航运资源要素、壮大五星旗国际商船队。《试点方案》的实施将有利于吸引更多的中资方便旗船舶回归，从而在维护国家战略利益等方面发挥积极作用。（2014 年 1 月 17 日；来源：中国水运网）

第六篇
绿色低碳篇

一、绿色循环低碳交通

（一）内涵核心

以节约资源、提高能效、控制排放、保护环境为目标，以加快推进绿色循环低碳交通基础设施建设、节能环保运输装备应用、集约高效运输组织体系建设、科技创新与信息化建设、行业监管能力提升为主要任务，以试点示范和专项行动为主要推进方式，将生态文明建设融入交通运输发展的各方面和全过程，加快建成资源节约型、环境友好型交通运输行业，实现交通运输绿色发展、循环发展、低碳发展。

（二）发展目标

到2020年，在保障实现国务院确定的单位GDP碳排放目标的前提下，全行业绿色循环低碳发展意识明显增强，节能减排体制机制更加完善，科技创新驱动能力明显提高，监管水平明显提升，行业能源和资源利用效率明显提高，控制温室气体排放取得明显成效，适应气候变化能力明显增强，生态保护得到全面落实，环境污染得到有效控制，基本建成绿色循环低碳交通运输体系。

（1）基本完善交通运输行业绿色循环低碳发展的法规政策和标准。

（2）基本建成行业能源消耗监测考核体系。

（3）基本达到战略规划中确定的各种运输方式能源单耗和碳排放强度指标。

（4）基本实现各种运输方式的生态环境保护和污染治理的主要指标。

（三）战略部署

《加快推进绿色循环低碳交通运输发展指导意见》提出了交通运输绿色循环低碳发展的五方面主要任务：

一是强化交通基础设施建设的绿色循环低碳要求。实现交通基础设施畅通成网、无缝衔接；加强能源节约利用，将节约能源资源要求贯彻到交通基础设施规划、设计、施工、运营、养护和管理全过程；加强土地和岸线资源集约利用；加强资源循环利用；加强生态环境保护。

二是加快节能环保交通运输装备应用。优化交通运输装备结构；加快推广节能与清洁能源装备；加强交通运输装备排放控制。

三是加快集约高效交通运输组织体系建设。优化运输结构；优化客运组织；加快发展绿色货运和现代物流；优化城市交通组织；引导公众绿色出行。

四是加快交通运输科技创新与信息化发展。加强绿色循环低碳交通运输科研基础能力建设；加强绿色循环低碳交通运输技术研发；加强绿色循环低碳交通运输技术和产品推广；推进交通运输信息化和智能化建设。

五是加快绿色循环低碳交通运输管理能力建设。完善绿色循环低碳交通运输战略规划；完善绿色循环低碳交通运输法规标准；完善绿色循环低碳交通运输统计监测考核体系；推进绿色循环低碳交通运输市场机制运用；积极探索参与碳排放交易机制。

（四）绿色循环低碳交通运输体系建设"十百千"工程

2012年2月，根据交通运输部《关于印发〈建设低碳交通运输体系指导意见〉和〈建设低碳交通运输体系试点工作方案〉的通知》（交政法发〔2011〕53号）精神及各省（自治区、直辖市）交通运输主管部门要求，为进一步深化推进低碳交通运输体系建设，经部节能减排工作领导小组研究，决定在北京等16个城市开展低碳交通运输体系建设第二批试点工作。

第一阶段：前期工作阶段（2012年2月—2012年8月）2012年2月上旬，部启动并全面部署第二批城市试点工作；2012年2月—7月，试点城市交通运输主管部门组织编制试点实施方案（具体要求见附件），可依托科研院所等单位开展相应技术工作；2012年8月上旬，省级交通运输主管部门对城市试点实施方案进行初审并报部；2012年8月底前，部组织审定城市试点实施方案。

第二阶段：试点实施阶段（2012年9月—2014年9月）试点城市按部批准的试点实施方案，提出详细的工作计划，全面推进各项试点工作。期间，试点项目完成后，实际节能减排量达到规定要求的项目，按照《交通运输节能减排专项资金管理暂行办法》给予奖励。

第三阶段：总结评估阶段（2014年10月—2014年12月）部组织相关技术支持单位对试点工作进行全面总结，完成各个试点项目的绩效评估，形成试点城市总结报告，为开展低碳交通运输体系建设工作提供借鉴。

（五）行业声音

中国探索发展绿色循环低碳交通初见成效

中新社北京11月21日电（记者 周音）中国交通运输部新闻发言人梁晓安21日在北京召开的新闻发布会上表示，交通运输业积极探索绿色循环低碳的发展道路，已取得了积极成效。

为解决交通导致的空气污染，梁晓安称，交通运输部从2011年起就启动了低碳交通运输体系建设试点城市的工作，先后确定了杭州、重庆、深圳等26个城市参加试点。这些城市结合当地实际情况，对本城市未来的能源需求和碳排放增长趋势进行预测，分析节能减排的潜力，提出节能减排的重点领域、重点项目和保障措施。围绕建设低碳交通基础设施、推广应用低碳交通运输装备、建立健全交通运输碳排放管理体系等重点内容，组织实施了一大批节能减排项目，有的已经开始取得成效。

梁晓安以重庆市为例称，重庆在试点工作中实施了12个示范项目，累计投放新能源气电混合动力客车660辆、纯电动客车31辆，主城区公交客车和出租汽车使用CNG清洁能源车辆比例达到95%以上。这些试点项目的实施节约了能源，降低了排放，为2012年重庆蓝天天数达到320天做出了巨大贡献。

截至目前，交通运输部推出了五批共100个部级节能减排示范项目，开展了1126家交通运输企业参加的"车船路港"千家企业低碳交通运输专项行动。

统计显示，自2011年以来，交通运输部联合财政部设立了交通运输节能减排专项资金15亿元人民币，共对781个公路水路交通运输节能减排项目给予"以奖代补"。781个项目形成了年节能能力约154.15万吨标准煤，替代燃料量约196.25万吨标准油。

梁晓安强调，改善城市的生态环境，治理城市交通污染，还城市一片蓝天，任重道远，需要中国交通运输部门和企业、公民和全社会共同为之不懈地努力。（2013 年 11 月 21 日；来源：中国新闻网）

二、全国交通运输环境监测网规划编制和建设工作

（一）内涵核心

环境监测网络建设是交通运输行业“十二五”环境保护重大工程之一。交通运输部将研究提出监测网络的总体布局，依托现有的信息网络基础，建设交通运输部环境数据中心和省级交通运输环境监测中心站；选择生态环境敏感或具备一定工作基础的区域重点建设公路和港口的监测站点，初步形成布局科学、层次合理的交通运输环境监测网络。

（二）战略部署

交通运输环境监测网规划编制全面启动

2013 年 7 月 23 日，交通运输部综合规划司在山西太原组织召开了交通运输环境监测网规划编制工作启动暨经验交流会。会议梳理了当前行业环境监测工作面临的形势和存在的主要问题，明确了下一阶段工作重点，对有序推进部省两级环境监测网规划编制和环境监测网的建设达成共识。

截至 2011 年，全国交通运输行业共建成 25 个环境监测站。这与行业发展水平和环保管理的实际需求相比还有较大差距。全国公路水路交通运输环境监测网总体规划将科学确定监测网的定位、功能和目标，提出监测网的布局方案，并系统提出组织机构、政策制度、资金、人员、技术、监督及考核等保障措施。各省也将研究开展省级行业环境监测网规划编制工作，实现部省规划的衔接和联动。（2013 年 7 月 30 日；来源：中国日报网）

三、绿色循环低碳交通运输体系建设试点示范活动

（一）战略部署

2013 年 6 月 18 日至 19 日，交通运输部在无锡市召开绿色循环低碳交通运输体系建设试点示范推进会。会议提出，加快推进绿色循环低碳交通运输发展，就是要贯彻落实科学发展观，推进基础设施畅通成网、配套衔接，运输装备先进适用、节能环保，运输组织集约高效、经济便捷，运输服务快捷便民、公平优质，实现“三低三高”（低消耗、低排放、低污染，高效能、高效率、高效益）、永续发展。交通运输部副部长何建中、江苏省副省长史和平等领导出席会议。

会议指出，近年来，交通运输行业坚持立足全局、坚持规划引领、坚持探索创新、坚持合

作联动，在节能减排工作上取得了积极的成效，也积累了宝贵的经验。但是，与党中央、国务院的要求和社会各界的期待相比，交通运输节能减排工作仍有很大的差距与不足。当前和今后一个时期是建设绿色循环低碳交通运输体系的关键时期，全国交通运输系统要坚决贯彻落实党的十八大关于生态文明建设的要求，坚持节约资源、保护环境的基本国策，把绿色循环低碳交通运输发展作为重要战略任务，摆在更加突出的位置，融入交通运输发展的各方面和全过程。

会议要求，各级交通运输部门要紧密结合综合运输发展，紧密结合运输装备结构升级，紧密结合运输组织优化，紧密结合城市公交优先发展，加快推进绿色循环低碳交通运输体系建设。当前要重点做好六方面工作：一是强化顶层设计。全面落实《加快推进绿色循环低碳交通运输发展指导意见》，完善绿色循环低碳交通规划实施体系，健全监督管理体制，加强绿色循环低碳政策研究储备。二是完善工作机制。加快推进部省合作机制，完善资金保障机制，充分利用市场机制，健全宣传交流机制。三是深化试点示范。深入开展绿色循环低碳试点工作，着力打造绿色循环低碳示范工程，加强推广示范成果和先进经验。四是深化“车、船、路、港”千家企业低碳交通运输专项行动。企业要制定完善行动方案，主管部门加强统计监测、动态监管。深入开展甩挂运输示范工程。五是实施科技专项行动。制定并实施交通运输绿色循环低碳科技专项行动工作方案，加大交通运输绿色循环低碳科技研发与推广力度，加快智能交通与信息化建设。六是强化能力建设。健全绿色循环低碳交通运输法规制度体系，完善绿色循环低碳交通运输标准规范体系，完善交通运输能耗统计监测考核体系，加强人才队伍建设。

第二批低碳交通运输体系建设试点城市名单公布

2012 年 2 月 7 日，交通运输部发布了《关于开展低碳交通运输体系建设第二批城市试点工作的通知》（以下简称《通知》）。《通知》指出，在 2011 年 10 个试点城市的基础上，今年将新增 16 个城市进行低碳交通运输体系建设试点，试点期限原则定为 2012 年至 2014 年，试点内容原则上应涵盖城市辖域内公路、水路交通运输以及城市客运等方面，涉及建设低碳型交通基础设施、推广应用低碳型交通运输装备、建设智能交通工程、完善交通公众信息服务等 6 项内容。

2011 年 2 月底，交通运输部启动首批 10 个城市低碳交通运输体系建设试点，组织实施阶段为 2011 年 7 月至 2013 年 10 月。纳入第二批试点的 16 个城市分别是北京、昆明、西安、宁波、广州、沈阳、哈尔滨、淮安、烟台、海口、成都、青岛、株洲、蚌埠、十堰、济源。（2012 年 2 月 28 日；来源：《中国公路》）

（二）基层落实

山东省：明确任务　突出重点全面推进我省绿色循环低碳交通运输体系建设

青岛、烟台两市成功申请成为全国第二批低碳交通运输体系试点城市，同年 10 月，济南被确定为全国第一批 15 个公交都市创建城市之一。按照部试点要求，省厅与三市密切配合，组织编制了实施方案，且成功通过了交通运输部审核，目前正在按照实施方案积极组织实施。省厅把“两个城市、一个都市”试点工作作为探索城市低碳交通运输体系建设的重要内容，不断加大相关政策支持力度，切实做好试点示范工作，为其他城市建设低碳交通运输体系积累经验，做出有益探索。（2013 年 8 月 9 日；来源：山东省交通运输厅）

四、“车、船、路、港”千企专项行动

（一）内涵核心

交通运输部于 2010 年 5 月 14 日在武汉市杨春湖客运换乘中心，正式启动了全国“车、船、路、港”千家企业低碳交通运输专项行动。专项行动以“车、船、路、港”千家交通运输企业为载体，结合行业特点进一步推进节能减排工作。“车”将大力推广节能驾驶经验，加强营运车辆用油定额考核，严格执行车辆燃料消耗量限值标准，淘汰高耗能车辆，推广新能源和清洁燃料车辆，推进甩挂运输；“船”将大力推广船型标准化，靠港船舶使用岸电；“路”将大力推广高速公路不停车收费，优化运输组织，推广甩挂运输，公路隧道节能和路面材料再生技术，推进太阳能在公路系统的应用；“港”将大力推广轮胎式集装箱、门式起重机、“油改电”和船舶使用的岸电建设。

（二）地方借鉴

湖北省“车、船、路、港”千家企业低碳交通运输专项行动

“车、船、路、港”千家企业低碳交通运输专项行动是落实资源节约型和环境友好型交通运输行业建设的重要载体，经过多轮筛选，湖北省有 31 家交通运输企业最终经交通运输部审核纳入“车、船、路、港”低碳交通运输专项行动成员。这些企业既是我省交通运输骨干企业的代表，也是行业节能减排的中坚力量。

在“车、船、路、港”低碳交通运输专项行动的千家企业中开展节能信息报送工作，可以促进我省交通运输企业提高节能减排意识，强化节能管理，降低能源消耗，提高能源利用效率，为全省交通运输行业能耗计量监测考核体系的建立奠定了坚实基础，也是贯彻落实国家节能减排政策、推进绿色循环低碳交通运输体系建设的一项重要的基础性工作。10 月 25 日，省厅节能办在武汉组织了节能信息报送培训，来自全省各地的“千企”成员单位的近 40 名学员参加了培训，并全部顺利通过了考试，优良率达 100%。

五、液化天然气（LNG）推广应用

（一）内涵核心

LNG（Liquefied Natural Gas），即液化天然气的英文缩写。主要成分是甲烷。LNG 无色、无味、无毒且无腐蚀性。LNG 是通过在常压下气态的天然气冷却至 −162℃，使之凝结成液体。天然气液化后可以大大节约储运空间，而且具有热值大、性能高等特点。

LNG 是一种清洁、高效的能源。由于进口 LNG 有助于能源消费国实现能源供应多元化、保障能源安全，而出口 LNG 有助于天然气生产国有效开发天然气资源、增加外汇收入、促进国民经济发展，因而 LNG 贸易正成为全球能源市场的新热点。

（二）发展战略

交通运输部发布《推进水运行业应用液化天然气的指导意见》

日前，交通运输部印发《关于推进水运行业应用液化天然气的指导意见》（以下简称《意见》），推进水运行业应用液化天然气（LNG），加快绿色水运建设步伐，实现水运节能减排、转型升级和用能结构优化。到 2020 年，内河运输船舶能源消耗中 LNG 的比例将达到 10% 以上。

《意见》提出了推进水运行业应用 LNG 的七项主要任务。一是完善标准规范体系，制定出台 LNG 动力船舶、LNG 加注船及其关键设备的检验法规、技术标准和相关安全管理规定。二是开展试点示范，扩大试点范围，跟踪试点示范开展情况，适时进行经济社会效益评估。三是统筹加注站点布局规划与建设，开展岸基式、移动式等加注方式研究，通过市场机制有序推进加注设施建设，形成较为完善的加注服务体系。四是加强应用研究，进行技术总结集成提升，使 LNG 应用范围从内河逐步扩大到沿海及远洋，促进标准化生产体系和产品质量控制体系建设，提升水运 LNG 应用关键设备的生产能力及可靠性。五是强化科技支撑，充分发挥 LNG 供应商、港航企业、船用发动机（产品库 求购 供应）和储气罐等关键设备供应商以及科研机构、高等院校的优势，重点推进现有船舶更新改造等技术进步；研究建立 LNG 动力船舶标准化船型库。六是加强监督管理，制定合理使用标准，提高安全监管水平和服务质量；研究制定 LNG 供应服务标准，规范供应商服务行为。七是坚持制度创新，以提高效率、改善服务为目标，在准入机制、规章制度、管理方式上不断创新。

《意见》确定了 2015 年和 2020 年两个关键时间节点及其阶段性目标。到 2015 年，水运行业应用 LNG 的标准体系基本形成，重点水域、港区的加注站点建设启动，长江干线、西江航运干线、京杭运河、淮河和部分封闭水域的普通货船试点示范和客船（船型、船厂、买卖）试点工作有序开展，有条件的地区率先推动港作船和工程船（船型、船厂、买卖）应用 LNG，内河运输船舶能源消耗中 LNG 的比例达到 2% 以上。到 2020 年，水运行业应用 LNG 的标准体系基本完善，加注设施基本适应水运发展需要，全国主要内河水域的普通货船和客船、港作船和工程船等船舶应用 LNG 得以推广，危险品船、沿海客船和普通货船试点示范项目稳步开展，远洋运输船舶的试点工作启动，内河运输船舶能源消耗中 LNG 的比例达到 10% 以上，用能结构得到改善。（2013 年 11 月 15 日；来源：交通运输部）

交通运输部：首届“中国 LNG 船舶论坛”在京召开

6 月 20 日，由中国国际天然气大会组委会主办的首届“中国 LNG 船舶论坛”在北京召开。

本届论坛以“LNG 船舶 推动水运绿色发展”为主题，与会专家就 LNG 燃料动力船发展动因、推广应用、发展前景等议题做了专题报告。论坛期间，与会人员分享了来源于世界和全国 LNG 船舶行业的信息和经验，通过深入的交流和互动，共同推动中国 LNG 船舶行业健康、可持续发展。（2013 年 6 月 28 日；来源：交通运输部网站）

交通运输部力推 LNG 动力船试点改造

交通运输部网站 9 月 2 日印发《交通运输部办公厅关于促进航运业转型升级健康发展的若干意见》(以下简称《意见》)。《意见》提出,鼓励老旧远洋、沿海运输船舶提前报废,提高市场准入门槛;加快推进液化天然气(LNG)在水运行业应用,推进 LNG 动力船舶试点改造,推进内河 LNG 动力船舶应用示范工程,对符合条件的节能减排项目给予补助。

《意见》提出,减少运力存量,优化船队结构。调整延续老旧运输船舶和单壳油轮提前报废更新的政策至 2015 年 12 月 31 日,鼓励老旧远洋、沿海运输船舶提前报废。积极推进内河船型标准化,引导内河老旧运输船舶加快淘汰和更新改造,2013—2015 年期间中央财政、地方财政每年安排一定资金给予补贴。严格执行以船龄为标准的船舶强制报废制度,达到强制报废船龄的船舶按期退出航运市场。

《意见》还提到,支持航运企业与货主企业加强合作,联合经营。规范货主投资国内航运业,优化社会资源合理配置,引导货主与航运企业订立长期合作协议,促进互补共赢。提高市场准入门槛,将国内沿海省际运输经营者最低运力规模标准由 2000 总吨提高到 5000 总吨,并相应提高内河运输经营者最低运力规模标准。支持航运企业兼并重组,整合业务资源,发展规模化、专业化企业,实施“走出去”战略。(2013 年 9 月 3 日;来源:《中国证券报》)

(三)基层落实

四川交通运输厅运管局积极为液化天然气汽车推广应用建言献策

为推动全省道路运输节能工作取得新进展,优化燃料消费结构,积极推广应用 LNG(液化天然气)汽车,2013 年 6 月四川省交通运输厅运管局积极组织各市、州道路运输管理机构分管负责人、车管科科长以及当地客运和城市公交企业参加了由四川省清洁汽车产业协会举办的液化天然气汽车推广应用交流会。

会上,厅运管局总工程师张洪就四川省在道路运输中发展 LNG 汽车的必然性和重要性、LNG 汽车目前在城市公交、干线客运应用中取得的进展等做了详细介绍,并针对如何大力推进 LNG 汽车在道路运输中的应用提出了具体建议。一是政府应将 LNG 发展规划纳入《四川省“十二五”清洁汽车产业发展规划》。二是以点带面。首先做好在成都至广元、成都至达州两条高速公路开展沿线城市公交汽车及班线客车 LNG 的应用试点,然后依托 LNG 加注站和撬装站的规划布局,在新增、更新客运车辆和城市公交汽车时重点考虑发展 LNG 汽车。三是积极争取 LNG 汽车优惠扶持配套政策。如争取 LNG 汽车的购车补贴、落实应用 LNG 汽车运输企业的减、免税政策、LNG 汽车的燃油补贴等鼓励措施。四是完善 LNG 汽车的维修、检测的技术标准和管理办法。(2013 年 6 月 3 日;来源:四川省交通运输厅)

第七篇
安全应急篇

一、加强道路交通安全工作

国务院出台《关于加强道路交通安全工作的意见》

中国政府网27日对外公布《国务院关于加强道路交通安全工作的意见》（以下简称《意见》）。根据《意见》，我国将加大道路交通事故责任追究力度。

《意见》指出，严格执行重大事故挂牌督办制度，研究制定道路交通安全奖惩制度，对发生特别重大道路交通事故的，或者一年内发生3起及以上重大道路交通事故的，省级人民政府要向国务院做出书面检查。对一年内发生两起重大道路交通事故或发生性质严重、造成较大社会影响的重大道路交通事故的，国务院安全生产委员会办公室要会同有关部门及时约谈相关地方政府和部门负责同志。

《意见》提出强化道路运输企业安全主体责任。严禁客运车辆、危险品运输车辆挂靠经营。推进道路运输企业诚信体系建设，将诚信考核结果与客运线路招投标、运力投放以及保险费率、银行信贷等挂钩，不断完善企业安全管理的激励约束机制。

对发生重大及以上或者6个月内发生两起较大及以上责任事故的道路运输企业，依法责令停业整顿；停业整顿后符合安全生产条件的，准予恢复运营，但客运企业3年内不得新增客运班线，旅游企业3年内不得新增旅游车辆。对道路交通事故发生负有责任的单位及其负责人，依法依规予以处罚，构成犯罪的，依法追究刑事责任。

在长途客运安全管理上，《意见》指出，要严格控制1000公里以上的跨省长途客运班线和夜间运行时间，对现有的长途客运班线进行清理整顿，整改不合格的坚决停止运营。创造条件积极推行长途客运车辆凌晨2时至5时停止运行或实行接驳运输。客运车辆夜间行驶速度不得超过日间限速的80%，并严禁夜间通行达不到安全通行条件的三级以下山区公路。夜间遇暴雨、浓雾等影响安全视距的恶劣天气时，可以采取临时管理措施，暂停客运车辆运行。

在加强旅游包车安全管理方面，将根据运行里程严格按规定配备包车驾驶人，逐步推行包车业务网上申请和办理制度，严禁发放空白旅游包车牌证。运输企业要积极创造条件，严格落实长途客运驾驶人停车换人、落地休息制度，确保客运驾驶人24小时累计驾驶时间原则上不超过8小时，日间连续驾驶不超过4小时，夜间连续驾驶不超过2小时，每次停车休息时间不少于20分钟。有关部门要加强监督检查，对违反规定超时、超速驾驶的驾驶人及相关企业依法严格处罚。

在驾驶员管理上，将严把客货运驾驶人从业资格准入关，建立客货运驾驶人从业信息、交通违法信息、交通事故信息的共享机制，加快推进信息查询平台建设，设立驾驶人“黑名单”信息库。对发生道路交通事故致人死亡且负同等以上责任的，交通违法记满12分的，以及有酒后驾驶、超员20%以上、超速50%（高速公路超速20%）以上，或者12个月内有3次以上超速违法记录的客运驾驶人，要严格依法处罚并通报企业解除聘用。

值得注意的是，在车辆安全监管上，《意见》指出要强化电动自行车安全监管。修订完善电动自行车生产国家强制标准，严禁生产、销售不符合国家强制标准的电动自行车。公安机关要严格查处电动自行车交通违法行为。地方各级人民政府要通过加强政策引

导，逐步解决在用的超出国家标准的电动自行车问题。（2012 年 7 月 28 日；来源：《人民日报》）

关于征求《道路运输车辆动态监督管理办法》（征求意见稿）意见的函

（道路运输司　交运便字〔2013〕144 号）

为了加强道路运输车辆动态监督管理，预防和减少道路交通事故，依据《中华人民共和国道路交通安全法》、《中华人民共和国安全生产法》以及《国务院关于加强道路交通安全工作的意见》（国发〔2012〕30 号），我司组织起草了《道路运输车辆动态监督管理办法》（征求意见稿）。

梁晓安：交通运输部公路安全保障工程十年成效

交通运输部 2003 年在全国启动了以“消除隐患、珍视生命”为主题的公路安全保障工程，简称公路安保工程，今年又深入开展了“平安交通”创建活动。

十年来，全国交通运输部门共投入安保工程资金 305.9 亿元，用于新增护栏 8 万公里、各类标志 190 万块、标线 41 万公里、减速设施 28 万处、警示桩 780 万个、警示墩 1.8 万公里，共整治视距不良的路段 21 万处，超过 30 万公里的道路步入“安全高效”的运行轨道。

总结安保工程的实施成效，主要体现在“四个更加”上：

一是出行更加安全。在车辆保有量年均增长 30% 的情况下，国道网事故率和死亡率从 2004 年的每一亿车公里 17.55 和 5.74 下降至 2011 年的 4.34 和 2.03，下降幅度达 75% 和 65%。二级、三级公路交通事故发生次数和死亡人数分别下降 72%、50% 和 73.5%、51%。

二是设施更加健全。安保工程实施过程中，增设、改进了大量公路交通标志、轮廓标、交通标线、减速设施、薄层铺装、隧道内太阳能设施等交通安全诱导与警示设施；完善了一大批服务设施，如停车休息区、卫生间、加水站等。

三是技术更加先进。安保工程的实施，探索了处治经验，创新了设计理念，有效促进了公路交通安全技术的研究和推广，提升了公路技术水平。

四是社会更加认可。安保工程实施十年来，基本实现了道路交通事故从高发到基本遏制、直至逐年下降的目标，广大驾乘人员、和社会各界给予高度肯定，交口称赞，他们把高山险坡的公路安保工程称为“救命工程”。

下一步，交通运输部将认真贯彻落实三中全会精神，继续把安保工程作为服务民生的重点工作抓实抓好。一是进一步加强组织管理，及时修订完善安全设施相关标准规范，建立隐患排查动态工作机制，充分利用信息化手段监管安保工程项目实施。二是进一步明确目标和任务，加大资金投入，按照“先干线、后支线，先重点、后一般”的原则，有计划分步实施、稳步推进。三是进一步落实《国务院关于加强道路交通安全工作的意见》要求，确保交通安全设施与道路建设主体工程同时设计、同时施工、同时投入使用，确保新改建工程安保设施满足规范和标准的要求。（2013 年 11 月 21 日；来源：交通运输部）

交通运输部办公厅关于做好机动车驾驶员计时培训系统技术规范实施工作的通知

（厅运字〔2013〕249号）

驾驶员是影响道路交通安全最关键的因素。实施机动车驾驶员计时培训，对于提高机动车驾驶培训质量和水平，从根本上减少和预防道路交通事故具有重要意义。认真贯彻实施技术规范，是道路运输行业贯彻落实《国务院关于加强道路交通安全工作的意见》（国发〔2012〕30号）的重要举措，是实现机动车驾驶培训管理信息化、标准化及规范化的有效途径。各级交通运输主管部门和道路运输管理机构要充分认识技术规范实施的重要意义，加大宣贯力度，精心组织实施，抓好各项工作的落实。

各地要认真组织道路运输管理机构、机动车驾驶员培训机构人员学习技术规范，切实掌握和理解规范的具体内容和要求；要对照技术规范的要求，尽快建立或升级改造计时培训系统平台；要督促培训机构尽快安装符合技术规范要求的计时终端，已安装计时终端的，要确保按照技术规范要求上传培训记录信息，保持终端正常工作。

各级道路运输管理机构要切实采取有效措施，加强指导和监督，确保所有机动车驾驶员计时培训系统平台和终端在2014年10月1日前，全部符合技术规范要求。部将从2014年1月起，结合相关安全检查等工作对技术规范的实施情况进行督导检查。

各地要把做好宣贯工作，作为贯彻实施技术规范的一项重要任务，认真抓好。为促进各级道路运输管理机构、驾驶员培训机构迅速、全面地理解和掌握技术规范的内容和要求，帮助各地进一步深入贯彻实施技术规范，部拟从10月中下旬开始，委托中国交通通信信息中心，分片区开展技术规范宣贯培训（具体事宜由中国交通通信信息中心另行通知），各地要按照要求，认真组织相关人员参加。在此基础上，根据各地的实际，广泛开展宣贯工作，力争各级管理部门、驾驶培训机构的相关人员以及平台开发运营、终端生产单位都能够熟悉了解技术规范内容和要求。

二、桥梁隧道施工安全风险评估制度

关于开展公路桥梁和隧道工程施工安全风险评估试行工作的通知

（交通运输部　交质监发〔2011〕217号）

为加强公路桥梁和隧道工程施工安全管理，优化施工组织方案，提高施工现场安全预控有效性，经研究，决定在施工阶段实行公路桥梁和隧道工程安全风险评估制度。

公路桥梁和隧道工程施工环境条件复杂，施工组织实施困难，作业安全风险居高不下，一直以来是行业安全监管的重点环节。在施工阶段建立安全风险评估制度符合国际通行做法。在工程实施前，开展定性或定量的施工安全风险估测，能够增强安全风险意识，改进施工措施，规范预案预警预控管理，有效降低施工风险，严防重特大事故发生。这项工作也是公路桥梁和隧道工程设计风险评估结果在施工阶段的落实和深化。

列入国家和地方基本建设计划的新建、改建、扩建以及拆除、加固等高等级公路桥梁和隧道工程项目，在施工阶段，应按本通知要求，进行施工安全风险评估。其他公路工程项目，可参照执行。

公路桥梁和隧道工程施工安全风险评估指南

由《公路桥梁和隧道工程施工安全风险评估指南》（以下简称《指南》）2011 年 11 月 1 日已由人民交通出版社出版。该《指南》旨在指导和规范全国公路桥梁、隧道工程施工安全风险评估工作，预防公路施工重特大生产安全事故发生，提高工程施工安全风险控制能力。

本《指南》学习和借鉴了国外风险评估通行做法，吸取了国内铁路、城市地铁、公路桥隧工程设计阶段风险评估的成果，总结了我国公路桥梁隧道建设经验和教训，结合行业发展实际，按照从全局出发、抓住重点、解决突出问题的思路，提出了公路桥梁、隧道工程施工安全风险评估的方法和程序，建立了风险评估指标体系，列出了典型的重大风险控制措施建议（供参考）。

本《指南》分总体风险评估和专项风险评估两个层次。总体风险评估从桥梁或隧道的工程规模、建设条件、技术难度等因素考虑，静态评估桥梁或隧道工程整体施工安全风险大小。专项风险评估以具体施工作业活动为对象，从分析施工作业活动特点人手，辨识常见事故类型，列出风险源清单，通过风险分析与估测，确定重大风险源，并对重大危险源进行量化的动态评估。

本《指南》共分 7 章，主要内容包括：总则、术语、总体风险评估、专项风险评估、重大风险源估测、风险控制、风险评估报告编制等。

辽宁省质安局召开全省公路桥梁隧道工程施工安全风险评估工作推进会

2013 年 3 月 24 日，辽宁省质安局在建兴高速公路建设项目公司召开全省公路桥梁隧道工程施工安全风险评估工作推进会。与会代表参观了建兴高速公路桥隧工程施工现场，参加了建兴高速公路桥隧工程施工安全风险评估论证会议，并听取了丹东鸭绿江公路大桥、大连长山大桥和盘锦市交通工程质量与安全监督处等三家单位经验交流发言。会上，省质安局喻永华副局长作了工作报告，总结回顾了 2012 年全省桥隧工程施工安全风险评估试点工作开展情况，并对 2013 年全面推进桥隧工程施工安全风险评估工作进行了具体部署。部质监局陈萍处长详细阐述了风险评估的科学内涵，介绍了全国各地开展风险评估工作情况，并对辽宁省桥隧工程施工安全风险评估工作给予了高度评价和充分肯定。

最后，省厅贾福元作重要讲话。他指出，要高度重视建设工程安全管理，充分认识推进风险评估工作的重要意义，风险评估作为有效预防和控制安全生产事故发生的有效手段，不仅可以为决策者提供决策支持，找出桥隧工程施工各个阶段可能存在问题和隐患，采取有效的保障措施，预防和减少各类事故的发生。同时，可以提高桥隧工程施工安全监管的针对性，进而保障桥隧工程的施工安全。因此，各地区、各单位要结合工程建设实际，扎扎实实地开展好风险评估工作，为辽宁交通建设实现安全发展做出积极贡献。（2013 年 3 月 26 日；来源：辽宁省交通厅）

关于强力推进河南省公路桥梁和隧道施工安全风险评估的通知

（豫交文〔2013〕136 号）

为进一步推进全省公路桥梁和隧道工程建设项目的施工安全风险评估工作，根据交通运输部《关于开展公路桥梁和隧道工程施工安全风险评估试行工作的通知》（交质监发〔2011〕217 号）文件精神，结合河南省实际，推进河南省公路桥梁和隧道施工安全风险评估工作。

三、“防坍塌、防坠落、反三违”专项治理活动

（一）发展目标

交通运输部从 2013 年 6 月至 2013 年 12 月开展的高速公路和大型水运工程“防坍塌、防坠落、反三违”专项整治活动，其目的是督促企业落实安全生产主体责任，夯实企业安全生产“双基”，提高施工安全标准化水平，全面推进“平安工地”建设常态化，治理纠正各类“三违”行为，努力实现 2013 年坍塌和高处坠落事故持续下降，较大事故起数下降幅度不低于 3.2%，死亡总人数下降幅度不低于 1% 的目标。

（二）内涵核心

专项整治范围包括全国范围内在建的高速公路和大型水运工程项目。重点预防以下作业环节或设备设施可能引发的坍塌事故：深基坑或围堰的开挖与支护；梁板等大型预制构件的吊装及固定；桥梁挂篮施工，跨线桥施工；隧道掌子面与洞口开挖，锚杆与拱架施工，初期支护与二次衬砌浇筑；施工现场使用的各类起重机械、满堂支架、脚手架和大型模板支撑体系。

（三）重点工作

重点预防以下作业环节或场所可能引发的高处坠落事故：起重机械、支架脚手架、模板体系及外用电梯的安装拆除作业；临边、洞口、水上作业；各类登高作业及人员上下通道。重点治理以下“三违”行为：项目负责人施工现场带班生产、重大事故隐患挂牌督办、设备“定人定机定岗定责”等制度不健全或落实不到位；危险性较大工程未制订专项施工方案、方案未经审批或不按方案施工；特种设备、钢管扣件未经检验合格投入使用；企业主要负责人、项目负责人、专职安全员、特种作业人员无证上岗；作业人员未经三级教育培训

或培训流于形式;现场安全防护措施不到位组织施工;作业人员个人安全防护不到位上岗作业;违规使用吊机运载人员;违规运输、储存和使用民爆物品;吊装与安装拆除作业无专业人员指挥。

四、寄递服务信息安全专项整治行动

(一)总体要求

深入贯彻落实科学发展观,牢固树立“以人为本、安全发展”的科学理念。坚持“安全第一、预防为主、综合治理”的方针。坚持依法行政、依章办事、依规管理,着力健全邮政行业安全监管工作体系,提高邮政管理部门安全监管工作能力,完善与工业和信息化、通信管理、公安、国家安全、商务和工商行政管理等部门协作配合机制,切实保障寄递服务信息安全,为广大人民群众提供安全的寄递服务。

(二)目标任务

专项整治行动以强化《中华人民共和国邮政法》、《邮政行业安全监督管理办法》、《快递市场管理办法》等各项法律规章的贯彻落实为重点,以提高寄递服务信息安全保障能力为核心,以促进邮政行业科学发展安全发展为目标。严格依照法律法规规定开展监督检查,严查寄递企业及从业人员贩卖快递单号、泄露用户信息等违法行为,严肃追究违法违规寄递企业及有关人员的责任。通过专项整治行动,进一步促进寄递企业增强防范意识,强化寄递服务信息安全管理,落实安全责任,排除安全隐患,落实整改措施,确保邮政通信和信息安全,维护广大用户的合法权益。

(三)重点内容

(1)寄递企业信息安全制度建设情况。寄递企业是否按照国家有关规定建立了寄递服务信息安全管理责任制、寄递服务信息安全管理制度等;是否通过各种方式加强宣传,落实对企业员工应知应会的要求,增强防范意识。寄递企业总部是否对各分支机构,包括加盟企业提出相关工作要求,并监督落实。

(2)寄递企业信息安全隐患自查情况。寄递企业是否建立了信息安全隐患自我排查工作机制,开展定期与不定期的安全隐患排查。是否通过自查发现了本企业寄递服务信息安全方面存在的隐患和漏洞,是否及时落实责任进行整改,对整改情况是否开展了复查。

(3)寄递企业信息安全管理措施情况。寄递企业是否加强对重点环节和重点部位的信息安全管理,是否从内控制度、人员管理、岗位职责设置、寄递详情单流转(印制、分发、使用、存档、销毁)、计算机使用与信息系统管理等各个方面进行全面梳理完善,制定防范措施,确保信息安全。

(4)寄递企业配合信息安全整治工作情况。寄递企业是否配合邮政管理、公安、国家安全、工商行政管理等部门认真做好寄递服务信息安全工作,是否及时发现、举报有关违反寄递服务信息安全规定的案件或重要线索等。

五、"安全风险管理"试点示范工作

（一）战略部署

关于征求全面推进安全生产风险管理意见的通知

深入贯彻落实党的十八大和十八届三中全会精神，坚持"安全第一、预防为主、综合治理"的方针，按照党中央国务院关于安全生产的决策部署和建设"平安交通"的总要求，为全面推进交通运输安全生产风险管理（简称安全风险管理），构建安全生产长效机制，促进交通运输科学发展安全发展。

1. 工作目标

（1）中期目标。到2017年，全行业基本树立安全风险管理理念，掌握安全风险管理方法；省级和中心城市交通运输管理部门以及重点交通运输企业完成安全风险管理体系建设并运行。

（2）远期目标。到2020年，全行业完成安全风险管理体系建设，运转扎实有效，安全管理水平大幅提升，为全面建成小康社会提供可靠的交通运输安全保障。

2. 工作内容

（1）开展危险源辨识。根据交通运输行业特点，从人的行为、设施设备状态、环境因素和管理活动等方面，分层级、分部门、分专业编制各类风险辨识手册，全面全过程开展危险源辨识，并建立危险源清单。

（2）开展安全风险评价。制定安全风险等级标准，合理使用定量定性的方法，研判危险源安全风险发生的概率、范围、严重程度（大小）、变化幅度、分布情况、持续时间和频度等，确定安全风险等级和安全风险管控临界值。

（3）强化安全风险控制。优先完善相应的建设规划、标准规范、设施设备等，强化运营管理、规范作业行为，有效控制和逐步消除各种不安全因素，降低事故发生的概率。对于跨行业、跨地区的重大风险，要建立相应的协调联动管控机制，确保重大风险得到有效控制。

（4）建设安全风险管理信息系统。加强安全生产监测监控网络建设，分级分类建立危险源数据库，加强基础信息管理，实现交通运输安全风险的监测预警、科学评价、统计分析、分级管理和动态管控等功能。

（5）持续完善管控措施。强化安全风险管理的内部审查和评价，全面检测监控安全风险管理各个环节和关键节点，及时掌握安全风险状态和变化趋势，及时调整和完善安全风险管控措施，着力构建自我检验、自我修复、自我优化的持续改进机制。

（6）强化应急处置。针对安全风险，特别是重大安全风险可能导致发生的事故情况，制定相应的应急预案并加强应急演练。要加强应急能力建设，配置应急设施设备和物资，构建平时服务、急时应急的应急保障体系。一旦发生突发事件，立即启动相应的应急预案，快速高效处置。

(二)基层落实

交通运输部调研宁波镇海道路危运安全风险管理工作

近日，由交通运输部安监司、部规划院、水运院组成的调研组一行在浙江省交通运输厅、宁波市交通运输委等领导的陪同下，到宁波市镇海区开展道路危运安全风险调研工作。调研组首先到镇海区重点危运企业——金洋化工物流有限公司，详细听取了金洋化工物流在日常安全监管、车辆、人员管理的安全管理工作，并进行了工作的交流与座谈。随后，调研组到镇海区道路危险品运输车辆GPS监控中心，听取了镇海所在强化科技创新、突出源头监管的道路危险品运输安全防控体系建设的汇报。调研组认为，镇海区在落实道路危险货物运输行业安全风险管理，尤其是在落实行业安全监管责任、企业主体安全责任、驾驶人员岗位自律责任的“三个责任意识”管理方面做了积极地探索与创新，形成了独具特色的“镇海经验”。调研组希望镇海区在进一步实施安全防控体系建设提出的“危险品运输的配套建设”工程基础上，打造全国的道路危险品运输“安全发展、和谐发展”的先进管理经验基地。（2013年5月23日；来源：浙江省交通运输厅）

2014年常州市交通运输局交通运输安全与平安交通建设工作要点

全市交通运输安全工作总体目标是：以安全发展、科学管理为主题，以事故预防为主攻方向，以推进安全生产标准化为抓手，强化“两个主体责任”落实，持续推进安全监管方式和手段创新，确保辖区水上不发生重大交通责任事故和水域污染事故，确保路航港口安全设施、交通工程建设、道路运输、港口经营、机场营运不发生因监管不力、管养不善而造成的重大责任事故，确保优质完成“平安交通”建设确定的各项任务，确保运输安全工作居于全省交通运输系统前列；社会稳定风险评估做到应评尽评；加强重点监控，不发生重大刑事、经济犯罪案件和政治事件；全力调处化解矛盾，不发生因监管失责导致的赴京上访和去省集访事件。

工作要点：

（1）强化省市联动，深入推进平安创建；

（2）突出工作重点，大力推进“三化”建设；

（3）总结有效做法，改进督查检查方法；

（4）深化“打非治违”行动，继续保持高压态势；

（5）强化应急管理，完善保障体系建设；

（6）实施社会稳定风险评估，确保重大项目应评尽评；

（7）加强重点部位治安防范，严防各类案件发生。

六、城市轨道交通运营安全隐患排查专项治理活动

三部门联合整治城市轨道交通安全隐患

日前，交通运输部、公安部、国家安全监管总局联合发出通知，即日起至明年4月开展城市轨道交通运营安全隐患排查治理专项活动，及时消除安全隐患，预防交通事故发生。

此次专项活动分自查、抽查、督导三个阶段，重点排查城市轨道交通运输企业安全管理情况和政府部门安全管理情况。运营企业安全管理情况，重点排查安全生产管理、行车组织管理等十个方面；政府部门安全管理情况，重点排查城市政府是否编制了城市轨道交通应急预案并定期组织演练，是否制订了城市轨道交通大客流引导、平衡措施和方案等六个方面。

城市轨道交通运营企业对排查发现的安全隐患，要制订整改方案，明确责任主体和完成时限。各地要对整改不到位的企业进行通报并责令整改。交通运输部门要会同公安、安全监管部门，加快推进制定城市轨道交通法规、标准，建立完善安全管理制度，强化监管力量和手段，建立健全城市轨道交通运营安全隐患排查治理长效机制。（2013 年 12 月 25 日；来源：人民网）

交通运输部　公安部　国家安全监管总局
关于深入开展城市轨道交通运营安全隐患排查治理专项活动的通知

为加强城市轨道交通运营安全管理工作，保护人民群众生命财产安全，根据国务院领导同志批示精神，交通运输部、公安部、国家安全监管总局决定联合开展城市轨道交通运营安全隐患排查治理专项活动。现就有关事项通知如下：

1. 排查重点

此次专项活动对象为已开通运营城市轨道交通的地区，重点从城市轨道交通运营企业安全管理情况和政府部门安全管理情况两个方面开展排查：

1）运营企业安全管理情况

重点排查以下方面：

（1）安全生产管理。

（2）行车组织管理。

（3）客运组织管理。

（4）车辆及车辆基地管理。

（5）设备系统管理。

（6）土建设施管理。

（7）人员管理。

（8）应急管理。

（9）公共安全防范管理。

（10）消防安全管理。

2）政府部门安全管理情况

（1）城市政府是否编制了城市轨道交通应急预案并定期组织演练，是否制订了城市轨道交通大客流引导、平衡措施和方案。

（2）《国务院关于城市优先发展公共交通的指导意见》（国发〔2012〕64 号）和交通运输部《关于加强城市轨道交通运营管理的通知》（交运发〔2011〕236 号）下发后，新开通城市轨道交通线路是否按要求开展试运营基本条件评审。

（3）是否按照国务院和交通运输部有关文件要求对已开通运营的城市轨道交通线路定

期组织运营安全评估。

（4）城市政府相关部门是否设立了城市轨道交通安全保护区管理制度，是否开展监管工作。

（5）城市政府相关部门是否建立运营信息报告制度、突发事件信息报送制度和事故调查处理制度。

（6）省、市交通运输主管部门是否有部门或者机构专门负责城市轨道交通运营和安全管理工作，是否组织推进城市轨道交通运营企业安全生产标准化建设工作。

2. 工作安排

城市轨道交通运营安全隐患排查治理专项活动为期5个月，活动时间为2013年12月—2014年4月，分为三个阶段：

（1）自查阶段（2013年12月—2014年2月）。城市轨道交通运营企业围绕安全生产管理、行车组织管理、客运组织管理、车辆及车辆基地管理、设备系统管理、土建设施管理、人员管理、应急管理、公共安全防范管理、消防安全管理等方面开展自查，并做好安全隐患整改落实。

（2）抽查阶段（2014年3月）。城市交通运输部门要会同公安、安全监管等部门按照通知要求，督促运营企业深入开展城市轨道交通运营安全隐患排查治理专项活动，并进行抽查，发现城市轨道交通运营企业自查组织开展不力的，要督查其进行立即整改，挂牌督办，限时完成。各相关省份应于2014年4月5日前将自查和抽查情况报告分别报交通运输部、公安部、国家安全监管总局。

（3）督导阶段（2014年4月）。交通运输部将会同公安部、国家安全监管总局组成督导组，对各地活动开展情况进行督导和相互检查。督导组将采取听取汇报、查阅资料和现场检查等方法，对各地自查和抽查情况进行检查，对进一步做好城市轨道交通安全管理工作提出整改意见，并将有关情况反馈给城市人民政府。（2014年1月3日；来源：交通运输部网站）

七、应急救助和抢险打捞能力

北海救助局圆满完成2014年春运期间应急救助值班待命工作

春运期间，北部海区遭受6次强冷空气侵袭，海上风力高达7~8级的天数有15天，其中4天阵风9~10级，并伴有降雪和低温天气，这给繁忙的海上运输工作带来了巨大的安全保障压力。

为确保春运期间众多海上旅客的出行安全，维护海上生产形势安全稳定，北海救助局提前部署，加强领导、精心组织，成立了以孙晓秋书记为组长的春运应急保障工作领导小组，按照交通运输部和部救捞局相关通知要求，全面加强海上值班待命力量，严格落实动态值班待命制度和三级值班制度，在责任海区内部署了15艘专业救助船艇和5个应急救助（分）队担负应急救助值班待命任务。300多名干部职工放弃了节假日休息，坚守工作岗位，抗严寒、战风雪，奋战在救助待命的第一线。

在全局广大干部、职工的共同努力下，北海救助局出色地完成了责任海区内水上交通安全保障任务，春运期间（1月16日至2月24日），共完成值班待命600艘天，成功救助遇险人员13人，救助遇险船舶1艘，打捞遇难者遗体2具，为保一方水上平安、环渤海湾蓝色经济区建设和和谐社会构建做出了应有的贡献。（2014年2月25日；来源：北海救助局）

交通运输部批复河南设国家级区域应急救援中心试点

交通运输部批复河南省设立国家级区域应急救援和路网协调中心试点；国家对中原经济区一旦批复，交通运输部将争取第一个和河南省政府签订部省合作协议。昨日，交通运输部部长李盛霖对河南省交通事业取得的成绩给予肯定并提出希望。

据介绍，交通运输部已批复在河南设立国家级区域应急救援和路网协调中心试点。河南省还将着力打造城市智能交通、智能高速公路管理系统、出租车信息管理系统等。（2011年2月17日；来源：新华网）

上海打捞局"应急救助与抢险打捞交通运输行业研发中心"获批

2013年8月，交通运输部公布了2013年度交通运输行业研发中心认定结果，上海打捞局申报的"应急救助与抢险打捞交通运输行业研发中心"经部专家组审核后获得确认批准。交通运输部以每个行业建一个行业研发中心来推进技术进步工作。

救捞行业研发中心是以救捞行业发展需求为导向，以局进行建设与管理，以实现成果转化为目标，通过建立健全产学研用合作模式，开展新技术、新工艺、新装备的研究开发与推广应用，培养高层次工程技术人才以及进行技术交流合作的重要基地。

救捞行业研发中心本着整合资源、产学研用相结合的原则，整合了上海潜水装备厂、芜湖潜水装备厂、深潜水研发中心、技术服务中心四个中心的相关资源，联合上海交通大学、上海海事大学、大连海事大学、交通运输部水运科学研究院等四家科研院校，将承担救捞行业关键技术和先进适用技术的研究与开发。

目前，局正在制定细化研发中心的组织架构、运行机制、研发方向、重点研发内容等相关材料，交通运输部将在今年11月份组织专家来局进行现场评审。（2013年10月12日；来源：上海打捞局）

加强预案重评估——东海救助局不断提高辖区海上应急救助抢险效能

2013年9月27日，为进一步提高辖区海上应急救助抢险的科学性、安全性和有效性，东海救助局以强预案、重评估为重要抓手，组织召开了第三季度典型救助案例后评估会暨救助预案培训、船机协同工作交流会，努力提高海上应急救助抢险效能。

会议详细解读了《局应急救助预案》的各项条款，着重说明了预案的出台背景、险情等级划分和应急处置程序等内容，重点强调了预案对组织实施救助工作的指导性和规范局救助抢险工作的重要意义，并就进一步扩大预案培训范围，实现"有案可依、有案必依"达成了广泛共识。同时结合"龙虎山"轮、"海泓达"轮、"香河"轮等典型重大救助案例，深入分析了救助特点和技术难点，并就设备管理、拖带技术、救助宣传、总结评估和经验共享等提出了合理化建议。会议还组织一线救助船长、机长以及救助指挥和救助值班员就进一步做好船机协同训练救助、救助信息沟通交流等进行了深入探讨，并就规范救助信息快捷传递、完善船机协同训练救助等达成了一致意见。（2013 年 9 月 30 日；来源：东海救助局）

八、军民融合发展

（一）战略部署

深化军民融合　提升交通战备保障能力

2011 年 9 月 19 日至 20 日，由国家交通战备办公室主办，兰州军区、甘肃省交通战备办公室承办的交通战备应急指挥中心和训练基地建设试点（简称“两个试点”）现场活动在甘肃省兰州市举行。现场活动重点展示了“两个试点”建设成果，研究探索了交通战备深化军民融合的方法和途径，研讨交流了完成多样化军事任务交通保障的经验做法，全面部署了“十二五”交通战备工作任务。

交通运输部党组副书记、副部长翁孟勇出席现场活动并讲话。翁孟勇指出，甘肃省“两个试点”建设活动组织得精彩、成功，探索创建了四条基本经验。一是依托地方交通资源，充分利用现有基础设施和技术手段为国防建设服务。二是注意协调整合各类资源，增强现有设施的应急和应战功能，在交通运输发展中纳入军事需求，贯彻体现国防要求。三是抓住“融合”的切入点，从信息化建设入手，搭建信息共享平台，实现信息资源共享、指挥通信互联，增强平战转换能力。四是抓好管理指挥体制机制构建和交通战备应急队伍建设，不断增强和提高交通行业平时服务、急时应急、战时能战的能力。

翁孟勇强调，推进交通战备军民融合式发展，就交通运输系统而言，要在四个方面上进一步下功夫。一要增强主动融合意识，努力破除军地各自封闭、自我发展的思想观念，各种运输方式之间要加强沟通协调、相互融合，大力推进综合运输体系建设，树立大交通、大动员的理念。二要抓好顶层设计，制定交通运输军民融合式发展规划，构建应急管理和国防动员工作相互协调的军地衔接顺畅的体制机制。三要学习借鉴推广好这次活动的示范经验，加强区域交通战备应急指挥中心和各类应急保障专业队伍的建设。四要加强政策引导，制定和完善推进军民融合式发展的法律法规和市场运作机制，加大资金筹措和投入力度，促进交通战备应急保障能力建设。（2011 年 9 月 22 日；来源：《中国交通报》）

（二）典型案例

交通运输部与海军签署战略合作框架协议
协力推进海上运输体系和海军建设

2013 年 12 月 25 日，交通运输部与海军就坚持走中国特色军民融合式发展路子，充分发挥军地各自优势，协力推进海上运输体系和海军建设举行会谈并签署战略合作框架协议。交通运输部部长杨传堂，中央军委委员、海军司令员吴胜利出席签字仪式并讲话。交通运输部副部长何建中和海军副司令员丁一平代表双方签署协议，海军副政委王森泰主持签字仪式。

杨传堂指出，交通运输部与海军签署战略合作框架协议，是全面贯彻落实党的十八大和十八届二中、三中全会精神，认真落实习近平主席一系列重要指示的重要举措，也是服务建设海洋强国战略、更好维护我国海洋权益的迫切需要。交通运输部将与海军在海上联合行动、基础设施建设、联合保障、人才培养交流等领域开展深度合作，进一步建立健全日常协商联络、海上应急响应和相关信息共享等工作机制，不断提升军民团结、军政合作水平，切实保障海上交通运输及生态环境安全，坚决维护国家海洋权益。

吴胜利表示，近年来，海军与交通运输部在亚丁湾护航、海上联合搜救、航海综合保障、船舶与港口建设等领域始终保持密切合作，建立了深厚友谊，取得了丰硕成果。此次双方签署战略合作框架协议，对推动海军转型建设、促进交通运输事业发展、实现军民互利共赢，具有重大的现实作用和深远的战略意义，将为开创军民融合深度发展新局面，实现强国梦、强军梦做出新的贡献。（2013 年 12 月 27 日；来源：中国交通报）

第八篇
依法行政篇

一、推进法治政府部门建设

（一）指导思想

深入贯彻落实党的十八大精神，以科学发展推动交通运输转型升级为主题主线，以破解制约交通运输依法行政的体制机制障碍为突破口，以增强领导干部依法行政意识和能力、提高制度建设质量、促进“三基三化”建设为着力点，培育法治思维，运用法治方法，把法治要求贯穿到交通运输建设、运营、管理、安全生产的各个领域，为交通运输改革发展提供法治引领和保障。

（二）基本原则

（1）依法行政。把法治建设贯穿到交通运输改革发展全过程，通过加强制度建设、提高决策水平、规范行业管理、严格依法办事，积极破解发展难题，使交通运输改革发展全面纳入法治的轨道。

（2）服务为先。把服务人民群众、服务经济社会发展作为交通运输法治政府部门建设的根本出发点和落脚点，强化市场监管和公共服务职能，寓管理于服务，做到管理利民、服务便民、执法为民，使交通运输改革发展成果更多、更公平地惠及全体人民。

（3）监督制约。建立健全权力运行制约和监督体系、深入推行行政执法责任制，把交通运输部门的各项行政权力“装进制度的笼子”，确保决策权、执行权、监督权既相互制约又相互协调，做到行政权力依法取得，行政程序依法履行，行政行为依法做出，行政责任依法承担。

（4）夯实基础。完善交通运输部门依法行政的基础管理制度，加强基层执法站所建设，改善基层法治环境，规范基层执法行为，提升基层执法队伍素质和形象。

（三）总体目标

法治意识显著增强，法治理念深入人心，法治精神、法治价值得到普遍认同；综合运输法规体系更加科学完善，促进各种交通运输方式协调发展的法律法规建立健全；交通运输部门各项公权力的行使纳入法治轨道，行政权力运行更加规范透明；执法队伍素质和管理明显提升，执法监督更加有力；交通运输部门的市场监管、社会管理和公共服务职能基本到位，形成诚信规范、竞争有序的交通运输市场环境，依法行政水平全面提高。到2020年，基本建成交通运输法治政府部门。

（四）主要任务

（1）切实强化法治思维。

（2）坚持依法科学民主决策。

（3）继续加强制度建设。

（4）改革行政审批制度。

（5）切实改进行政执法。

（6）加强执法队伍和站所建设。

（7）严格行政监督与问责。

（8）依法化解矛盾纠纷。

（五）保障措施

（1）强化组织领导。

（2）完善法治政府部门建设的工作机制。

（3）落实法治政府部门建设的经费保障。

（4）加强法制工作机构和队伍建设。

二、“三基三化”建设

（一）内涵核心

“三基三化”建设，即：基层执法队伍的职业化建设、基层执法站所的标准化建设、基础管理制度的规范化建设。

（二）地方借鉴

为贯彻落实交通运输部“三基三化”建设，积极打造职业化的港航执法队伍，实现“法治港航”目标，2013 年 10 月 21 日至 22 日，嘉兴市港航管理局举行了水路交通行政执法知识竞赛活动。市交通运输局副局长张伟林、市法制办执法监督处处长张敏、省港航管理局副调研员李树建，以及市港航管理局、各港航管理处领导到场观摩、指导。

此次竞赛以 18 部涉及港航工作的行政法、港航法律法规、规章为竞赛内容，不提供题库，并按照说理式文书评查要求等标准严格阅卷，聘请港航各业务条线专家、骨干科学评判。全面、系统、严格、规范的考察了港航执法队伍的业务水平。竞赛共分为执法知识测试、执法业务操作和现场知识竞答三个环节，其中，执法知识测试主要考察执法人员对港航法律法规的掌握和理解能力；执法业务操作要求参赛队成员根据指定的水路交通违法案例，按照说理性文书制作要求，独立完成行政处罚相关文书，主要考察执法人员队港航法律法规的实践应用能力；最后，以现场知识竞答的形式，全面考察执法人员理论和实践相结合的综合应用能力。

竞赛期间，以各港航管理处和局机关为单位组成 7 支参赛队 35 名队员，精诚合作，勇于拼搏，充分发挥团体协作能力和个人才华，展现了港航执法队伍的业务能力，发扬了“争当排头兵、甘做航标灯”的港航精神。经过激烈角逐，城郊港航管理处、平湖市港航管理处和海盐县港航管理处获得团体前三名，同时产生了丁金全等 9 名个人奖项。

三、行政执法形象“四统一”

（一）内涵核心

交通行政执法形象的“四个统一”即标志标识统一、执法证件统一、执法服饰统一、基层执法场所外观统一。

（二）地方借鉴

陕西省交通运输厅运管局落实行政执法形象“四统一”

为贯彻落实交通运输部、省交通运输厅关于加强交通运输行政执法形象建设工作有关会议精神，逐步实现公路路政、道路运政、港行行政和综合执法等行政执法的“四统一”，即标志标识统一、执法证件统一、执法服饰统一、基层执法场所外观统一，陕西省交通厅运管局结合实际，精心安排，认真组织，重点针对全省执法标志、服饰不统一，队伍着装五花八门，颜色款式各不相同，严重影响交通执法严肃性和队伍形象的突出问题，及时组织各市区道路运输管理机构主要负责人召开了全省道路运政执法形象建设工作会议，成立了全省统一道路运政执法形象领导小组，详细制定了全省统一道路运政执法标志服装的具体实施方案。为使各基层执法单位的执法服饰换发工作严格按照部颁规范标准执行，尽快了解熟悉新款服装的规范标准，防止滥发乱制，厅运管局及时给各基层执法单位统一印发了部颁《交通运输行政执法形象建设规范》，并按照部颁规范统一订制了服装标准样板、标志标识标准样品，组织专业人员统一印制发放了《道路运政执法标志服装图册》和《道路运政执法标志服装面料样布册》。

为推动道路运输管理现行体制下实现着装统一，厅运管局克服困难，总计安排 300 万元左右专项资金给予补贴。其中安排 100 万元左右专项补贴资金，给予参加全省运政执法队伍演练、运政法规知识竞赛“两项活动”的参赛人员统一配制一套新款标志服；安排 200 万元左右的专项资金，对全省换发新款标致服装的执法标志标识（包括执法徽标、肩徽、肩杠、肩章、领花、胸章、号牌、制式帽、执法腰带、武装带、臂章、反光背心等），按计划予以全额补贴。

四、公路执法专项整改活动

（一）内涵核心

交通运输部决定，将规范交通运输行业公路执法行为，作为交通运输行业开展党的群众路线教育实践活动整改的重要内容和具体措施，并从 2013 年 12 月 10 日起，在全国集中开展为期 3 个月的交通运输行业公路执法专项整改活动。

（二）战略部署

这次专项整改工作将聚焦群众反映最强烈、最关注、最敏感的十个突出问题。一是有关交通运输管理机构违规上路检查执法；二是无执法资格人员上路执法；三是对非法超限运输车辆只罚款（收费）、不卸载；四是为非法超限运输车辆办理罚款“年票”、“月票”；五是伙同社会闲散人员通过收费带车、放车或以其他约定形式擅自放行非法超限运输车辆；六是违规收取检测费和车辆保管费；七是利用职权参与或者让亲友参与对非法超限运输车辆实施卸载的经济活动；八是随意提高或降低治超执法标准；九是向治超工作机构及执法人员下达或者变相下达罚款、收费指标；十是使用无检定合格证或超过检定周期的地磅。要切实做到

“五个严禁”：一是严禁违规上路执法；二是严禁无执法资格的人员执法；三是严禁趋利执法；四是严禁擅自提高或降低执法标准；五是严禁乱罚款和乱收费。

本次专项整改工作从2013年12月10日至2014年1月10日为全面检查和整治执法行为阶段，对发现的违法违规问题立即整改；2014年1月11日至3月10日为修改完善政策制度阶段，之后转入常态化。交通运输部将适时组织督导检查和暗访，对工作不力的地区和单位予以通报批评。

五、行政审批公开制度

（一）内涵核心

根据转变政府职能的要求，交通运输部门将现行的行政审批项目进行清理，加大简政放权的力度，充分发挥市场在资源配置中的基础性作用，逐步减少对投资项目、生产经营活动和资质资格的审批。禁止利用规章、规范性文件以登记、年检、审定等形式，变相设定审批事项。严格规范行政审批中的技术性审查、中介服务行为，避免审查过多过滥和垄断谋利现象。

（二）地方借鉴

乌鲁木齐市交通运输局推进交通行政审批制度改革

乌鲁木齐市交通运输局积极推进交通行政审批制度改革，清理和精简行政审批事项，简化行政审批，压缩审批事项和审批时限。一是按照《行政许可法》规定的条件、程序、期限及交通法规规定办理各项许可事项，梳理行政许可审批事项共8项，其中市交通运输局2项，市客运统管办6项。二是取消2项审批事项，即城市公共汽车客运营运资格的审批、城市公共汽车客运服务资格的审批。对保留的6项行政许可事项的审批时限进行压缩，压缩审批时限50%~85%。三是转变行政审批服务方式，对所有审批事项予以公开，通过规范和加强行政审批全过程的监督，提高机关效能和公共服务能力。目前，乌鲁木齐市交通管理行政审批事项明显减少，审批环节明显优化，审批效率明显提高，审批行为明显规范，为建设服务型政府创造了有利条件。

第九篇
对外交流篇

一、中亚地区国际运输通道建设

（一）内涵核心

2007年，国家发改委出台了我国第一个全国性的，综合衔接铁路、公路、水路、民航、管道等五种运输方式的总体交通规则——《综合交通网中长期发展规划》。该规划通过优化比选提出了我国“五纵五横”10条运输大通道、4条国际区域运输通道和42个全国性综合交通枢纽。其中，中亚区域经济合作6条运输通道概况如下表所示。

中亚区域经济合作6条运输通道概况

通道编号	通道走向	途经国家
通道1	欧洲—东亚	哈萨克斯坦、吉尔吉斯斯坦、中国新疆
通道2	地中海—东亚	阿塞拜疆、哈萨克斯坦、吉尔吉斯斯坦、塔吉克斯坦、乌兹别克斯坦、中国新疆
通道3	俄罗斯—中东、南亚	阿富汗、哈萨克斯坦、吉尔吉斯斯坦、塔吉克斯坦、乌兹别克斯坦
通道4	俄罗斯—东亚	蒙古、中国新疆
通道5	东亚—中东、南亚	阿富汗、哈萨克斯坦、塔吉克斯坦、中国新疆
通道6	欧洲—中东、南亚	阿富汗、哈萨克斯坦、塔吉克斯坦、乌兹别克斯坦

主要四条国际区域运输通道包括：

（1）东北亚国际运输通道（含中蒙通道）。以南北沿海运输大通道、满洲里至港澳台运输大通道和西北北部运输通道为主轴，布局沈阳至丹东、哈尔滨至同江、哈尔滨至绥芬河、长春至珲春、集宁至二连浩特，额济纳旗至策克，临河至甘其毛道等国际支线。

（2）中亚国际运输通道。以西北北部出海运输通道、陆桥运输通道为主轴，布局乌鲁木齐至霍尔果斯国际支线。

（3）南亚国际运输通道。以青岛至拉萨、沪瑞运输大通道为主轴，布局拉萨至亚东、拉萨至樟木和喀什至红其拉甫国际支线。

（4）东南亚国际运输通道。以上海至瑞丽综合运输大通道、临河至防城港综合运输大通道为主轴，布局南宁至友谊关、昆明至磨憨、昆明至河口国际支线。

（二）最新进展

中哈交通合作分委会第八次会议在京举行

2013年11月20日至21日，中哈合作委员会交通合作分委会第八次会议在北京举行，双方就尽快签署《中华人民共和国交通运输部和哈萨克斯坦共和国交通通信部关于建立国际汽车运输行车许可证制度的协议》、为运输车辆进入对方境内创造便利运输条件、交流国际道路运输从业车辆的使用年限问题等九项道路运输领域议题交换了意见并达成了共识。中国交通运输部副部长冯正霖与哈萨克斯坦交通通信部副部长别克杜罗夫代表双方签署了会议纪要。

冯正霖表示，中哈两国在交通运输领域建立了顺畅的合作渠道，双方在交通合作分委会机制下稳步推动合作。自去年9月在哈萨克斯坦召开中哈交通合作分委会第七次会议以来，双方本着务实合作的精神，认真落实关于交通领域合作的共识，积极开展了一系列卓有成效的工作。希望两国交通运输主管部门共同肩负起推动和促进本区域经济发展、互联互通的责任和义务，进一步加快本地区国际运输通道的建设，促进本地区运输的便利化，为建立本区域丝绸之路经济带贡献力量。（2013 年 11 月 22 日；来源：山东省交通运输厅）

中乌加强交通合作促进运输便利化

2013 年 11 月 11 日，中乌政府间合作委员会交通合作分委会第二次会议在乌兹别克斯坦塔什干举行。中国交通运输部副部长冯正霖、乌兹别克斯坦国家铁路总公司总裁拉玛托夫和对外经贸投资部第一副部长卡马洛夫出席会议。双方就中乌两国道路运输、公路建设、铁路及民航领域合作达成广泛共识，并签署了《中乌政府间合作委员会交通合作分委会第二次会议纪要》。

双方支持于 11 月底召开的上合组织成员国总理会议期间签署《上合组织成员国政府间国际道路运输便利化协定》，并发展该协定框架下的合作。双方商定，与吉尔吉斯斯坦共同推动实施 1998 年 2 月 19 日签订的《中吉乌政府间汽车运输协定》；通过多边机制，采取相应措施，加快第二条中哈霍尔果斯过境铁路全面高效使用，以运输双方外贸货物；致力于发展中乌两国在运输、道路等交通基础设施建设领域的合作。

双方特别强调，中乌两国交通运输主管部门继续加强在上合组织内的合作，进一步加快本地区国际运输通道建设，促进本地区运输便利化，为建立本区域丝绸之路经济带贡献力量。（2013 年 11 月 13 日；来源：中国交通报）

二、上合组织道路运输便利化协定

（一）内涵核心

上海合作组织是中国、俄罗斯、哈萨克斯坦、吉尔吉斯斯坦、塔吉克斯坦和乌兹别克斯坦六国组成的一个国际组织。该组织另有五个观察员国：伊朗、巴基斯坦、阿富汗、蒙古和印度。工作语言为汉语和俄语。成员国总面积为 3018.9 万平方公里，即欧亚大陆总面积的五分之三，人口约 16 亿，为世界总人口的四分之一。这是中国首次在其境内成立国际性组织，并以其城市命名，宣称以“上海精神”以解决各成员国间的边境问题。官方语言：中文、俄语。主要城市：上海、北京、塔什干、阿拉木图、莫斯科、圣彼得堡。

（二）最新进展

上合组织交通运输合作潜力巨大

开展上海合作组织区域经济合作，对实现区域内各国之间经济优势互补、合理配置资源，扩大区域内的经贸发展和人员往来，增强区域整体竞争力，促进区域内各国经济发展均有重要意义。而发展交通运输是开拓经贸合作潜力、促进区域经济合作发展的先决条件。2002—2012 年，上合组织在交通运输合作领域取得了长足的进展。

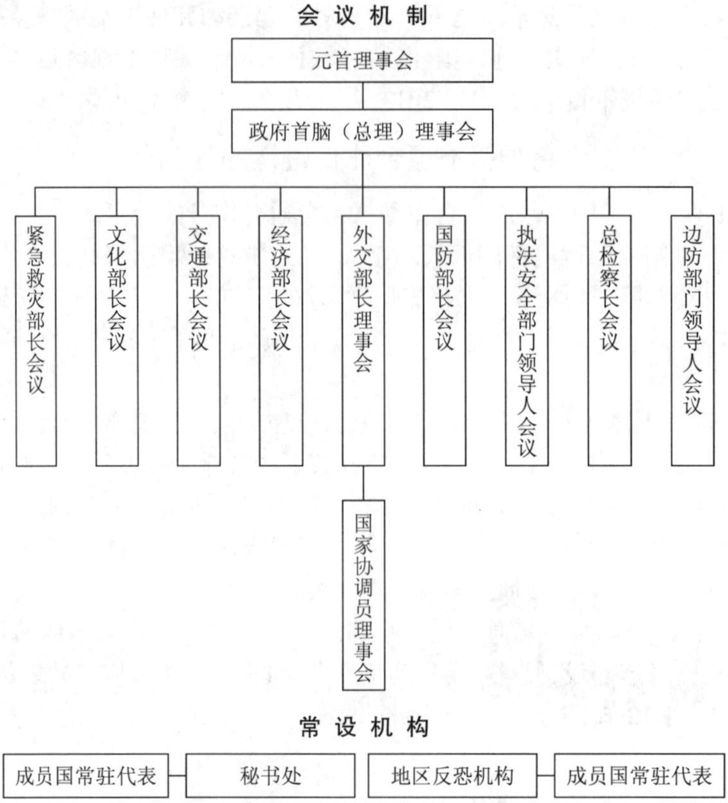

上海合作组织机构设置

1. 建立了区域交通合作协调机制

上合组织成员国大多彼此相邻，独特的地缘优势为发展区域内的运输业创造了良好条件。《上海合作组织成立宣言》和《上海合作组织宪章》均明确将鼓励各成员国开展交通领域的有效合作作为该组织的宗旨和优先领域之一。2002 年，由吉尔吉斯和中国共同倡议建立了上合组织框架内的交通部长会议机制。截至 2011 年 11 月，分别在吉尔吉斯比什凯克、俄罗斯圣彼得堡、塔吉克杜尚别、中国北京、俄罗斯莫斯科举行了五次上合组织成员国交通部长会议。在双边层面，中俄、中哈之间建立了交通合作分委员会合作机制，中塔、中吉等地方交通主管部门之间也有定期的会晤机制。此外，近年来，上合六国一直在积极推进《上海合作组织成员国政府间国际道路运输便利化协定（草案）》的签署工作。经过六轮谈判，各方已就协定草案全部二十八个条款中的十八个条款全部内容及其余条款的部分内容达成了一致意见。该协定的签署将为建立区域公路运输通道提供可靠的法律保障，也将推进我国全方位实现国际交通便利化。总体看，广泛开展区域交通运输合作，构建区域与世界主要资源消费地和产品生产基地的运输通道，消除跨境运输中的非物理障碍，促进便利化的经贸合作，已成为区域合作的重要内容和关键环节。

2. 建设完善连接中亚国家的交通基础设施

近年来，除各成员国之间的双边合作外，上海合作组织框架内的区域交通合作发展迅速。在这方面，中方最先提出上合组织交通网络性建设项目的倡议并得到了有关国家的积极响应。该倡议的主要内容为，以亚洲公路网为基础，形成上合组织公路运输网，解决中亚内陆国家的出海口和过境运输问题。与此同时，共同挖掘现有公路、铁路、海运和航空等运输潜力，加强交通基础设施建设，打造快捷高效的区域交通和物流体系。自2003年以来，各成员国充分利用上合组织这一重要平台，通过中方无偿援助、优惠买方信贷、国际金融组织贷款、资源换项目等多种融资合作模式，推进一系列项目。如：中国政府提供优惠出口买方信贷用于修建连接中吉乌公路的塔乌公路，中吉乌公路、E40公路被确定为上合组织示范性项目，中国向吉尔吉斯提供6000万人民币的无偿援助用于援建中吉乌公路。目前有关成果已开始显现，中塔公路已经开通；修复后的中吉乌公路平坦，缩短了城际行驶时间，提高了过境运输能力。

除公路建设外，区域内铁路基础设施也在快速发展。2009年，起自新疆的精伊霍铁路全线贯通，2011年底与哈萨克斯坦铁路完成接轨，成为又一条连接中亚的铁路通道。此外，中国、吉尔吉斯斯坦和乌兹别克斯坦已就修建中吉乌铁路项目达成共识。该铁路起自中国新疆南疆铁路的终点喀什站，经中国与吉尔吉斯斯坦边境的吐尔尕特山口，再经吉尔吉斯斯坦，至乌兹别克斯坦。该铁路的修建不仅会改变中国新疆乃至整个西部的交通格局，而且还将完善新亚欧大陆桥南部通路，形成东亚、东南亚通往中亚、西亚和北非、南欧的便捷运输通道。

3. 俄罗斯参与上合组织交通运输合作情况

中国和俄罗斯是上合组织双核心国，中国在上合组织里经济实力占绝对优势，但俄罗斯其他单项影响力超过中国。俄罗斯希望在上合组织建立能源俱乐部，围绕这一目标，制定地区框架内最合理的能源运输发展计划，建设新的运输系统，改造现有系统，以扩大中亚国家的能源出口。根据俄罗斯至2030年交通发展战略，计划在地上交通运输（铁路、公路）领域发挥俄罗斯欧亚运输走廊的地理优势，开展国际运输合作；加强区域运输合作，东部重点是在上海合作组织和亚太经合组织框架内开展运输合作。在上合组织内，目前俄罗斯参与的多边合作项目主要是中—哈—俄（中国连云港—哈萨克斯坦—俄罗斯圣彼得堡，全长近8500公里，被称为欧亚运输走廊）、中—蒙—俄（中国新疆—蒙古阿尔泰—俄罗斯阿尔泰地区，全长近300公里，被称为跨界公路交通运输走廊）公路运输通道建设。其中，中—哈—俄公路在中国境内长度为3425公里，在哈萨克斯坦境内2787公里，俄罗斯境内2233公里，计划2018年完工。2008年9月22日，俄罗斯与哈萨克斯坦签署了建设连接欧洲西部和中国西部的交通走廊合作备忘录。俄罗斯境内路段的建设预计需要近7000亿卢布，俄已准备好4种路线的经济技术论证，原计划从2012年起开始该段的建设工作。此外，俄罗斯还准备研究加快改造跨欧亚大陆的E40公路俄罗斯段问题。在双边层面，中俄双方近年来大力推进边境铁路建设合作。中俄双方拟合作建设的主要边境铁路运输通道有：

（1）哈尔滨—黑河—布拉戈维申斯克线；

（2）东宁—乌苏里斯克线；

（3）虎林—列索扎沃斯克线；

（4）同江中俄铁路大桥。

4. 建设立体化网络体系发展前景广阔

目前，上合组织覆盖了超过15亿人口、覆盖欧亚60%的地区（3000万平方公里），成员国GDP总额接近76000亿美元，区域内贸易额已达到约900亿美元。推动能源、交通、电信的互联互通，形成区域内便达、顺畅的网络体系仍是未来上合组织区域内合作的重要目标，在这方面存在着巨大的发展潜力。从交通运输来看，上合组织成员国将会进一步扩大铁路和航空运输合作，完善交通基础设施网络，构建国际运输走廊，开展人员交流与培训，吸引观察员国和对话伙伴国参与上合组织交通领域合作。中国交通部进一步加大对公路基础设施的投入，加快建设贯通中国—中亚—欧洲的3条东西运输大通道：中国—哈萨克斯坦—俄罗斯—欧洲（欧亚洲际运输通道之北通道）、中国—哈萨克斯坦—里海—欧洲（欧亚洲际运输通道之中通道）、中国—中亚—伊朗—土耳其—欧洲（欧亚洲际运输通道之南通道）。可以预见，上合组织交通运输网络开通对全面开展区域国际道路运输，促进区域经贸和各国的经济社会发展都将起到巨大的推动作用。（2012年6月6日；来源：中国经济网）

推进互联互通　上合组织交通部长达成八项共识

上海合作组织交通部长第四次会议于2009年11月10日在北京举行。此间，上合组织成员国交通部长们为推进互联互通和实现便利运输，签署了会议纪要并达成八项共识。

上海合作组织成员国哈萨克斯坦、中国、吉尔吉斯斯坦、俄罗斯、塔吉克斯坦、乌兹别克斯坦和观察员国印度、伊朗、蒙古、巴基斯坦和特邀国阿富汗的交通部长和部长代表以及上合组织秘书处、联合国亚太经社会、亚洲开发银行的代表出席了此次会议。会后，上海合作组织成员国部长们签署了《上海合作组织成员国交通部长第四次会议纪要》。纪要的主要内容包括了各国交通部长们达成的以下共识：

责成本组织各成员国专家根据本组织的共同利益和经贸合作发展的需求，制订本组织成员国公路协调发展规划，并在此基础上确定新的公路基础设施示范项目；

借鉴相关国际组织研究消除障碍的方法和经验，责成上合组织成员国专家通过在本组织成员国之间组织试运行等方式在2010年内对国际道路运输的主要障碍进行分析，尤其是过境运输跨越边境口岸问题，以及由于法律法规不同造成的相关问题，并根据分析结果制定出消除所发现的相关障碍的行动计划；

为尽快完成《上海合作组织成员国政府间国际道路运输便利化协定》的签订工作，责成各成员国专家尽快制定出该协定的附件草案供讨论；

（1）加强本组织铁路、航空运输领域合作。有效落实《上海合作组织成员国多边经贸合作纲要》落实措施计划中有关铁路领域的合作项目。责成上合组织各国专家确定铁路、航空运输今后互利合作的可能方向；

（2）在开展交通领域人员培训和经验交流活动工作框架下，认为应举办交通领域研讨会和培训班，目的是增进各国专家相互了解，提高本组织各成员国交通管理水平，提高交通人才技能；

（3）借鉴本组织与亚太经社会和亚行合作的模式，欢迎相关国际金融机构、国际组织、本组织实业家委员会和银联体参与本组织的交通合作项目；

（4）协调交通部长会议和经贸部长会议的关系，其中也包括协调与发展过境潜力工作组的关系，整合资源，以实现区域贸易发展便利化：

（5）积极开展与本组织观察员国在交通领域的合作。

中国交通运输部副部长冯正霖在此间介绍，上合组织交通部长会议机制于2002年由吉尔吉斯和中国共同倡议建立。2002 年 11 月、2003 年 9 月、2004 年 10 月分别在吉尔吉斯比什凯克、俄罗斯圣彼得堡、塔吉克杜尚别举行了上海合作组织成员国交通部长第一、二次、三次会议。按照惯例，第四次部长会议应于 2005 年底按照成员国俄文字母顺序在乌兹别克召开，但由于乌当时面临的一些实际困难，会议未能如期举行。此事引起了中国领导人的重视，胡锦涛主席、温家宝总理多次在不同场合呼吁尽快恢复交通部长会议。经过多方努力，上合组织交通部长第四次会议在北京顺利召开。（2009 年 11 月 10 日；来源：中国新闻网）

上合组织成员国政府首脑就进一步开展交通领域合作发表联合声明

上海合作组织成员国政府首脑（总理）2013 年 11 月 29 日在塔什干就进一步开展交通领域合作发表联合声明。

声明说，上海合作组织成员国政府首脑（总理），遵循该组织基本文件的规定，致力于实现多边经济合作主要目标，强调上合组织框架内开展交通领域合作具有重要意义。

总理们强调，当前的关键任务之一，是尽快签署《上海合作组织成员国政府间国际道路运输便利化协定》（以下简称“《协定》”），以促进本地区道路运输发展，提高本组织成员国间过境运输潜力，提高相互贸易及投资额。

上合组织对联合国亚太经社会为《协定》草案谈判工作提供的支持表示感谢，愿进一步发展两组织在交通领域的合作。

总理们责成上合组织成员国相关部委根据《上合组织成员国多边经贸合作纲要》，继续采取措施扩大交通领域互利合作，包括实施本组织关于发展区域交通走廊的优先项目。

总理们注意到，上合组织成员国间铁路货物运输量稳定增长，区域内铁路运载负荷日益增大，责成通过实施铁路基础设施建设共同项目并将其投入运营等方式，对交通运输基础设施建设的发展予以特别关注。

为提升途经上合组织成员国领土的国际和区域交通走廊的竞争力和吸引力，尽量创造便利条件提高过境运输量，在本地区新建和有效利用现有国际多式联运物流中心具有特殊意义。

总理们认为，同上合组织观察员国和对话伙伴开展合作，吸收它们参与交通领域合作发展进程十分重要。（2013 年 11 月 29 日；来源：中国新闻网）

三、东盟互联互通

中国—东盟互联互通交通部长特别会议在南宁召开

2013 年 9 月 2 日，在第十届中国—东盟博览会举办之际，中国—东盟互联互通交通部长特别会议在广西南宁召开。会议围绕“深化交通互联互通合作”这一主题，就中国和东盟共同关心的重大政策问题进行了全面深入的探讨，并在政府与企业之间展开对话。会议通过了《中国—东盟互联互通交通部长特别会议联合声明》。国务院总理李克强集体会见了与会的东盟各国交通部长。

杨传堂表示，中国与东盟各国要以打造中国—东盟自贸区“升级版”和推动“区域全面经济伙伴关系”谈判为契机，继续依托中国—东盟交通部长会议这一成熟的合作机制，发挥各国比较优势，深化互联互通合作，充分发挥交通运输在服务本地区经济社会发展方面的基础性、先导性作用。为此，他提出六点倡议：

（1）完善工作机制。

（2）创建融资平台。

（3）做好规划衔接。

（4）引导企业参与。

（5）加强海上和航空联通。

（6）重视均衡发展。

（2013年9月3日；来源：《中国交通报》）

交通运输部部长主持第12次中国—东盟交通部长会议

2013年12月19日，第12次中国—东盟交通部长会议在老挝巴色召开。老挝总理通邢出席会议并致辞，中国交通运输部部长杨传堂和老挝公共工程和运输部部长宋玛共同主持会议。东盟十国交通部部长、副部长和东盟秘书处代表出席会议。

在文莱斯里巴加湾市召开的第16次中国—东盟领导人会议上，中国领导人明确表示，要用好中国—东盟交通部长会议机制，发挥好中国与东盟的各种合作基金的作用，支持开展以下合作：一是澜沧江—湄公河流域合作、泛北部湾经济合作、文莱—印尼—马来西亚—菲律宾东盟东部增长区在内的次区域合作；二是加快互联互通基础设施建设，包括尽快启动泛亚铁路“旗舰项目”建设；三是共同建设21世纪“海上丝绸之路”，利用中国—东盟海上合作基金实施五大交通运输合作项目，分别是澜沧江—湄公河航道二期整治项目、建立中国—东盟海上紧急救助热线、中国—东盟海上联合搜救沙盘推演及实船演练、中国—东盟港口城市合作网络以及在明年东亚峰会期间举行多边多任务的海上联合演练。

在审议会议各项议程环节，杨传堂根据双方当前合作项目的实施情况，结合9月2日关于优先支持东盟互联互通的倡议，提出了明年和今后双方的合作思路。

一是优先支持东盟互联互通建设。加快建设曼谷—帕奇—呵叻—廊开铁路项目，同步推进中老铁路建设，启动老街—河内—海防铁路项目的前期工作；启动中缅瑞丽至腊戌段公路建设前期工作、柬埔寨境内23号和55号公路重建项目；加快建设凭祥（谅山）—河内高速公路、中越东兴—芒街北仑河二桥和水口—驮隆二桥跨境桥梁建设，启动东兴（芒街）—下龙高速公路前期工作。

二是重点推进海上互联互通网络建设。加快完成澜沧江—湄公河航道二期整治项目可研报告，为明年年底启动工程实施做好必要的准备工作；加快建立中国—东盟海上紧急救助热线；实施中国—东盟海上联合搜救沙盘推演及实船演练；在明年东亚峰会期间举行多边多任务的海上联合演练；启动中国—东盟港口城市合作网络建设；开展中国—东盟海上运输一揽子研究项目；启动越老柬缅泰内陆航道发展研究。

三是加强能力建设和人力资源开发合作。在天津举办中国—东盟海事磋商机制第10次会议；在山东青岛举办以“海上搜救”和“防止溢油污染”为主题的培训班；鼓励东盟学员报名参加大连海事大学的海上安全与环境管理硕士研究生班。（2013年12月20日；来源：交通运输部网）

广西构建直通东盟的综合交通运输体系确立交通枢纽地位

作为中国与东盟各国的前沿阵地，广西交通厅厅长潘巍于2014年1月13日表示，广西将加快构建连接西南中南、直通东盟的现代化综合交通运输体系，确立其国际交通枢纽地位。

位于中国西部边陲的广西曾是全国交通骨架网络的“软肋”，长期的交通不便阻碍了当地的经济发展。2002年，《中国—东盟全面经济合作框架协议》签订，使广西获得了发展机遇，其交通环境也得到了大幅改善。目前，广西已有东兴、友谊关、水口、龙邦4个口岸开放国际道路运输业务，获批国际道路运输线路共28条。广西北海至越南、防城港至下龙湾两条海上旅游线路也颇受游客欢迎。

潘巍说，2014年广西将加快推动当地与越南之间的“两路”“两桥”建设；加强广西沿海港口和越南海防、岘港、胡志明三港间的合作；推进国际道路运输便利化，促进中越友谊关—友谊口岸便利跨境运输的发展；提高陆路出边能力；推动优惠扶持政策出台，制定国际道路直达运输线路补贴管理办法。

此外，广西还将引进国际国内大型航运企业，推动出台相关扶持政策，加快培育北部湾港内外贸集装箱班轮、航线。拓展航线及邮轮游艇行业等跨境运输合作模式，发挥港口经营及物流网络优势。（2014年1月13日；来源：中国新闻网）

四、东北亚物流信息服务网络建设

（一）内涵核心

东北亚是当今世界经济活动的中心之一，2008年中国、日本和韩国三国的GDP总值已占到世界经济的17%左右，三国创造的总价值达4.5万亿美元，约占世界贸易总额的14%。三国之间的货柜吞吐量占全球年吞吐总量的三成以上，是亚洲最大的运输链。

随着三国间运输与物流量的快速增长，对无缝物流系统的形成和便利化运输政策及措施等方面提出了新的要求。当前中日韩三国间的物流信息互联存在着传递效率低、扩展性差、信息孤岛多等问题，致使物流成本高、效率低下。

为提高东北亚地区物流服务能力和效率，推进东北亚物流信息资源共享，促进区域经济和运输服务贸易发展，在2006年韩国举行的“第一届中日韩海上运输与物流部长会议”上提出12项行动计划，并将“努力建立三国物流信息网络”作为第三行动计划，由中方牵头建设；在2008年日本举行的“第二届中日韩运输与物流部长会议”上三国决定成立工作组，共同研究实现三国物流信息互联互通的内容与方式；在2010年中国举行的“第三届中日韩运输与物流部长会议”上三国决定成立名为“东北亚物流信息服务网络（NEAL-NET）”的三国合作机制，尽快实现三国物流信息的快速通，并积极合作开展相关研究，不断推动东北亚地区整体物流信息服务水平。2010年12月2日，中、日、韩三国运输与物流部长齐聚中国杭州，正式签署“东北亚物流信息服务网络”合作机制，宣布网络正式成立，秘书处常设中国杭州。12月3日举行了“东北亚物流信息服务网络第一届理事会会议”。

（二）最新进展

东北亚物流信息服务网络历程

2012-09	中国杭州	亚欧物流信息共享合作研讨会	会议就未来亚欧在物流信息共享方面的具体合作领域及工作安排进行了详细讨论。与会四方正式签署了《亚欧物流信息共享合作研讨会纪要》，确定了建立"联合工作组"等合作方式，推动亚欧物流信息网络的对接进程
2013-01	日本东京	NEAL-NET 第七次技术会议	会议集中讨论了 NEAL-NET 统一用户管理与认证业务流程与技术方案，港口业务数据共享服务扩展情况以及 2013 年 NEAL-NET 工作安排
2013-03	韩国首尔	NEAL-NET 第八次技术会议	会议就中日韩三国深入合作问题达成一致意见 1. 增加开通可查询动态船舶状态查询服务的港口； 2. 三国加快推进标准共建； 3. 提出和讨论 NEAL-NET 统一用户管理方案； 4.NEAL-NET 第九次技术会议定于今年 6 月在韩国首尔举行
2013-04	中国杭州	NEAL-NET 中方接口改造阶段性总结推进会	会议就 NEAL-NET 前期完成的动态船舶接口改造和集装箱状态接口改造进行阶段性总结，对下一阶段工作进行了部署和安排，对完成接口改造的试点港口和调用单位颁发了接口改造证书，并开展了关于推动扩大 NEAL-NET 接口调用范围和保证 NEAL-NET 接口稳定服务等专题研讨
2013-05	中国杭州	"发展区域高效便利的物流系统"研讨会	根据 UNESCAP（联合国亚太经社会）与中国交通运输部"发展区域高效便利的物流系统"合作项目计划，"发展区域高效便利的物流系统"研讨会在杭州召开。会议对国家交通运输物流公共信息平台（LOGINK）和 NEAL-NET 进行了详细介绍，并进行了实地考察。研讨会认为，NEAL-NET 是区域性物流数据共享国际合作的最佳实践，建议亚太经社会考虑以 NEAL-NET 为基础开展支持发展区域数据共享标准的研究工作，未来建立一个全球物流数据交换网络为目标，进一步发展 NEAL-NET，但同时应考虑在便利和安全之间寻求平衡的重要性

五、双边交通运输合作

推动便运协定双边或三边合作

当地时间 2013 年 11 月 22 日，在亚洲开发银行的支持和协调下，大湄公河次区域（GMS）国家便利运输联合委员会（简称联委会）第四次会议在缅甸首都内比都举行。中国、柬埔寨、老挝、缅甸、泰国、越南等 GMS 六国交通运输主管部门相关负责人分别率团与会。亚行和 GMS 发展伙伴的高级代表出席会议。中国代表团由交通运输部总规划师戴东昌任团长。

会议回顾了 2010 年联委会第三次会议以来，GMS 各国在交通基础设施互联互通和跨境运输便利化方面取得的工作进展，通过了《联委会未来三年运输和贸易便利化蓝图规划》，并发表《联委会第四次会议联合声明》。会议敦促各有关方继续加快 GMS 六国政府间《大湄公河次区域便利货物及人员跨境运输协定》（以下简称《便运协定》）附件和议定书的批准，推动成员国之间商签和实施《便运协定》双边或三边合作文件。会议要求各有关方继续依据市场需求增加运输行车许可证配额，开展完善口岸"单一窗口"和"一站式”检查并扩大应用范围，确定推行海关过境制度的瓶颈并研究对策，加强各边境主管机关能力建设，鼓励私营部门和运输协会的积极参与（包括在联委会项下成立担保机构分委会）。

戴东昌在发言中介绍了过去三年，中国与越南、老挝、泰国、缅甸等国在运输权益交换方面取得的进展，以及中国海关、口岸边防部门和过境担保机构在能力建设、口岸设备升级、手续简化等方面的工作成果。戴东昌表示，交通基础设施的连通是本地区经贸发展的主要驱动力之一，但如果没有运输便利化，基础设施的连通将无法有效发挥其应有作用。中国政府一贯高度重视并积极推进与GMS各国共同实施《便运协定》，希望亚行继续为GMS各国提供相关的技术和资金支持，中方将一如既往地与GMS各国、亚行和GMS发展伙伴协调配合，为本地区人民福祉和各国共同发展与繁荣作出贡献。（2013年11月25日；来源：《中国交通报》）

中塔加强双边国际道路运输合作促进贸易

经交通运输部授权，2013年5月22日至26日，中国新疆交通运输代表团与塔吉克斯坦共和国交通运输代表团在杜尚别举行了中塔间国际道路运输2013年度事务性会谈，取得了圆满成功。

会谈就加强双边国际道路运输合作、开展便利化运输、促进两国边境口岸全年开关等相关问题达成了一致，并就双边开展旅客运输前期调研事宜取得了共识。会谈确定双方2013年交换国际道路运输许可证4150份，并根据许可证使用情况随时商议增加许可证交换数量。

中塔两国建交21年来，双方在交通运输领域的合作得到了快速发展，2012年实现进出口外贸商品总值达14亿美元，进出口货物运输量13.16万吨，较上年度增长了10.12%，出入境货物运输车辆8222车次，较上年度增长了32.14%。2012年中塔双方交换国际道路运输许可证3150份，为两国经济发展起到了积极的促进作用。（2013年5月28日；来源：交通运输部）

交通运输部部长杨传堂会见蒙古国客人

2014年2月14日，交通运输部部长杨传堂在京会见了来访的蒙古国交通运输部部长阿·冈苏赫一行，双方就加强交通运输基础设施领域合作交换了意见。

杨传堂说，中蒙两国是有着漫长共同边界的友好邻邦，不断巩固和深化中蒙友好关系符合两国和两国人民的利益，也有利于促进地区和平、稳定和发展。近年来，两国对交通运输合作的需求不断扩大，双方要进一步加强沟通协作，不断推动交通运输领域合作。

阿·冈苏赫说，两国在交通运输基础设施建设领域的合作顺利推进令蒙方感到欣喜。蒙方希望在利用中国港口过境运输到第三国、铁路基础设施建设等方面与中方进一步加强沟通、深化合作，为加强两国双边合作做出贡献。

杨传堂表示，中方愿在过境运输、增加出海口等方面给予蒙方必要的协助，支持中蒙俄公路通道建设和利用该通道开展道路运输，同时希望双方进一步加强铁路领域的合作。（2014年2月17日；来源：中国交通报）

第十篇
思想文化篇

一、践行交通运输核心价值体系

（一）内涵核心

交通运输行业核心价值体系的基本内容，包括行业核心价值观、行业使命、共同愿景、交通精神和职业道德。这五个方面的内容相互联系、相互贯通、相互促进，是一个有机统一的整体，是交通运输干部职工在长期实践中形成的丰富思想文化成果，是对交通运输行业核心价值体系深刻内涵的科学揭示，是交通运输事业发展的重要基础和精神家园。

（1）行业核心价值观：人便于行，货畅其流，服务群众，奉献社会。行业核心价值观是交通运输行业核心价值体系的高度凝练和科学概括，阐明了行业发展的根本任务和核心价值追求，是制定行业发展战略和方针政策的本质导向和基本遵循。行业核心价值观是行业核心价值体系的核心，解决的是交通运输行业的基本属性和根本宗旨问题。“人便于行、货畅其流”体现了交通运输的基本功能定位和服务特征。交通运输作为国民经济的基础产业和关系国计民生的服务性行业，要建设布局合理、功能完备、有效衔接的交通运输体系，营造公平、公正、公开的交通运输市场环境，提供畅通、高效、安全、绿色的优质文明服务，从根本上解决行路难和运货难的问题，使交通运输适应国民经济发展和建设小康社会的需要。“服务群众，奉献社会”体现了交通运输行业贯彻党的全心全意为人民服务的根本宗旨，建设服务型政府部门和负责任行业，坚持以人为本、服务为先、诚实守信，无私奉献，大力推进交通运输事业科学发展，不断满足经济社会和人民群众日益增长的交通运输需求的高尚品德。

（2）行业使命：发展现代交通，做好“三个服务”。行业使命是交通运输行业核心价值体系的统领，解决的是服务方向和肩负责任的问题。发展现代交通运输业，是新时期交通运输行业深入贯彻落实科学发展观，按照加快转变经济发展方式、推动产业结构优化升级和大力发展现代服务业的战略部署，是推进公路水路交通由传统产业向现代服务业转型，具有全局性、方向性的重大战略，也是交通运输行业适应经济社会发展的客观要求和交通运输发展规律的内在要求和价值取向。“三个服务”是对多年来交通运输实践经验的总结。其中，服务国民经济和社会发展全局，是交通运输工作的总任务；服务社会主义新农村建设，是交通运输工作的重中之重；服务人民群众安全便捷出行，是交通运输工作的根本要求。“三个服务”体现了对交通运输本质属性的深刻认识，体现了对交通运输行业神圣使命的高度认同，是交通运输行业基于交通属性对行业使命所做出的价值选择。

（3）共同愿景：建设一个畅通、高效、安全、绿色的现代化交通运输系统，实现人便于行、货畅其流，让人们享受高品质的运输服务，让经济社会发展更加充满活力，让交通与自然、社会更加和谐。共同愿景是交通运输行业核心价值体系的主题，解决的是价值取向和奋斗目标的问题。交通运输发展的共同愿景体现了交通运输行业作为国民经济和社会发展的基础性和服务型行业的特征，体现了交通运输行业基于自身使命对未来交通运输发展愿望与发展前景的美好憧憬，以及对未来发展目标与发展效果的理想追求，涵盖了衡量交通运输发展效益的关键指标，体现了交通运输发展与自然环境、人文环境的协调关系。“畅通”意味着方便、快捷，要最大限度地提高交通的覆盖率、通达度和机动性；“高效”意味着更准点、更及时，要不断改进组织管理和服务方式，提高客货运输效率；“安全”意味着更少的人员伤亡和财产损失;“绿色”意味着要科学规划,科学设计,尽量节约交通运输基础设施建设土地占用,高度重视保护生态环境。“人便于行、货畅其流”体现了交通运输的基本功能定位和服务特征;“交通与自然、社会更加和谐”体现了交通运输在发展的同时要着重处理好与外部环境的关系。

(4)交通精神:艰苦奋斗、勇于创新、不畏风险、默默奉献。交通精神是行业核心价值体系的精髓,解决的是精神动力和精神风貌的问题。交通精神是民族精神和时代精神在交通实践中的生动体现,是对交通运输行业先进典型精神内核的高度概括,是交通运输行业广大从业人员共同创造的精神财富,是交通运输行业履行自身使命、实现共同愿景的强大动力,代表了交通运输行业广大从业人员的思想意志和精神风貌。艰苦奋斗是交通运输行业的优良传统。长期以来,交通运输行业各条战线广大职工,立足我国建设任务繁重、经济基础薄弱的基本国情,胸怀高度的使命感和责任感,始终保持勤俭节约、艰苦朴素、拼搏进取、努力奋斗的优良传统,大力推进交通现代化建设,确保交通发展的质量、效益和效率,创造了可歌可泣的光辉业绩。勇于创新是交通运输行业的时代追求。锐意进取、勇于创新,是交通运输行业在长期的改革与发展实践中不断适应新的形势变化和发展要求,有效解决突出矛盾和问题,不断取得重大进展与突破的成功经验。不畏风险是交通运输行业的突出意志。无论是工程施工和抢险救灾,还是海上安全保障和人命财产救助,无不存在一定风险。在本职工作中,交通运输职工时时表现出奋不顾身、顽强拼搏的崇高气节。不畏风险是对广大从业人员精神和意志的精准表达。默默奉献是交通运输行业的真情付出。交通建设、运输和管理大多是在气候恶劣、地形复杂、人烟稀少的特殊条件下展开的,广大交通建设、运输和管理人员,在平凡的岗位上、在艰苦的条件下,恪尽职守、真诚奉献,保障了交通运输事业的大发展。

(5)职业道德:爱岗敬业、诚实守信、服务群众、奉献社会。职业道德是行业核心价值体系的基础,解决的是交通运输职工行为规范和职业操守的问题。交通运输行业职业道德是与交通运输管理与服务活动紧密联系的符合职业特点所要求的道德准则、道德情操与道德品质的总和,既是对交通运输职工在职业活动中行为的要求,同时又是职业对社会所负的道德责任与义务。爱岗敬业是职业道德的基础,交通运输工作直接面向社会,与群众利益息息相关,交通运输职工首先要热爱本职工作、履行岗位职责。诚实守信是职业道德的精髓,诚实守信要求交通运输职工做到诚实、诚恳,讲信义、守信用。服务群众是职业道德的基本要求,服务是交通运输工作的本质属性,做好服务是交通运输发展的突出主题。奉献社会是职业道德的最高境界,交通运输职工要将奉献社会作为职业道德建设的出发点和归宿,在奉献中实现自我价值。

(二)最新进展

交通运输行业培育践行核心价值体系行动方案印发

2014年5月,交通运输部办公厅印发《交通运输行业培育践行核心价值体系行动方案》(简称《行动方案》),要求深化培育践行核心价值体系的主题实践,在全行业开展核心价值倡导行动、道德模范引领行动、文明主题创建行动、文化品牌培育行动以及行业形象塑造行动,切实推进价值践行落地生根。

交通运输行业核心价值体系,由行业核心价值观、行业使命、共同愿景、交通精神、职业道德构成,与社会主义核心价值体系一脉相承。"人便于行,货畅其流,服务群众,奉献社会"的行业核心价值观和"艰苦奋斗、勇于创新、不畏艰险、默默奉献"的交通精神,是交通运输行业在社会主义核心价值体系指引下形成的实践成果。

核心价值倡导行动,是在全行业广泛开展宣传教育活动,使行业核心价值观、行业使命、共同愿景、交通精神、职业道德在行业内外得到广泛认知认同。每年4月设为"行业核心价值体系学习实践教育月"。

道德模范引领行动,以发挥典型示范作用、形成良好道德风尚为目标,到2020年在行业培树50名左右道德模范,努力建设与行业发展相适应的良好道德生态和道德环境。把职业道德建设作为培育践行核心价值体系的实践载体,通过"感动交通十大人物评选"等载体和形式,树立道德标杆。

文明主题创建行动,是要把培育践行核心价值体系融入文明创建活动的全过程。广泛开展"学先进、树新风、建体系、创一流"活动。到2020年打造10个左右弘扬核心价值体系的主题教育基地,认定100个左右重点文博工程,并逐步向社会开放。

文化品牌培育行动,以传播交通运输文化为目标,到2020年力争打造50个交通运输文化品牌,推出5部全国"五个一"工程获奖作品,形成一批以交通运输领域先进人物和重大工程为题材的电影、电视剧和宣传片。

行业形象塑造行动,在交通运输建设、管理、运营、服务等重点领域实施,以实现核心价值落地生根、树立行业良好社会形象为目标。分领域、分阶段滚动推进民生交通、平安交通、绿色交通、低碳交通、法治交通、阳光交通、创新交通等主题文化建设,向社会展现交通运输发展的理念和成就。(2013年5月24日;来源:交通运输部)

二、海事系统"革命化、正规化、现代化"建设

(一)发展目标

加强革命化正规化现代化建设 努力打造人民满意的中国海事

在杨传堂部长直接关心和具体指导下,《交通运输部关于加强全国海事系统"革命化、正规化、现代化"建设的意见》已于2013年9月15日正式印发,明确了海事系统"革命化、正规化、现代化"(以下简称"三化")建设的指导思想、基本原则、总体目标和重点任务。2013年10月10日,何建中副部长在全国海事系统加强"三化"建设动员部署视频会议上,对推进"三化"建设提出了十分具体而明确的要求。加强海事系统"三化"建设,凝聚了杨部长的期待,也凝聚着部党组的深切厚爱和殷切期望。全国海事系统广大干部职工要迅速统一思想认识,深化"三化"内涵理解,进一步明确目标、抢抓机遇、深化改革、高效推进,全力实现到2020年把海事系统基本建成国内一流的经济执法体系,并基本达到先进的国际海事管理水平的总体目标。

(1)革命化,就是着眼于海事队伍的价值追求,强调忠诚于党、服务人民、奉献社会,这是海事履职的政治保障。忠诚于党,要求海事队伍按照党的要求,勤于学习,勇于创新,持续

提升政治思想素质，坚定理想信念，体现对党忠诚；服务人民，要求海事队伍在理念上、言行上始终坚持以人民满意为出发点和落脚点，体现海事管理的根本属性；奉献社会，强调发挥海事促进海洋、航运和经济社会发展的功能和作用，彰显海事的社会价值，这也是海事核心价值和海事文化的重要内涵。

（2）正规化，就是着眼于海事队伍和海事管理的规范统一，强调素质精良、作风过硬、管理科学，这是海事履职的重要基础。素质精良着重于海事队伍的整体素质，要求人力资源的优化，技术装备的先进，管理理念的超前，不但能打，而且擅打硬仗；作风过硬着重于海事队伍的精神风貌，强调形象统一规范，执法风纪严整，言行举止文明，敢于迎接挑战；管理科学着重于海事管理的科学规范，强调管理体制合理，管理机制科学，管理严格持续，运转协调顺畅，管理效能显著。

（3）现代化，就是着眼于谋求海事事业发展和管理服务水平的进一步提升，要求理念先进、文化领先、技术装备精良、管理集约效能，强调数字化监管、智能化服务、国际化水准，这是海事履职的根本要求。数字化监管，重在强调先进技术装备的应用，实现海事数字化的立体管控，这是实现海事现代化的重要要求；智能化服务，重在强调把信息化、智能化应用到海事管理服务之中，体现在执法为民、便民、利民上，这是海事现代化建设的核心属性；国际化水准，重在强调树立世界眼光，定位国际一流管理水平，跟踪和引领国际海事的发展方向，这是实现海事现代化的发展目标。

海事“三化”建设的总体目标，就是到2020年要基本建成国内一流的经济执法系统，基本达到国际海事管理的先进水平。建成一支听从指挥，素质精良，作风过硬，服务人民的海事队伍；建立职责清晰、管理规范、运转协调、行为统一的海事管理体制机制；形成监管到位、保障有力，反应快捷、服务智能的现代海事服务体系。为了实现这个总体目标，我们要坚持抓班子带队伍、抓基层打基础、抓行风树形象，建立健全思想政治教育、水上安全监管、海事公共服务、海事创新驱动、行政管理执法和人力资源管理等六大体系，以提升海事核心价值、提升海事监管能力、提升海事服务水平、提升海事发展内生动力、提升海事依法行政水平和提升海事队伍素质。（2013年10月15日；来源：《中国交通报》）

（二）基层落实

湖南海事部署“革命化、正规化、现代化”建设

2013年11月11日，湖南省地方海事系统召开加强“三化”建设动员部署视频会，贯彻落实《交通运输部关于加强全国海事系统“革命化、正规化、现代化”建设的意见》，对全省海事系统“三化”建设工作进行动员部署。省水运管理局干部职工参加长沙主会场会议，市州海事局参加分会场会议。

全省地方海事系统“三化”建设将分为三个阶段实施。第一阶段为研究启动阶段，力争明年上半年前在统一职工思想、转变工作作风、理顺管理职责、构建制度体系等方面取得成效，要使职工精神风貌更加焕发、内部管理更加规范、对外形象更加优良、对外影响力更加扩大、社会好评更加广泛；第二阶段为夯实基础阶段，要求在2014和2015年全面落实“十二五”规划和再三年行动计划，同时谋划好“十三五”建设，为“三化”建设打下坚实基础；第三阶段为深化推进阶段，通过“三化”建设任务和局“十三五”规划的全面实施，进一步提升

海事的核心价值、海事的监管能力、海事的服务水平、海事的行政执法水平以及海事的队伍素质，实现海事“三化”建设目标。

会议强调，要结合党的群众路线教育实践活动，进一步强化执法为民的理念，强化为民服务的意识，并把加强“三化”建设的成效作为教育实践活动的重要成果。在全省水上交通安全专项整治活动已经取得成效的基础上，把握机遇、真抓实干、开拓进取，通过落实好加强海事“三化”建设的要求、完成好加强海事“三化”建设的任务，为水运事业的科学安全发展做出新的、更大的贡献。（2013 年 11 月 12 日；来源：湖南省水运管理局）

三、廉政四个专项治理活动

（一）战略部署

廉政四个专项治理活动具体内容是指“深化工程治理、清理涉企收费、规范经营活动、严肃财经纪律”等四个方面廉政专项治理活动。

中共中央办公厅文件

中办发〔2009〕27 号

★

中共中央办公厅　国务院办公厅
印发《关于开展工程建设领域突出问题专项治理工作的意见》的通知

各省、自治区、直辖市党委和人民政府，中央和国家机关各部委，解放军各总部、各大单位，各人民团体：

《关于开展工程建设领域突出问题专项治理工作的意见》已经党中央、国务院同意，现印发给你们，请结合实际认真贯彻执行。

中共中央办公厅
国务院办公厅
2009 年 7 月 9 日

（此件公开发布）

— 1 —

2012年交通运输部工程建设领域突出问题专项治理工作要点

2012年交通运输部工程建设领域突出问题专项治理工作，要深入贯彻落实十七届中央纪委第七次全会和交通运输系统廉政工作会议精神，在中央工程治理工作领导小组的统一部署下，以《招标投标法实施条例》的颁布实施为契机，以规范招标投标活动为主线，坚持标本兼治、综合治理，突出重点、整体推进，总结经验、巩固成果，继续加大工作力度，抓紧建立健全长效机制，努力取得工程治理工作新成效。

1. 加大招标投标环节的治理力度

（1）深入贯彻落实《招标投标法实施条例》。

（2）强化招标投标全过程监管。

（3）创新招标投标监管方式。

（4）推进交通工程建设项目进入统一市场集中交易。

2. 加强工程治理监督检查

（1）继续加强对中央援疆政策落实情况的监督检查。

（2）积极配合中央工程治理工作领导小组开展对重点领域的专项检查。

（3）继续做好各项专项检查工作。

3. 深化对重点环节的治理

（1）加强公路勘察设计工作。

（2）规范工程建设项目实施管理。

（3）加强工程质量安全监管。

（4）加强建设资金监督管理。

4. 建立完善工程建设领域制度

（1）做好基础法规出台配合工作。

（2）继续加快制度建设步伐。

（3）强化法规制度的执行力。

5. 推进市场诚信体系建设和信息公开

（1）加快推进市场诚信体系建设。

（2）开展信用评价工作。

（3）落实《公路水运工程项目信息公开暂行规定》。

6. 加大预防和查处违纪违法行为力度

（1）推进廉政风险防控工作。

（2）发挥查办案件治本功能。

交通运输部清理规范一批水上涉企收费

2013年8月29日，交通运输部召开专题新闻发布会，宣布清理规范一批水上涉及航运企业、营运船舶的收费项目。主要包括取消或免征7类行政事业性收费共10个具体收费项目，取消或暂停4项监管服务性收费或与收费有关的规定，采取措施进一步规范经营服务性收费。

取消或免征的行政事业性收费包括：船舶证明签证费、油污水化验费、海事调解费、浮油回收费、海岸电台无线电电报电话费（含船舶电信业务岸台费）、船舶申请安全检查复查费6类7项以及船舶进出沿海港口护航费、船舶进出长江护航费、LNG船舶进出港口护航费1类3项。

取消或暂停的监管服务性收费或有关规定包括：免除货物托运人或代理人承担的集装箱开箱查验过程中的取样送检费用，取消船舶供受油作业期间布设围油栏的有关费用，暂停执行国际航行船舶驶离国内港口前船上污染物清理的规定和内贸运输煤炭物理性质检测的规定。

规范经营性服务收费包括：调整船舶交易服务机构收费方式，清理地方船闸管理单位违规收费，研究调整港口经营性收费，推进阳光引航、规范引航收费，加强船舶代理市场监管、查处内贸船舶强制代理问题。（2013年8月30日；来源：《中国交通报》）

（二）基层落实

河南省交通运输系统规范管理年活动座谈会召开

2013年6月21日上午，省厅召开全省交通运输系统规范管理年活动座谈会。厅党组副书记、副厅长高委，厅党组成员、巡视员赵国强出席会议。

厅党组副书记、副厅长高委充分肯定各地取得的成绩，客观地分析指出了活动开展中存在的深度不够、力度不大、程度不一等问题，并对下一步工作提出五点要求：一是思想上要更加重视。对活动的目的、意义、措施等进行再认识、再思考，把思想统一到省厅对当前交通运输发展形势的分析和判断上来。二是宣传上要更加到位。要注重运用厅"规范管理年活动专刊"和"交通规范管理年活动专题网"两个平台，增强信息报送工作。三是措施上要更加有力。三风建设和三基建设方面，要与即将开展的党的群众路线教育实践活动、省级精神文明单位创建活动、争先创优活动等紧密结合，进一步细化措施，夯实基础；超限超载治理方面，要进一步严格规范执法，保护公路成果；企业规范管理方面，要进一步加强绩效考核，降低成本，提质提效，引导企业做大做强。四是督导上要更加有效。要明确督导内容、督导时间和督导方法，对督导过程中发现的问题，要及时提出整改意见，确保整改到位、落实到位。五是考核上要更加严格。要把活动开展与年度评先等紧密挂钩，对工作扎实、措施得力、效果明显的先进单位和个人，要大力表彰；对活动开展不力、出现严重问题、造成负面影响的单位和个人，要严格追究。（2013年6月25日；来源：河南省交通运输厅）

交通运输部召开"严肃财经纪律，强化财务管理，厉行勤俭节约"专题会议

2013年3月1日上午，交通运输部召开第19次专题会议。高宏峰副部长主持会议。杨传堂部长出席会议并强调，要严肃财经纪律、强化财务管理、厉行勤俭节约，对审计检查发现的问题要立即整改，严格落实管理责任，加强制度建设，做到管理上水平、创新下功夫，真正使交通运输行业充满清风正气。

杨传堂指出，多年来，各单位认真执行财务法律法规，加强财务管理，取得了一定成效，但是审计检查中仍然发现了一些问题，暴露出了制度和管理上的漏洞，各单位必须予以高度重视。要深刻认识到严肃财经纪律，是党员领导干部应尽责任，更是政治意识的具体体现；是推进依法行政，促进事业发展的必然要求；是预防腐败，保护干部的重要举措。

杨传堂强调，各单位要严肃财经纪律，严格责任追究。一要组织开展好“严肃财经纪律，强化财务管理”专项活动，通过活动推进改革创新，从体制机制层面解决重点、难点问题，达到减少违规违纪问题发生、确保各单位资产和干部安全的目的。二要认真配合审计监督，切实做好整改规范工作，对审计检查提出的问题紧盯不放，属于操作层面、短时间内能够解决的，要迅速加以解决；属于体制机制或历史遗留性问题的，要尽快完善和出台相关制度，财务司要抓紧抓好促进整改工作。三要严格责任追究，完善决策程序，加强对权力的制约和监督，对一些重要领域和关键环节，始终坚持重大事项集体决策制度，严格执行各项财经法规。

杨传堂要求，各单位要采取有力措施落实好习近平总书记重要批示，充分认识狠刹浪费之风的重要性和迫切性，切实做到厉行勤俭节约。“一把手”要以身作则，带头发扬艰苦奋斗、勤俭节约的精神，带头反对铺张浪费和大手大脚花钱，带头抵制享乐主义、奢靡之风。在重大决策、重大项目安排和大额度资金使用方面，要努力降低工程建设和运行成本，切实提高资金使用效益。要严格控制一般性支出，严格执行会议经费、“三公”经费管理制度，严格落实各项节约措施，坚决杜绝公款浪费。要教育和引导广大职工养成良好的节约习惯。要加大监督检查和信息公开力度，加大问题的处理处罚和相关人员的责任追究力度。（2013年3月8日；来源：交通运输部）

四、农村公路建设“七公开”制度

（一）内涵核心

农村公路建设“七公开”制度的部署

1. 用“责任”来推动

坚持从抓责任开始，亮明态度、旗帜鲜明地推进这项工作。

（1）建立组织体系。省厅成立以厅长为组长的领导小组及其办公室，专人、专班负责协调和督导全省“七公开”制度的推行工作。各市局也成立相应组织机构，明确“一把手”是第一责任人，同时明确一名副职具体负责。

（2）“一级抓一级，层层抓落实”。厅长代表省厅同各市局签订《全面推进农村公路“七公开”责任书》，各市局与所辖各县、各县与项目管理机构、项目管理机构与施工单位也逐一签订。

（3）纳入合同管理。在签订施工合同时，签订包括落实“七公开”在内的廉政合同。

2. 用“宣传”来引导

“七公开”旨在引导和鼓励广大群众有序参与农村公路建设，这要求群众必须知晓政策、理解政策、支持政策。省厅召开三次全系统“七公开”专题会议。各级利用各种媒体广泛宣传“七公开”制度，省厅设立了农村公路建设“七公开”专栏，利用网络快捷、迅速的特点，及时向社会宣传“七公开”制度。各级各部门走上街头，发放宣传单，让群众知情，接受群众咨询和监督。

3. 用"标准"来规范

省厅出台《关于全面推进农村公路"七公开"工作的意见》,制作了操作规程和现场公开范本,重点明确三方面的内容:

(1)明确公开范围。所有使用中央和省补助资金的农村公路建设项目、连村道路建设项目、帮扶村主街道硬化建设项目,都必须实施"七公开"制度。

(2)明确公开内容。"掰开"各个建设程序,从每一个流程开始,一项一项地找,一项一项地查,针对存在的廉政风险和隐患,把公开的7大类事项划分为36个关键节点。每一个公开节点都明确了"六要素",即公开主体、公开内容、公开方式、公开范围、公开时间和负责公开的监督检查部门。

(3)明确公开方式。制定了"七公开"实施范本和操作规程,明确了网络公开和现场公开为主要公开渠道,从公开栏的规格、材质、尺寸、摆放位置、公开内容、投诉电话、归档管理等7个方面,对县局机关、乡镇政府、村委会公开栏以及施工现场公示牌的设置进行规范统一。

4. 用"制度"来保障

围绕农村公路建设"七公开"工作,我们先后制定了《河北省农村公路建设项目"阳光工程"实施方案(试行)》、《关于全面推进农村公路"七公开"工作的意见》、《贯彻"三延四拓"工作要求,深化农村公路"七公开"工作意见》、《关于建立农村公路"七公开"网络平台的通知》等文件。

(1)针对"七公开"的7个环节规范制度。如在招标管理上,对规模较小的项目采取集中打包、捆绑搭配等方式集中招标;在质量管理上,健全完善了政府监督、专业抽检、群众参与、施工自检的质量保证体系;在资金使用上,实行专户储存、单独建账,强化内部监督制约。

(2)围绕"七公开"的落实加强保障性制度建设。建立考核和奖惩制度,把推进"七公开"作为各级、各有关部门廉政建设责任制和年度考核的重要内容,考核结果作为干部提拔、评先评优的重要依据。

(3)认真总结基层创造出来的好经验、好做法,具备条件的及时加以推广。

5. 用"督导"来落实

明确要求各级公路管理部门,凡督导检查农村公路建设,必督导检查"七公开";凡到基层检查党风廉政建设,必到现场查看"七公开"。采用不定期抽检的方式,由厅领导带队或职能部门牵头,对部分市、县落实"七公开"情况进行督导检查。各市局普遍成立督导组,定期不定期开展督导检查,听取群众意见和建议。(2013年4月12日;来源:河北省交通运输厅公路局)

(二)典型案例

交通运输部在全国推广河北省农村公路建设经验

交通运输部2013年5月27日至28日在河北保定召开全国农村公路现场会,要求全国交通系统推广河北省农村公路建设“七公开”经验，主动接受广大人民群众的监督，确保农村公路工程优质、资金安全、干部廉洁。

交通运输部副部长冯正霖在此间举行的全国农村公路现场会上介绍，今年中央车购税用于农村公路建设投资将达到700亿元，同比增长34%，投资重点继续向西部和“老少边穷”地区倾斜。他分析指出，我国农村公路建设正在由规模速度型向质量安全效益型转变、由整体推开向重点突破转变、由以建设为主向建管养运并重转变。西部地区和集中连片特困地区建设任务主要集中在自然条件复杂、建设难度大、技术管理能力相对不足的地区，特别是建制村通沥青（水泥）路任务异常艰巨。

据河北省交通运输厅厅长高金浩介绍，“七公开”制度是将农村公路建设的年度计划、资金补助、招标管理、施工管理、质量监督、资金使用、竣工验收等七个群众最为关心的重点环节向社会公开。这项制度有效防范了“暗箱操作”等违法违规行为和腐败问题的发生。

冯正霖在此间表示，全国交通系统要把握“七公开”的本质就是“让权力服务群众”，核心是“把权力关进制度的笼子里”，途径是“让权力在阳光下运行”。

冯正霖特别强调，推广“七公开”只能做“加法”、不能做“减法”。要把公开内容和范围向农村公路管理养护、农村客运发展和集中连片特困地区交通扶贫开发等领域延伸，对征地拆迁、资金使用、土地复耕、便民承诺等群众最关心、最直接、最现实的问题，主动向社会公开，引导和鼓励广大群众积极参与农村公路的建设和监督。（2013年5月28日；来源：新华社）

五、海事系统政风建设“五个禁止”

（一）内涵核心

交通运输部海事局“五个禁止”整顿政风

交通运输部海事局党组、部海事局日前联合发文，要求全国海事队伍严格执行“五个禁止”规定，对违反规定行为实行“零容忍”，整顿政风、严肃纪律，深入推进“革命化、正规化、现代化”的海事队伍建设。

“五个禁止”，即：禁止插手航运市场和水运建设市场，谋取私利；禁止接受行政相对人的礼品礼金、有价证券、支付凭证以及宴请、旅游、健身、娱乐等活动安排；禁止以任何借口刁难行政相对人，坚决杜绝“门难进、脸难看、事难办”现象；禁止利用职权为所属事业单位经济实体谋取利益，坚决做到海事执法、人员待遇与经济实体彻底脱钩；禁止与“中介”勾结，坚决杜绝通过他人间接向行政相对人收取好处的行为。

违反“五个禁止”规定的行为，一经查实，对海事行政执法人员，一律永久吊销执法证，不得再从事海事行政执法工作；对领导干部，一律先予以免职。违反“五个禁止”规定的人员如涉及违纪的，依纪依规予以严惩；如涉及违法犯罪的，一律移送司法机关惩处。（2013年11月14日；来源：《中国纪检监察报》）

（二）典型案例

梅州海事局认真学习贯彻全国海事系统政风建设“五个禁止”

全国海事系统政风建设“五个禁止”发布后，梅州海事局马上收文，局领导高度重视，多次指示要求局属各单位、机关各处室迅速组织学习，认真贯彻执行。

近半个月来，梅州海事局采取多种方式组织干部职工进行集中学习，深刻领会精神要领，呈现出“五个禁止”的学习浪潮。党工部迅速部署学习宣贯，注重与学习贯彻党的十八届三中全会精神和开展党的群众路线教育实践活动结合起来；办公室、财务处增强大家对“五个禁止”的理解与认识，结合部门职责，积极查找工作中存在的风险，有针对性地提出应对措施；指挥中心开展“五个禁止”学习承诺活动，主动接受行政相对人的监督；船检处表示要严格遵守“五个禁止”要求，破除“四风”，廉洁从政，筑牢拒腐防变的思想道德防线，切实做到依法检验、干净做事；政务中心积极推进窗口廉政文化建设，营造廉洁高效的服务氛围，切实将“五心”服务的理念落实到行动上，体现在工作中。其他海事处也先后组织了“五个禁止”专题学习教育活动。通过学习宣贯，全体干部职工统一了思想认识，准确理解和把握了“五个禁止”的内涵和要求，提高了廉洁从政意识，纷纷表示将严格执行政风建设各项规定，廉洁自律，依法办事。

下一步，梅州海事局将认真贯彻落实上级关于转变作风的要求，进一步抓好“五个禁止”的学习教育，把“五个禁止”作为当前和今后加强海事干部队伍建设的一项基础性工作，按照杨传堂部长对廉政工作“做个明白人”的指示，严格执行有关规定，确保我局各级队伍不发生廉政问题、作风问题，强化对“五个禁止”落实情况的监督检查，结合“三化”建设要求，进一步强化海事政风行风建设，营造风清气正的海事发展环境。（2013 年 11 月 20 日；来源：广东海事局）

台州海事局深入学习贯彻全国海事系统政风建设“五个禁止”

为进一步强化海事政风行风建设，打造“革命化、正规化、现代化”海事队伍，日前，交通运输部海事局党组与部海事局联合发文要求在全国海事队伍中严格执行“五个禁止”的规定。台州海事局党委迅速行动，贯彻落实，于 11 月 18 日下午组织开展集中学习活动。学习活动由局长、党委书记王军主持，局领导班子成员、局机关中层以上干部参加。

会上，王军局长结合党的“十八大”精神、党的群众路线教育实践、十八届三中全会制定的若干重大决定深入剖析“五个禁止”对打造“三化”海事队伍的重要意义，并就贯彻落实工作提出三点具体要求。一是抓好学习，要求局属各单位、机关各部门领导班子将“五个禁止”规定迅速传达，组织每名干部职工认真学习领会规定内容；二是抓好宣贯，要求局属各单位利用政务窗口、公告栏、公司走访等多种形式，在海事内部、港航企业、行政相对人中广泛宣传“五个禁止”规定，主动接受内外监督；三是抓好执行，要求全体干部职工严格执行“五个禁止”规定，发现政风问题或违反“五个禁止”规定的一律零容忍、执法人员一律永久吊销执法证、领导干部一律先免职、涉及违法犯罪一律移送司法机关。

“五个禁止”是新形势下加强海事干部队伍建设，提高干部队伍战斗力和群众信任度的必然要求。下一步，台州海事局将严格执行“五个禁止”，切实加强内部管理，整顿政风、严肃

纪律,畅通信访举报渠道,抓好监督检查,推进群众满意台州海事建设。(2013 年 11 月 20 日;来源:浙江海事局)

六、文化建设"十百千"工程

(一)战略部署

交通运输部:打造交通运输文化建设"十百千"工程

当前和今后一个时期(五年),交通运输文化建设工作的总体思路是:全面贯彻党的十七大和十七届四中全会精神,以邓小平理论和"三个代表"重要思想为指导,深入贯彻科学发展观,以建设社会主义核心价值体系为根本,巩固已有成果,正视存在问题,深化文化实践,构建交通运输行业核心价值体系,打造交通运输文化建设"十百千"工程,即打造十大交通运输文化品牌,创建一百家交通运输文化建设示范单位,培养一千名交通运输时代楷模,不断开创交通运输文化建设工作的新局面。

打造十大交通运输文化品牌:一要放开思维,树立精品意识,从思想上重视文化品牌建设,实施品牌文化战略。二要发掘交通运输文化内涵,结合行业和区域特色,打造文化品牌。争取文化品牌建设覆盖到工程、产品、服务等各类交通运输企业,争取在全行业的十大交通文化品牌中,交通运输企业文化品牌能有一席之地甚至更多。通过文化品牌建设集中宣传展示交通运输企业特色文化建设的成果,丰富员工精神文化生活。

创建一百家文化建设示范单位:要继续开展评选文化建设示范单位活动,鼓励企业踊跃参与申报,以争促创,推动企业文化建设。

培养一千名交通运输时代楷模。"十二五"时期,要继续深入开展向优秀人才学习的活动,不断赋予他们以新的时代气息,保持先进典型的旺盛生命力,充分发挥好示范、引领作用。要把学习先进典型活动与巩固学习实践科学发展观活动成果结合起来,与做好职工本职工作结合起来,与弘扬行业核心价值体系结合起来。要坚持与时俱进,改革创新,深入基层、深入一线,积极培育和推出新的先进典型,力争在"十二五"时期,全国交通运输行业再推出一至两个在全国有重大影响的先进典型,培养一千名时代楷模,激励广大交通干部职工立足岗位,争创一流。要积极营造鼓励典型脱颖而出、尊重典型劳动创造、关心典型成长成才的环境氛围,形成崇尚先进、学习先进的良好风气。(2011 年 6 月 7 日;来源:中国高速公路网)

(二)典型案例

广东省交通运输文化建设"十百千"工程实施方案

为深入推进我省交通运输行业文化建设,进一步提高"三个服务"的能力和水平,全面提升现代交通运输业发展软实力,树立交通运输行业的良好形象,从 2011 年到 2015 年在全省交通运输行业开展交通运输文化建设"十百千"工程(以下简称"十百千"工程)。总体目标是经过努力，到“十二五”时期末，在全省交通运输行业打造十大交通运输文化品牌，创建一百家交通运输文化建设示范单位，培养一千名交通运输先进典型。我省交通运输行业文化建设长效机制进一步完善，发展现代交通运输业的共同思想基础更加牢固，职工队伍素质明显提高，行业“三个服务”能力明显提升，行业凝聚力和战斗力明显加强，推动交通运输事业又好又快发展的精神动力明显增强。（2013 年 12 月 16 日；来源：广东省交通厅）

交通运输部办公厅关于印发 2013 年全国交通运输行业精神文明建设工作要点的通知

（厅政法字〔2013〕17 号 交通运输部办公厅文件）

继续实施交通运输文化建设“十百千”工程，组织制定交通运输文化品牌、交通运输文化建设示范单位测评体系和评审程序，开展第四批交通运输文化建设示范单位、第二批候选交通运输文化品牌申报推荐工作，着力打造具有交通运输特色的文化示范单位和形象品牌，做好行业示范推广和社会形象展示。

积极拓展行业文化建设成果，推出一批行业优秀文化建设作品，包括反映交通运输行业时代风尚和精神追求的文化活动、文艺作品、影视剧、歌曲、专题纪实片，推进交通运输行业“五个一工程”建设。

七、树立行业先进典型

交通运输行业评选十大年度人物

2013 年 7 月 30 日，交通运输部办公厅发出通知，在全行业开展 2013 年感动交通十大年度人物评选活动，树立行业典型，用楷模的力量鼓舞行业士气，引领行业发展，提升行业软实力，为交通运输科学发展、安全发展提供强大精神动力和思想保证。

此次“‘山工机械’杯 2013 年感动交通十大年度人物”评选活动的主题是“感动交通 温暖社会”。活动旨在贯彻落实党的十八大精神，培育践行社会主义核心价值体系，落实部《2013 年全国交通运输行业精神文明建设工作要点》的部署，在广大交通运输干部职工中进一步形成立足岗位、奉献社会的良好精神风貌。

通知指出，要充分发挥评选活动在提升全行业服务意识和服务水平方面的重要推动作用，把评选活动作为践行行业核心价值体系学习实践活动的有效载体，通过评选活动，进一步弘扬“艰苦奋斗、勇于创新、不畏艰险、默默奉献”的交通精神，树立行业典型，挖掘典型感人事迹，用楷模的力量鼓舞行业士气，引领行业发展，提升行业软实力，向社会展示交通部门服务人民、奉献社会的良好形象。

通知要求，把握节奏，认真组织实施评选推荐活动。各单位要认真组织，主要从职业品行、职业精神、重大贡献、影响力四方面考评，扎实做好推选工作，要广泛发动、积极推荐、认真筛选，将真正业务精、贡献大、品德优的人物推选上来。每个单位可推荐一两人，事迹材料于 12 月底以前报送活动秘书处。各单位要本着面向行业、面向群众、形式多样、注重实效的原则，以评选活动为契机，以先进人物的感人事迹为鲜活素材，充分运用报纸、网络等载体，结合本地区、本行业实际，广泛宣传展示他们的感人事迹和崇高精神，进一步形成崇尚先进、学习先进、争当先进的良好氛围，增强对行业核心价值体系的认知认同。

活动分三个阶段。第一阶段为 2013 年 8 月 1 日至 2014 年 1 月 20 日，活动启动及候选人物推选、初选。第二阶段为 2014 年 1 月 21 日至 2 月 28 日，公示、投票、评选并确定十大年度人物人选。第三阶段为 2014 年 3 月 1 日至 31 日，总结表彰，宣传展示活动成果。

届时，交通运输部将在机关文化长廊展示 2013 年感动交通十大年度人物先进事迹。《中国交通报》将通过多种形式、多个角度广泛宣传报道其先进事迹，推进行业服务能力和服务水平不断提升。（2013 年 8 月 16 日；来源：《中国交通报》）

交通运输部举行付杨波同志先进事迹视频报告会

2013 年 4 月 19 日上午，交通运输部机关东附楼五层报告厅座无虚席，重庆市交通行政执法总队高速公路一支队十一大队付杨波同志先进事迹视频报告会——“生命的路标”隆重举行。报告会开始前，受交通运输部党组书记、部长杨传堂的委托，部党组副书记、副部长翁孟勇，党组成员、副部长高宏峰，党组成员、纪检组组长李建波，党组成员、政法司司长何建中等亲切会见了报告团全体成员，部办公厅主任杨咏、政策法规司副司长柯林春、公路局副局长王太、直属机关党委副书记寿涛和重庆市交委领导陪同会见。翁孟勇高度赞扬了付杨波同志舍己救人的感人事迹，并称赞付杨波同志为交通执法为民的楷模，是全国交通运输行业干部职工学习的榜样！

高宏峰在听完报告会后表示，付杨波同志的事迹充分展示了一名共产党员对党忠诚，对事业热爱的人格魅力，我们既为失去这样一位好同志而感到痛心，又为交通运输行业队伍中涌现出这样一位优秀代表倍感骄傲和自豪。付杨波同志用平凡的血肉之躯为交通运输职工树立起一座道德的丰碑！（2013 年 4 月 19 日；来源：中国公路网）

海事系统举行劳模先进事迹报告会

2013 年 10 月 25 日，交通运输部海事系统“履职尽责，建功在岗位”为主题的劳模先进事迹报告视频会在上海海事局下属浦东海事局成功举行。七位来自全国海事系统的劳模先进事迹报告团成员上海海事局陈维、天津海事局陈华飞、山东海事局尹晓楠、广东海事局刘天军、深圳海事局洪汇勇、长江海事局孙玉国、浙江省地方海事局李力（吴建林先进事迹报告人）做报告，部海事局党组书记许如清，交通运输部党的群众路线教育实践活动第五督导组组长于庆昌，上海海事局局长徐国毅、党组书记李青，东海航海保障中心主任王鹤荀、党组书记陈建平等领导和局 2013 年“小海狮”在主会场参加报告会，全国海事系统干部职工在各自分会场视频收看报告会。

报告会上，7 位劳模先进事迹报告人从不同的角度，用生动的事例，朴实的语言，为大家描绘了 7 位劳模先进的光辉形象，向大家讲述了 7 位劳模先进典型的先进事迹和其中所蕴含的先进精神，使在座的每一位同志经受了一次精神的洗礼和心灵的震撼。七位劳模是近年来海事系统涌现出的先进人物的典型代表，是分布在广大海事干部群众中的闪光点和各自工作岗位上坚实的螺丝钉。他们在平凡的岗位上做出了不平凡的业绩，是海事系统多年发展历程的缩影，“履职尽责，建功在岗位”就是他们工作轨迹的真实写照。

报告会最后，部海事局党组书记许如清作了讲话，他指出，召开这次会议，就是要在全国海事系统大力弘扬先进典型精神，进一步调动和激发广大干部职工干事创业的动力和进取奉献的精神，在全系统营造“学先进、争先进、赶超先进”的良好氛围，进一步推进加强海事“三化” 建设的开展，同时也是为落实党的群众路线教育实践活动对照先进典型查找差距的要求，为开好民主生活会做必要的前期准备。结合当前工作，他强调了三方面的意见：一是统一思想，求真务实，注重学习的成效。全系统干部职工向劳模和先进个人学习，必须求真务实、抓住本质精髓、重在付诸实践、贵在持之以恒；二是主动查找、深刻剖析，对照先进典型找差距。教育实践活动正在查摆问题、并对存在的问题进行剖析，结合学先进剖析重点在于政治信仰是否坚定、价值观是否正确、事业观是否正确；三是立足岗位，学以致用，开创工作新局面。要把学习劳模先进事迹与开展教育实践活动、与加强海事“三化”建设结合起来，希望劳模先进典型们能够珍惜荣誉、再接再厉，海事的发展需要典型的示范和引领，要加大先进人物的宣传力度。希望全国海事系统的广大干部职工，能够以先进人物为榜样，进一步增强责任感和使命感，并在全系统掀起学习先进、争当先进、赶超先进的热潮。（2013 年 10 月 29 日；来源：交通运输部）

八、交通运输新闻发布工作机制

（一）战略部署

交通运输部出台进一步加强新闻宣传工作意见

2013 年 5 月，交通运输部正式印发《关于进一步加强交通运输新闻宣传工作的意见》（以下简称《意见》），明确提出要按照高举旗帜、围绕中心、服务大局、创新求实的总体要求，着力提升交通运输发展成就宣传的社会影响力，着力提升舆情研判和引导水平，着力完善新闻宣传体制机制，为加快发展现代交通运输业提供强有力的精神动力和舆论环境。

《意见》强调，新时期交通运输新闻宣传工作要遵循“围绕中心，服务大局；贴近实际，服务行业；改革创新，务求实效；整合资源，形成合力” 的原则，力争经过五年努力，交通运输行业新闻宣传意识明显增强，新闻宣传队伍素质明显提高，新闻宣传手段明显改善，新闻宣传效果明显提升，不断增强对主流媒体影响力、网络媒体引导力、行业媒体号召力，努力塑造交通运输行业良好社会形象。

《意见》明确提出今后五年改进和加强新闻宣传工作的六项主要任务。

一是着力深化重大主题新闻宣传。交通运输部将紧紧围绕综合运输体系建设、创新驱动发展、绿色低碳交通等重大主题开展深度策划，推出鲜活报道，形成强劲声势。各级交通运输主管部门每年都要重点策划实施 2~3 项重大主题宣传活动。

二是全面落实新闻发言人制度。交通运输部将修订出台《交通运输部新闻发言人工作制度》。副厅级以上独立单位要明确新闻发言人，推行定时定点例行新闻发布工作。交通运输部将适时举办全行业新闻发言人专题研讨班，省级交通运输部门要定期开展专题培训。

三是着力提升舆情研判引导水平。切实做好重点时段、重点领域、重要问题的舆论引导工作。省、市交通运输主管部门都要建立舆情监测及报告系统。定期编撰出版《交通热点面对面》,鼓励“窗口”单位先行开通政务微博。

四是不断改进应急宣传工作。确保应急宣传与应急处置同步启动、同步进行、同步评估。完善交通运输突发公共事件新闻发布和舆论引导工作机制。发挥交通运输部新闻宣传专家咨询委员会在应急宣传中的作用。加强应急演练,提高反应速度和应对能力。

五是积极拓展对外宣传渠道。从2013年起,每年以交通运输部名义编制并发布《交通运输白皮书》,省级交通运输主管部门也要参照发布白皮书。配合重大主题宣传,组织摄制《中国桥梁》、《中国港口》等专题纪录片,力推一批彰显行业核心价值观和交通精神的电影、电视剧等文艺精品。

六是切实加强行业新闻宣传管理。落实新闻发布工作的统一协调、归口管理原则。建立行业新闻宣传信息沟通机制。充分发挥各类媒体的作用,注重发挥行业媒体特别是《中国交通报》的权威发布功能。探索建立传统新闻发布与网络新闻发布、新闻宣传报道与政务信息公开的协同机制。

《意见》要求,各部门、各单位要实行领导负责、宣传部门牵头、业务部门协同、干部职工参与的工作机制,切实把新闻宣传工作作为本部门、本单位重要工作目标,纳入工作考核体系。要进一步完善和健全新闻发布支撑机构,新闻宣传职能在交通运输大部制改革中只能加强,不能削弱。要将新闻宣传经费列入年度财政预算,保证常态化新闻宣传工作经费和重大主题、重大活动的专题经费。要积极引进新闻宣传策划人才,在全行业分层次组织开展新闻宣传人才的系统化、专业化培训,加大新闻宣传干部的培养交流、挂职锻炼、选拔任用力度。交通运输部新闻办公室要加强对全行业新闻宣传工作的指导督察。(2013年5月23日;来源:交通运输部网站)

交通运输部办公厅关于印发2014年全国交通运输行业精神文明建设和新闻宣传工作要点的通知

(厅政法字〔2014〕25号)

2014年2月,交通运输部办公厅印发了“2014年全国交通运输行业精神文明建设和新闻宣传工作要点的通知”,对进一步完善交通运输行业新闻发布工作机制提出了新的要求:

(1)不断建立健全交通运输行业新闻发言人制度,推进新闻发言人专业化、专职化,着力提高新闻发布的时效性、针对性,做好重大事件的新闻发布,及时回应社会关切,塑造公开、透明的政府形象和行业形象。

(2)建立健全新闻发言人制度。进一步加强交通运输行业新闻发言人制度建设,加强新闻发言人培训工作,提升新闻发言人的履职能力,完善新闻发言人参与了解重要决策的工作机制和工作流程。建立健全专题新闻发布策划研讨机制,精心设计新闻发布的主题、形式、内容,准确把握发布时机。完善专家学者解读机制,通过“第三方发声”做好政策解读。

(3)灵活运用各类新闻发布平台。充分发挥中央新闻媒体影响力大、关注度高的作用,加强与中央主流媒体的沟通协调,及时通过权威的主流平台发布新闻。注重发挥中国交通报等行业报纸杂志的宣传阵地作用，集中优势新闻资源，做好信息发布和政策解读，把行业媒体打造成强大的主流舆论阵地。适应新媒体、自媒体的发展，积极探索通过政府网站、门户网站、政务微博、微信、手机报等载体及时发布行业信息和服务资讯，不断增强交通运输信息的覆盖面和感染力。

（4）增强新闻发布的时效性和针对性。围绕部党组以及各级党委政府关于交通运输工作的重大部署和重点工作，精心设计议题，主动组织新闻发布。规范新闻发布流程，建立定时定点、有序发布的机制。完善例行新闻发布机制和重大新闻动态发布机制，做好交通运输重大突发事件的新闻发布，及时解疑释惑，提高应急反应能力。

（二）基层落实

新疆交通运输厅举办新闻发布制度学习会

2014年1月26日，交通运输厅召开专题会议再次学习厅新闻发布制度，重申未经批准，单位、部门及个人不得擅自组织新闻发布会。厅党委委员、政治部主任颜梅参会并讲话。会议指出，要全面落实厅系统新闻发布制度，充分认识做好新闻发布工作的重要意义，明确当前新闻发布工作的措施。

就进一步做好厅系统新闻发布工作，颜梅同志代表厅党委提出八点要求。交通运输厅及厅属各单位（部门）要在思想上引起高度重视；进一步加强领导，坚持党政"一把手"负责制；进一步完善新闻发布工作制度；厅新闻办已制定并下发《关于成立自治区交通运输厅新闻办公室（突发公共事件应急新闻办公室）的通知》（新交党办〔2011〕110号）、《关于印发〈自治区交通运输厅新闻发布制度〉的通知》（新交办〔2011〕102号）等相关制度及管理办法，各单位新闻办要结合工作实际，建立完善本单位新闻发布管理制度；加强对敏感、热点和难点问题的监控；要切实加强队伍建设，加强对新闻工作人员的教育、培训管理；厅新闻办要加强对厅属单位新闻发布工作的指导，进一步加强沟通协调，有效引导社会舆论；要加强新闻发布工作纪律，对新闻事故，要视情节严重程度，追究单位主要负责人、新闻事故单位和个人责任。

颜梅强调，各单位要认真落实好新闻发言人制度，规范新闻发布程序。要建立舆情监测及报告制度，不断提升舆情研判工作水平和舆论引导能力。要充分发挥厅系统各类政务微博的作用，提升新闻信息效果，塑造交通运输行业良好社会形象。（2014年1月28日；来源：新疆维吾尔自治区交通运输厅）

关于印发《温州市交通运输局新闻发言人制度》的通知

（温交〔2013〕250号）

1. 新闻发言人及发布体系

（1）新闻发言人。根据市委和省交通运输厅的有关要求，为保证新闻发布的权威性，市交通运输局新闻发言人由局党委副书记、副局长徐锦栋同志担任；局副调研员、办公室主任郑放平同志担任新闻发言人助理。其工作机构设在局办公室。

（2）新闻发布体系。由局机关各处室及有关单位共同组成市交通运输局新闻发布体系。局办公室负责新闻对外发布和宣传报道的统一协调管理。

2. 新闻发布形式与内容

(1)对于重大事项或重要活动，采取新闻发布会的形式发布。主要是指全市交通运输行业发展战略；全市交通运输行业发展所取得的重大成就；全市性的重大交通运输活动；全市交通运输系统中突发性重大事件的真实情况和处置措施等。

(2)对于较大事项或较大活动，采取新闻通气会的形式发布。主要是指全行业性的重要工作会议和活动；当前广大人民群众普遍关心，并需要正面回答的热点问题；对新闻媒体有关报道的回应和澄清等。

(3)对于日常性的事项或活动，采取书面新闻通稿的形式发布。主要是指日常性的交通运输新闻，新闻发言人工作机构可采取书面新闻通稿形式，向社会媒体通报情况。

3. 新闻发布工作机制

(1)新闻发布实行定期和不定期发布。发布的主题和内容由各处室结合实际工作情况提出，经局办公室汇总送主管领导审阅后发布。

(2)新闻发布会、通气会由局办公室统一协调组织安排，各相关处室积极配合，必要时处室负责人和主管领导要出席，并回答媒体提出的相关问题。

(3)新闻单位根据自己所掌握的问题，拟出采访提纲或有关要求，经局办公室审核并提出办理意见后，由各有关处室提出书面答复文本，必要时可接受媒体记者采访。

4. 新闻发言人职责

(1)负责组织制定本单位的新闻发布工作年度计划，组织实施新闻发布活动。

(2)紧紧围绕中心工作，全面、准确、主动、及时地对新出台的重要决策、措施和活动进行宣布、解释和说明。

(3)对全市交通运输工作中取得的成绩、社会关注的行业热点问题进行说明及解释。

(4)关注舆情，及时回应。尤其是全市交通运输系统中突发性重大事件，通过新闻发布，及时传递事态进展的最新信息，正确引导社会舆论。

(5)配合上级机构做好新闻发布工作。(2013年11月20日；来源：温州市交通运输局)

九、舆情研判和舆论引导工程

(一)战略部署

交通运输部办公厅关于印发2014年全国交通运输行业精神文明建设和新闻宣传工作要点的通知

(厅政法字〔2014〕25号)

完善舆情收集机制，及时掌握交通运输行业相关舆情信息，提升舆情研判的针对性和有效性，不断壮大舆论引导工作队伍，提升舆论引导水平，为推进“四个交通”发展营造良好的舆论环境。

加强舆情收集研判。进一步健全完善舆情信息监测、收集、研判体系，确保第一时间发现涉及交通运输行业的苗头性、倾向性信息。加强与业务部门、相关专家的联席研判，结合具体工作，准确判断舆情走向和发展态势，提出舆情应对建议，为科学有效处置舆情奠定基础。

及时回应热点舆情。加强突发事件应急宣传工作的规范化、专业化、制度化建设，建立健全应急反应机制，提高突发事件新闻发布的质量和水平，有效回应社会关注。编写出版《交通热点面对面》，权威解读交通热点。加强与新闻宣传部门及重点媒体的沟通协调，争取理解支持。对不实信息或谣言，及时通过权威媒体予以驳斥和辟谣，遏制不良信息的蔓延和传播。

做好网上舆论引导。精心组织网上正面宣传和热点引导，唱响网上主旋律，打好主动仗，以大量的正面宣传信息，遏制负面舆论的生存空间。充分发挥各级交通运输政务微博、微信的优势，加强与人民群众的互信互动，拉近行业与群众的距离，赢得群众的信赖和好感。适应新媒体的发展，不断加强网络新技术新应用的研究探索。加强网络宣传队伍建设，建立交通运输行业网络评论员队伍。

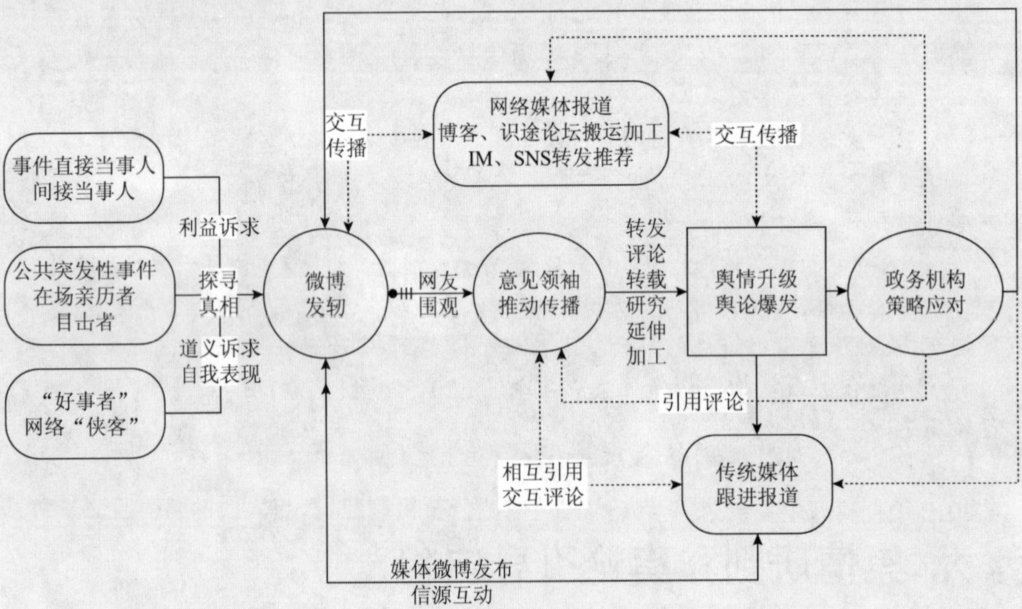

注：来源：《微政时代：政务微博实务指南》

(二)基层落实

山西：行业热点舆论引导有力

山西交通运输厅加大对治理超限、交通科技创新、节能减排、法制建设、廉政建设、安全监督等方面专项工作成效的宣传力度。重点宣传依法治理短途非法超限超载百日专项行动，推动山西治超深入进行，巩固并发展山西治超成果，近几年，山西治超工作走在全国前列，治超经验在全国推广。2012 年继续加大治超宣传力度，为巩固和发展治超成果创造良好氛围，推出一系列举措。一是发挥《中国交通报·山西交通》、山西电视台、中国交通报和山西交通网的作用，突出全省治超工作的宣传。二是积极配合省治超办开展全省范围内的集中采访报道活动，开设专栏，编发治超新闻稿件。三是积极引导社会媒体加大治超宣传力度，正在协调人民日报策划报道治超经验。

江西：舆情监测程序不断完善

江西交通运输厅把办好《江西交通宣传参考》作为一项重要工作来抓，在深入细致上下功夫，及时把各大媒体关于（江西）交通改革发展的报道、评论、经验等进行收集整理编发，并发厅领导及厅机关处室负责同志参阅，每月摘编 1 期发至各市交通运输局、公路局和厅直属单位。重特大及敏感舆情动态第一时间编辑舆情专报发厅领导、有关处室和相关单位，并协调督促有关单位及时应对处置。2012 年，江西交通舆情热点分布主要集中在以下几个方面：一是农村改渡建桥扫尾工程，少数地区由于资金等原因，农村公路建设和渡改桥工程扫尾工作尚未完成，一些人不理解，到网站、报社等媒体投诉曝光。二是高速公路管理方面，比如天价清障费、标志标牌缺失、封路、收通行费等。三是恶劣天气条件下公路保畅通工作，引发司乘人员误解。四是工程质量问题，易引发网络炒作。五是交通改革工作中易引发舆情，特别是资产处置、机构改革等问题。

安徽：行业热点舆论引导有力

安徽交通运输厅进一步完善新闻发布工作，全年共举办了三次新闻发布会，分别就重大节假日免收小型客车通行费政策、治理超限超载“雷霆”专项行动、交通重点工程开工及通车（航）情况回应公众关切，满足公众期待，发挥地方媒体和行业媒体的各自优势，全方位解读政策。针对社会公众和媒体普遍关注的公路收费、危桥改造、公路治超、道路客运事故、交通执法处罚等热点问题，切实加强舆论监测，积极利用新闻座谈会等形式，正面回应公众质疑，及时解疑释惑。加大舆情监测分析力度，针对片面和不实报道，灵活选择新闻媒体，及时发出权威声音，正确引导公众舆论。

直属海事系统：舆情监测动态每日一报

2012 年直属海事系统进一步加大舆情监测分析机制建设，与人民网舆情监测平台共同合作，落实专人负责，定制专业海事信息平台，定期发布监测报告，提出舆论引导工作建议。基本实现了海事系统舆情监测动态报告每日一报，重大突发事件、敏感话题连日续报的舆情监测工作格局。

2012 年，完成《海事每日网络舆情》共计 194 期；完成《海事系统网络舆情专报》55 期，分别为《中国空巡飞机东海巡航舆情专报》，《“德涟”轮与“大庆 75”轮碰撞舆情专报》两期，《涉嫌违法排污的韩籍货轮舆情专报》，《教师雇大学生黑客伪造海员证舆情专报》，《韩国籍“雅典娜”轮在汕尾附近海域沉没舆情专报》7 期，《日本逮捕两名中国船员舆情专报》3 期，《安徽马鞍山长江段轮渡沉没事故舆情专报》6 期，《“海巡 31 轮”访美舆情专报》11 期，《2012 东海民用航空器遇险联合搜救演习舆情专报》以及《网传海事体制编制改革舆情专报》等。

十、惩治和预防腐败体系工作规划

中共中央印发《建立健全惩治和预防腐败体系 2013—2017 年工作规划》

中共中央近日印发《建立健全惩治和预防腐败体系 2013—2017 年工作规划》（以下简称《规划》）。《规划》在加大查办违纪违法案件力度、强化权力运行制约和监督、加强反腐倡廉法律法规制度建设、加强反腐败体制机制创新等方面提出一系列新提法、新举措、新部署，目标是经过今后 5 年不懈努力，坚决遏制腐败蔓延势头，取得人民群众比较满意的进展和成效。

1. 严查五类腐败案件

《规划》提出，今后 5 年加大查办违纪违法案件力度，充分发挥惩治的震慑作用，严格审查和处置党员干部违反党纪政纪、涉嫌违法的行为。

《规划》指出，要严肃查办五类腐败案件—严肃查办领导干部贪污贿赂、权钱交易、腐化堕落、失职渎职的案件；严肃查办执法、司法人员徇私舞弊、枉法裁判、以案谋私的案件；严肃查办严重违反政治纪律的案件；严肃查办群体性事件、重大责任事故背后的腐败案件；严肃查办商业贿赂案件，加大对行贿行为的惩处力度。

今年以来，中央纪委对惩治腐败始终保持高压态势，坚持有案必查、有腐必惩，十几名省部级高官相继落马。据统计，今年前 9 个月，全国纪检监察机关初步核实处置反映问题线索 12.9 万件，同比增长 13.5%；立案 11.8 万件，同比增长 10.1%；结案 10.2 万件，同比增长 12.6%；处分 10.8 万人，同比增长 7.6%。

中国政法大学副校长马怀德说："《规划》提出的目标表明，未来五年，我们党将坚定不移反对腐败，在坚持标本兼治的同时，用治标来为治本赢得时间。"

2. 确保权力正确行使

绝对的权力往往导致腐败，《规划》提出强化权力运行制约和监督，确保权力正确行使：

——落实集体领导和分工负责、重要情况通报和报告、述职述廉、民主生活会、信访处理、谈话和诫勉、询问和质询、特定问题调查等监督制度，加强和改进对主要领导干部行使权力的制约和监督；

——中央和国家机关各部门、各省（自治区、直辖市）党委和政府主要负责同志每年向中央提交述廉报告；

——加强行政监督，强化对政府职能部门履行监管职责情况的监督，加强行政监察和审计监督，加大行政问责力度。

对权力进行有效制约，权力公开透明是前提。"现在有些地方和部门公权力的行使，还存在着'先做决定，后走程序'现象，导致一些法定程序实际落空。因此，实现真正的监督制约，必须做到程序透明。"求是杂志社研究员黄苇町说。

为此，《规划》提出，继续推进党务公开、政务公开、司法公开和各领域办事公开，深化财政预算决算、部门预算决算、重大建设项目和社会公益事业信息公开，推进电子政务建设，让权力在阳光下运行。

3. 法制建设

要从根本上推进反腐败，应当改革旧的体制机制，用有效的制度约束权力。《规划》指出，要加强反腐倡廉法律法规制度建设，把权力关进制度的笼子里。

《规划》从三个方面提出加强反腐倡廉法制建设，一是健全改进作风常态化制度；二是完善反腐倡廉党内法规，修订《中国共产党党内监督条例（试行）》；三是健全和完善惩治和预防腐败方面的立法，研究完善惩治贪污贿赂和渎职侵权犯罪、规范国家工作人员从政行为方面的法律规定。

4. 纪检监察机关集中精力抓反腐

今年以来，党的纪检监察机关迈出体制改革步伐—中央纪委监察部对内设机构进行了调整，将党风廉政建设室和纠正不正之风室合并为党风政风监督室，将执法监察室和绩效管理监察室合并为执法和效能监督室；新设立 2 个纪检监察室，减少了职能交叉，加强了监督和办案力量。截至 10 月底，21 个省（区、市）和新疆生产建设兵团纪委也初步完成内设机构调整。

《规划》对于改革党的纪律检查体制进一步做出新的部署：

——全面落实中央纪委向中央一级党和国家机关派驻纪检机构，实行统一名称、统一管理；

——改进中央和省区市巡视制度，做到对地方、部门、企事业单位全覆盖，发现问题、形成震慑；

——推动党的纪律检查工作双重领导体制具体化、程序化、制度化，强化上级纪委对下级纪委的领导。

廉政研究专家指出，改革党的纪律检查体制的目的，就是改变过去纪检监察机关存在的职责划分不清、任务过多过杂的情况，把不该牵头或参与的协调工作交还给主要责任部门，集中精力抓好党风廉政建设和反腐败工作。（2013 年 12 月 26 日；来源：新华社）

十一、群众路线教育实践活动

（一）国家战略

中共中央政治局会议通过改进工作作风八项规定

中共中央政治局 2012 年 12 月 4 日召开会议，审议中央政治局关于改进工作作风、密切联系群众的八项规定，分析研究 2 0 1 3 年经济工作。中共中央总书记习近平主持会议。

会议强调，领导干部特别是高级干部作风如何，对党风政风乃至整个社会风气具有重要影响。抓作风建设，首先要从中央政治局做起，要求别人做到的自己先要做到，要求别人不做的自己坚决不做，以良好党风带动政风民风，真正赢得群众信任和拥护。要下大决心改进作风，切实解决群众反映强烈的问题，始终保持同人民群众的血肉联系。

会议一致同意关于改进工作作风、密切联系群众的八项规定。规定要求，中央政治局全体同志要改进调查研究，到基层调研要深入了解真实情况，总结经验、研究问题、解决困难、指导工作，向群众学习、向实践学习，多同群众座谈，多同干部谈心，多商量讨论，多解剖典型，多到困难和矛盾集中、群众意见多的地方去，切忌走过场、搞形式主义；要轻车简从、减少陪同、简化接待，不张贴悬挂标语横幅，不安排群众迎送，不铺设迎宾地毯，不摆放花草,不安排宴请。要精简会议活动,切实改进会风,严格控制以中央名义召开的各类全国性会议和举行的重大活动,不开泛泛部署工作和提要求的会,未经中央批准一律不出席各类剪彩、奠基活动和庆祝会、纪念会、表彰会、博览会、研讨会及各类论坛;提高会议实效,开短会、讲短话,力戒空话、套话。要精简文件简报,切实改进文风,没有实质内容、可发可不发的文件、简报一律不发。要规范出访活动,从外交工作大局需要出发合理安排出访活动,严格控制出访随行人员,严格按照规定乘坐交通工具,一般不安排中资机构、华侨华人、留学生代表等到机场迎送。要改进警卫工作,坚持有利于联系群众的原则,减少交通管制,一般情况下不得封路、不清场闭馆。要改进新闻报道,中央政治局同志出席会议和活动应根据工作需要、新闻价值、社会效果决定是否报道,进一步压缩报道的数量、字数、时长。要严格文稿发表,除中央统一安排外,个人不公开出版著作、讲话单行本,不发贺信、贺电,不题词、题字。要厉行勤俭节约,严格遵守廉洁从政有关规定,严格执行住房、车辆配备等有关工作和生活待遇的规定。

中央政治局关于改进工作作风、密切联系群众的八项规定

1	要改进调查研究、多到困难和矛盾集中、群众意见多的地方去，切忌走过场、搞形式主义；要轻车简从、减少随同、简化接待，不张贴悬挂标语横幅，不安排群众迎送，不铺设迎宾地毯，不摆放花草，不安排宴请。
2	要精简会议活动，切实改进会风，提高会议实效，开短会、讲短话，力戒空话、套话。
3	要精简文件简投，切实改进文风，没有实质内容、可发可不发的文件、简报一律不发。
4	要规范出访活动，严格控制出访随行人员，严格按照规定乘坐交通工具，一般不安排中资机构，华侨华人、留学生代表等到机场迎送。
5	要改进警卫工作，坚持有利于联系群众的原则，减少交通管制，一般情况下不得封路、不清场闭馆。
6	要改进新闻报道，中央政治局同志出席会议和活动应根据工作需要、新闻价值、社会效果决定是否报道，进一步压缩报道的数量、字数、时长。
7	要严格文稿发表，除中央统一安排外，个人不公开出版著作、讲话单行本，不发贺信、贺电，不题词、题字。
8	要厉行勤俭节约，严格遵守廉洁从政有关规定，严格执行住房、车辆配备等有关工作和生活待遇的规定

会议强调,制定这方面的规定,指导思想就是从严要求,体现从严治党。改进工作作风、密切联系群众,关系党和人民事业成败。各级党政机关和领导干部要坚持以人为本、执政为民,带头改进工作作风,带头深入基层调查研究,带头密切联系群众,带头解决实际问题。各地区各部门要严格按照本规定,结合实际情况,制定贯彻落实办法,狠抓落实,切实抓出成效。各地区各部门要严格执行本规定,每年年底对执行情况进行专项检查,中央办公厅、国务院办公厅要定期督促检查,每年年底通报执行情况,并向中央政治局常委会议、中央政治

局会议汇报执行情况，对违反规定的要进行处理。各级纪检监察机关要把监督执行本规定作为改进党风政风的一项经常性工作来抓。审计部门每年要对各地区各部门会议活动等经费使用情况进行审查。（2012 年 12 月 4 日；来源：新华网）

中共中央政治局召开会议研究部署在全党深入开展党的群众路线教育实践活动工作

中共中央政治局 2013 年 4 月 19 日召开会议，决定从今年下半年开始，用一年左右时间，在全党自上而下分批开展党的群众路线教育实践活动。中央政治局带头开展党的群众路线教育实践活动。中共中央总书记习近平主持会议。

会议强调，党的十八大明确提出，围绕保持党的先进性和纯洁性，在全党深入开展以为民务实清廉为主要内容的党的群众路线教育实践活动，这是新形势下坚持党要管党、从严治党的重大决策，是顺应群众期盼、加强学习型服务型创新型马克思主义执政党建设的重大部署，是推进中国特色社会主义伟大事业的重大举措。

会议认为，全心全意为人民服务是党的根本宗旨，群众路线是党的生命线和根本工作路线。深入开展党的群众路线教育实践活动，对于教育引导党员干部牢固树立宗旨意识和马克思主义群众观点，切实改进工作作风，赢得人民群众信任和拥护，夯实党的执政基础，巩固党的执政地位，具有十分重大而深远的意义。

会议指出，当前，党员干部贯彻落实党的群众路线总体是好的，在联系服务人民群众方面做了大量富有成效的工作，但也存在着不符合为民务实清廉要求的问题。特别是有的领导机关、领导班子和一些领导干部形式主义、官僚主义、享乐主义突出，奢靡之风严重，主要表现在理想信念动摇，宗旨意识淡薄，精神懈怠；贪图名利，弄虚作假，不务实效；脱离群众，脱离实际，不负责任；铺张浪费，奢靡享乐，甚至以权谋私、腐化堕落。这些问题，严重损害党在人民群众中的形象，严重损害党群干群关系，必须认真加以解决。

会议强调，开展党的群众路线教育实践活动，要高举中国特色社会主义伟大旗帜，坚持以马克思列宁主义、毛泽东思想、邓小平理论、“三个代表”重要思想、科学发展观为指导，紧紧围绕保持党的先进性和纯洁性，以为民务实清廉为主要内容，以县处级以上领导机关、领导班子和领导干部为重点，切实加强全体党员马克思主义群众观点教育，把贯彻落实中央八项规定作为切入点，进一步突出作风建设，坚决反对形式主义、官僚主义、享乐主义和奢靡之风，着力解决人民群众反映强烈的突出问题，提高做好新形势下群众工作的能力，保持党同人民群众的血肉联系，发挥党密切联系群众的优势，为推动经济持续健康发展、全面建成小康社会、实现中华民族伟大复兴的中国梦提供坚强保证。党的群众路线教育实践活动全过程，要贯穿“照镜子、正衣冠、洗洗澡、治治病”的总要求。

会议要求，各级党委（党组）要坚持围绕中心、服务大局，全面贯彻落实党的十八大提出的各项任务要求，把作风建设放在突出位置，以作风建设的新成效凝聚起推动事业发展的强大力量。要教育引导党员干部树立群众观点，弘扬优良作风，解决突出问题，保持清廉本色，使干部作风进一步转变，干群关系进一步密切，为民务实清廉形象进一步树立。要以好的作风组织开展教育实践活动，牢牢把握正面教育为主、批评和自我批评、讲求实效、分类指导和领导带头的原则，确保教育实践活动沿着正确轨道健康深入推进，努力在解决作风不实、不正、不廉上取得实效，在提高群众工作能力、密切党群干群关系、全心全意为人民服务上取得

实际成效。（2013 年 4 月 20 日；来源：《人民日报》）

习近平：扎实开展第二批教育实践活动

2014 年 1 月 20 日电　党的群众路线教育实践活动第一批总结暨第二批部署会议 1 月 20 日在北京召开，中共中央总书记、国家主席、中央军委主席习近平出席会议并发表重要讲话，对第一批教育实践活动进行总结，对第二批教育实践活动进行部署。他强调，要充分运用第一批活动经验，紧紧扭住反对“四风”，从群众最关心、最迫切的问题入手，着力解决关系群众切身利益的问题，解决群众身边的不正之风问题，把改进作风成效落实到基层，真正让群众受益，努力取得人民群众满意的实效。

习近平在讲话中指出，第一批教育实践活动取得了重要阶段性成果，促使党员、干部得到了党性锻炼，刹住了“四风”蔓延势头，带动了社会风气整体好转，贯彻群众路线的长效机制和刚性约束初步形成。教育实践活动带来的新变化新气象，群众充分认同，党内外积极评价。

习近平指出，坚持党要管党、从严治党，永葆党的先进性和纯洁性，不断增强党的创造力、凝聚力、战斗力，是摆在我们面前的重大课题。党的群众路线教育实践活动，为加强和改进党的建设积累了宝贵经验。群众路线是永葆党的青春活力和战斗力的重要传家宝，必须做到教育和实践两手抓，使马克思主义群众观点深深植根于思想中、真正落实到行动上。理想信念是共产党人的精神之“钙”，必须加强思想政治建设，解决好世界观、人生观、价值观这个“总开关”问题。加强和改进作风建设是保持党同人民群众血肉联系的有效途径，必须聚焦解决群众反映强烈的突出问题，以作风建设新成效汇聚起推动改革发展的正能量。批评和自我批评是清除党内政治灰尘和政治微生物的有力武器，必须以整风精神严格党内生活，着力提高领导班子发现和解决自身问题的能力。讲认真是我们党的根本工作态度，必须做到无私无畏、敢于担当，把认真精神体现到党内生活和干事创业方方面面。

习近平强调，要深刻认识第二批教育实践活动的重要性和紧迫性，切实增强思想自觉和行动自觉。第二批教育实践活动是第一批的延伸和深化。基础不牢，地动山摇。市县领导机关、领导干部和基层单位同人民群众的联系更直接，其不良作风更直接损害群众利益、伤害群众感情。必须着力解决发生在群众身边的腐败问题，认真解决损害群众利益的各类问题，切实维护人民群众合法权益。第二批教育实践活动要突出做好这方面工作。

习近平指出，开展第二批教育实践活动，要坚持主题不变、镜头不换，贯彻“照镜子、正衣冠、洗洗澡、治治病”的总要求，以严的标准、严的措施、严的纪律坚决反对“四风”，推动思想认识进一步提高、作风进一步转变、党群干群关系进一步密切、为民务实清廉形象进一步树立、基层基础进一步夯实。

习近平指出，要更加注重衔接带动，两批教育实践活动是一个有机整体，有些问题需要第一批教育实践活动单位从源头上加以解决或指导帮助基层单位认真解决，参加第一批教育实践活动的单位要继续抓好整改任务落实，坚持上下联动、前后衔接，相互配合、共同推进。要更加注重分类指导，针对不同层级、不同领域、不同对象提出要求，找准需要解决的突出问题，明确具体任务和推进措施，不能大而化之，不能搞一刀切、一锅煮。市县两级领导机关、领导班子和领导干部应该先行一步、做出表率，行业系统要发挥指导作用，执法监管部门和窗口单位、服务行业要突出服务群众这个着力点，着力针对具体矛盾和问题抓好整改。

习近平强调，各级党委要把开展好教育实践活动作为一项重要政治任务，切实抓紧抓实抓好。在第二批教育实践活动中，中央政治局常委同志各选择一个县作为联系点。要落实领导责任，一级抓一级，一级带一级，层层抓落实。要加强督促检查，及时发现和解决问题，确保不漏项、不留死角。要抓好宣传引导，加大宣传力度，发挥典型作用，为搞好教育实践活动营造良好氛围。要坚持统筹兼顾，把开展活动同做好当前各项工作结合起来，做到两手抓、两不误、两促进，为做好改革发展稳定各项工作提供有力保障。（2014 年 1 月 21 日；来源：《人民日报》）

（二）战略部署

交通运输部召开党的群众路线教育实践活动动员大会

2013 年 7 月 8 日，交通运输部召开党的群众路线教育实践活动动员大会，部党组书记、部长、部教育实践活动领导小组组长杨传堂主持会议并作动员部署。他强调，各部门、各单位要认真学习、深刻领会习近平等中央领导同志的重要讲话精神，切实提高认识，把思想和行动统一到中央部署要求上来，把“整风精神”贯穿始终，突出除“四风”、强服务，建设群众满意交通。

杨传堂指出，党的群众路线教育实践活动是在新形势下坚持党要管党、从严治党的重大决策，是顺应群众期盼、加强学习型服务型创新型马克思主义执政党建设的重大部署，也是实现党的奋斗目标、巩固党的执政基础、加强党的自身建设的必然选择。各部门、各单位要坚持把学习教育贯穿始终，运用灵活多样、务实管用的方式“充充电、补补钙”，边学边改，边改边学，不断提高思想认识水平；要着力在解决作风方面存在的突出问题上下功夫，敢于动真碰硬、亮短揭丑，认真查找问题、剖析原因，对查找发现的问题不观望、不敷衍、抓紧解决，让干部群众看到实实在在的改进；要始终贯穿“照镜子、正衣冠、洗洗澡、治治病”的总要求，把“整风精神”贯穿始终，抛开面子、深挖根源、触动灵魂，真正实现祛歪风、树正气、倡新风。

杨传堂要求，此次教育实践活动的载体就是要突出“除‘四风’、强服务，建设群众满意交通”。除“四风”，就是要以贯彻落实中央八项规定和部党组实施意见为切入点，扫除形式主义，扫除官僚主义，扫除享乐主义，扫除奢靡之风。强服务，就是要突出交通运输的基础性、先导性、服务性作用，进一步提高交通运输服务发展、服务民生、服务群众的能力。建设群众满意交通，就是要落实为民务实清廉的要求，坚持以群众满意为根本标准，求真务实、艰苦奋斗，大力发展综合交通、智能交通、绿色交通、平安交通，大力提升交通运输服务质量和水平，不断满足经济社会发展和人民群众日益增长的交通运输需求。

根据要求，此次教育实践活动在部机关和部属单位全面开展，统一部署，压茬进行，分步实施。包括三个环节的内容：一是学习教育、听取意见，通过学习培训和调研广泛征求意见和建议；二是查摆问题、开展批评，重点是查找自身在“四风”方面存在的问题；三是整改落实、建章立制，不断建立健全促进党员、干部坚持为民务实清廉的长效机制。（2013 年 7 月 10 日；来源：交通运输部）

交通运输部召开党的群众路线教育实践活动总结大会

2014年1月23日，交通运输部召开党的群众路线教育实践活动总结大会。中央第27督导组组长邢元敏出席会议并讲话。交通运输部党组书记、部长、部教育实践活动领导小组组长杨传堂代表部党组对部开展教育实践活动情况进行总结。杨传堂强调，要认真做好教育实践活动后续工作，全面落实整改任务，不断巩固和扩大教育实践活动成果，以作风建设的新成效，推进交通运输科学发展。

杨传堂指出，部党组按照中央部署，以为民务实清廉为主题，以"除'四风'、强服务，建设群众满意交通"为载体，认真贯彻"照镜子、正衣冠、洗洗澡、治治病"的总要求，扎实开展党的群众路线教育实践活动。在学习教育、听取意见，查摆问题、开展批评，整改落实、建章立制三个环节，部党组坚持领导干部带头示范、开门搞活动、统筹推进、强化督导和两手抓、两促进，把思想理论武装放在首位，着力加强学习教育；突出问题导向，着力聚焦"四风"查摆问题；贯彻整风精神，着力开展严肃认真的批评和自我批评；加大落实力度，着力抓好整改落实建章立制和强化服务，取得了实实在在的效果。

杨传堂强调，这次教育实践活动是一次意义深远的党内集中教育实践活动，是交通运输系统在新的时代条件下弘扬党的优良传统和作风、贯彻党的群众路线的一次生动实践，为交通运输全面深化改革、实现提质增效升级做了思想上组织上作风上的准备。总体来看，部教育实践活动深化了思想教育，党员干部的政治意识、党性修养和宗旨意识得到明显增强；促进了自我净化，干部队伍的作风养成和能力建设得到明显增强；弘扬了优良传统，领导班子的团结统一和整体合力得到明显增强；突出了实践特色，交通运输科学发展的制度和体制机制创新明显增强。同时，教育实践活动为加强和改进交通运输系统党的建设积累了宝贵经验，使全体党员、干部深刻认识到，坚持党的群众路线、加强党的建设，根本在于坚定理想信念，关键在于长期坚持，核心在于服务群众，重点在于解决突出问题，基础在于完善制度机制。

杨传堂要求，巩固和扩大教育实践活动成果，要做好四方面工作。一是兑现整改承诺，进一步抓好集中整改。二是着眼长远目标，进一步推进建章立制。三是服务"四个交通"，进一步深化改革创新。四是借鉴活动经验，进一步加强党的建设。

邢元敏对交通运输部教育实践活动给予了高度评价。他指出，在教育实践活动中，交通运输部党组认真贯彻落实中央部署和要求，在提高思想认识、坚定理想信念、转变作风、推动工作落实方面成效明显，取得了重要的阶段性成果，交通运输服务的社会满意度不断提高。他强调，要认真学习贯彻习近平总书记重要讲话精神，充分认识作风问题的顽固性和反复性，切实巩固扩大教育实践活动成果，形成长效机制，在巩固中坚持、在坚持中巩固，不断把作风建设引向深入，同时要注意抓好第二批教育实践活动的行业指导工作。一是充分运用好教育实践活动积累的宝贵经验，二是切实抓好整改落实，三是积极推进制度机制创新，四是以作风建设新成效保障和促进全面深化改革。（2014年1月24日；来源：《中国交通报》）

参考文献

[1] 中华人民共和国中央人民政府网 . http://www.gov.cn/.

[2] 交通运输部网 . http://www.moc.gov.cn/.

[3] 中新网 . http://www.chinanews.com/.

[4] 中国公路网 . http://www.chinahighway.com/.

[5] 中国高速公路运营管理网 . http://www.tollroad.com.cn/.

[6] 中央机构编制网 . http://www.scopsr.gov.cn/.

[7] 中华人民共和国国家发展和改革委员会 . http://www.sdpc.gov.cn/.

[8] 交通运输部长江航务管理局 . http://www.cjhy.gov.cn/.

[9] 交通运输部工程质量监督局 . 公路桥梁和隧道工程施工安全风险评估指南 [M]. 北京：人民交通出版社，2011.

[10] 王治,刘苾兰 . 我国高速公路投融资风险防范与体制改革思考 [J]. 长沙理工大学学报(社会科学版)，2013(3).

[11] 张峰岩 . 深化公路管理体制改革初探 [J]. 淮北职业技术学院学报，2013(1).

[12] 罗虎 . 上海航运金融业存在的问题及对策分析 [J]. 对外贸易，2013(3).

[13] 吉军晓 . 农村公路管理新途径——试析江苏省乡镇交管所参与农村公路管理 [J]. 公路，2013(21).

[14] 谢君萍 . 加快浙江航运金融发展,推进浙江“港航强省”建设 [J]. 时代金融，2013(14).

[15] 高亚丽 . 加快推进航运金融发展,积极服务国际强港建设——关于宁波航运金融产业发展的调研报告 [J]. 浙江工商职业技术学院学报，2012(2).

[16] 杨立波,房延军,王旺 . 构建国家信息高速公路——全国高速公路通信系统联网规划研究 [J]. 中国交通信息化，2012(9).

[17] 范正杰 . 公路工程安全管理中的问题及对策浅析 [J]. 东方企业文化，2013(9).